国家社会科学基金资助项目（立项编号：08BXW017）

微笑传播与文化创新

胡河宁◎著

人民出版社

目　录

导　论

中华民族延绵几千年,最大的特征就是具有强大的内在凝聚力与外在和谐力。从远古开始,微笑作为中国人行为习惯中不可分割的一部分,是许多世纪以来特定的历史环境中形成的一种姿态,一种社会交往的行为习惯,一种具有中国智慧的生活态度,一种与中国历史发展及文明程度息息相关的、具有民族特色的社会文化。

世界经济呈现出一体化发展模式,当今中国的改革开放受到全球化浪潮的影响,中华文明的延续、复兴和传播正处在全球化语境之中。一方面我们拥有悠久深厚的历史文化资源;另一方面我们也有大不同于以往任何历史阶段的现代化实践的困惑。社会环境复杂性及其演变带来人际关系类型的激增,使我们正生活在这样一个中心地带,合作伙伴成倍增加,游戏的复杂程度日益加剧,工作节奏持续加快,生活压力与日俱增。这是一个既缺少微笑,也缺少眼泪,更缺少情感的世界。

任何社会问题,大多起源于文化失调,其实质是文化问题。社会发展需要文化价值的引导,社会个体生存也需要健康向上的文化滋润。没有健康向上的社会文化价值,正常的社会秩序就无从谈起,社会个体也就失去了赖以生存的和谐环境。如何让微笑传播文化成为民族凝聚力和和谐社会创造力的重要源泉,增强文化发展活力,推进文化创新,使人们的精神风貌更加昂扬向上,是引起人们思考并予以关注的重要课题。

一、我们为什么需要微笑

2012 年,中央电视台推出了《走基层百姓心声》特别调查节目"幸福是什么"。一些带着采访任务的记者分赴各地,将话筒直接送到城市白领、乡村农民、科研专家、企业工人在内的几千名各行各业的工作者面前。一时间,"幸福"二字成为大众媒体和公众关注的热门词汇。当记者们面带笑容,向公众询问"你幸福吗"这个问题时,这种交流语境背后所蕴涵的中国社会的公众心态,中国人对于所处时代的政治、经济和文化等方面的感受和体会,他们交流时的心理噪音,他们的行为表现等,都显露在他们对幸福作简单或深入思考回答时,所能感受幸福及其他的各种笑容里面。

什么是笑? 人为什么会笑? 微笑是怎么产生的? 为什么不同文化的微笑各不相同? 对于这些问题,人们已经问了几千年,理论家们也曾花费了大量精力与时间来探讨。其结果如何呢? 经过无数次徒劳无益的探索,他们不得不承认,对于这些问题,众多的研究期待都落空了:"这个问题的难度远非他们的智慧所能企及的。"①人们之所以无限感慨叹息,其中一个重要原因是,众多的心理学家、社会学家、文学家们曾经从各自不同的角度提出过种种观点,但至今没有人能够提出一个能得到广泛认可的统一标准。也许,关于人类行为的研究从未有像微笑的产生及其表现形态一样,众说纷纭,莫衷一是。虽然微笑有多方面的现象,也有各种程度不等的重要性,但我们人类社会需要相互微笑。人们对微笑传播的需求程度是我们尚未意识到,也是需要我们加以研究的重要问题。

微笑能满足个人与社会生理健康的需要。微笑的重要性出自于人们对微笑的传播需求。人类进入现代社会,人与社会所面临的压力与危机不断加剧,越来越多的精神心理与健康问题不断困扰人类,要求人类寻求改善的方式和方法。有资料显示:全球每 3 秒钟就有一个人自杀。心理医学研究成果表明,

---

① 让·诺安:《笑的历史》,果永毅、许崇山译,三联书店 1987 年版,第 10 页。

人类 76%的疾病是由心理问题引起的。世界卫生组织预言:到 2020 年,精神心理疾病将会成为人类第一杀手!① 在这种形势和局面下,人们看到,笑是最好的良药。中国繁体汉字"藥",上面是"草"字头,下面是"乐"字。"乐"的一个基本含义是笑,表达喜欢、快活、其乐融融、乐不可支之意,充满欢快的笑容。"乐"应该就是一副最好的良药。

2006 年 3 月,深圳市民张立新注册成立了一个"爱笑俱乐部"。这个俱乐部不仅创造性地把笑作为一种强身养生之道,同时也开创了一种笑的产业运营模式。张立新经过国内外四处学习,发展出了 30 多种大笑方式。在这个俱乐部里,每个人只需缴纳 100 元会费,就可以成为终身会员,加入这个"大笑家族"。至今,已有 30 万人自愿付费参加这个俱乐部,使这支"笑声"队伍越来越壮大。2007 年,张立新作为联想集团的特邀嘉宾,为联想 4000 多名员工传播大笑健康运动。这种笑的运动需求和笑的能量还吸引了一些重症患者及康复协会、福利院等机构。这些机构用笑来对病人进行康复训练,对企业服务人员进行职业培训。因为,一些机构或企业认识到,窗口服务行业的职员的微笑对于企业发展非常重要。人们将欢笑运动引入企业组织,对企业和单位进行定期训练,排除负面情绪,增加工作效率,增强团队、组织和社会的凝聚力。今天,北京、上海、深圳、济南、广州、重庆等城市都有"爱笑俱乐部"。俱乐部的创始者和参与者都认为,笑不仅可以成为一种生活方式,使人雀跃、舞蹈、嬉戏,变得神采奕奕、红光满面,提高自身免疫力,强身健体,延年益寿;同时,笑还会让人对社会和组织的消极看法得到改善或改变。② 伴随社会对笑的支持和需求,这个爱笑俱乐部还培训了笑疗师,不仅创造了一个新职业,还得到国家人力资源和社会保障部门的支持,在结业时颁发资格证书。这个全新的社会职业之所以能立足和发展,正是因为微笑能满足当代社会的需求体验。

微笑能满足个人与社会顺利交往的需要。我国是一个多民族、多语言的

---

① 参见王刚:《精神疾病全球高发　我们正进入精神疾病时代》,《生命时报》2008 年 6 月17 日。

② 参见张超恒:《"笑方"比药方好　改进大脑血液循环防老抗衰》,《生命时报》2010 年 9月 8 日。

国家,有80余种方言。人们说话的语音和语调都不一样,语言时常造成社交的障碍,但微笑可以帮助人们克服和排除不同的语言表达带来的理解与交流的困难。在微笑与城市文明建设的关系中,深圳市具有代表性。深圳是一个移民城市,微笑在深圳市变得特别重要。有一则报道描述了微笑在交往中的作用:"我的普通话不好,但我会给人友善的微笑。""微笑代表一座城市的乐观向上,代表一座城市的文明。在这座有着各地方言的城市,微笑是最好的语言。微笑是畅通无阻的语言。深圳将要举办世界大学生运动会,到那时,来深圳的外国友人会更多,假如每一个深圳人每天都能带着友好的微笑,那将是深圳送给世界最好的礼物","微笑是一句通行的世界语。深圳是正在走向国际的现代化大都市,有来自五湖四海、说不同方言的友人。在一个陌生的地方、在语言不同的时候,微笑,它使人们的关系由疏到密,使心底涌出真诚,使深圳充满文明、正直、友善。微笑如此简单,也如此美丽。"[1]

微笑能满足快速获得他人认同的需要。我们生存的这个世界是由各种各样的群体成员组成的,每个人都是其中的一员,不想失去身份。从个人、家庭、企业社团到国家,都有获得他人认同的需求,甚至有一种身份认同的焦虑。印度诺贝尔经济学奖得主,也是认同研究学者阿马蒂亚·森的观点表明,所谓认同是对相互竞争的社会联系的认可。如果用厌恶、用敌意,甚至用暴力,都不能如期或真正获得他人的认同。[2] 认同可以通过握手并微笑获得。微笑能打开获得他人的接纳和认同的大门,帮助人们快速获得他人认同。唯有尊重人性以及他人的多样性的事实,我们才可以通过认同走向自我身份的实现。

微笑能满足传播工具性目标的需要。中国一家环保装修品牌公司业之峰策划了一个通过微笑传播的训练和实践,来营造和实现该公司高品位文化定位的传播方案和公司发展目标。该策划提出了"微笑从心开始"、"今天您微笑了吗?"、"温暖、温情就在业之峰"等内容,要求每天员工进入公司那一刻,都要以发自内心的微笑面对同事,点头问候;肢体语言是面带微笑,点头称意;

---

① 秦兴梅、郑健阳:《让深圳的微笑传播世界》,《深圳商报》2008年7月7日。
② 参见[印]阿玛蒂亚·森:《身份与暴力:命运的幻象》,李凤华等译,中国人民大学出版社2009年版,第3页。

敬送茶水都有标准动作，"面带微笑、用手托住，轻放"。公司还规定了"微笑服务"的奖惩标准。微笑作为一种来自身体的直接的传播媒介，具有沟通和使目标增效的价值。

二、微笑传播研究现状

微笑作为一个研究主题，可以说是历史悠久，它与人类同时产生并延续存在。许多国家的学者都对微笑问题进行过不懈探索。

美国研究者为了检验微笑是否可以使人感受到高兴或愉快、皱眉是否会让人们感受到烦恼这一命题，使用了掩盖研究目的的研究方法，设计了一套巧妙的程序。研究者让试验者用嘴唇衔住一支钢笔，随后用牙齿衔住这支钢笔，并且分别在上述两种情形中，浏览卡通连环画，用钢笔把每个连环画评估为滑稽（+）、有点滑稽（÷）、不滑稽（-）。当用牙衔住钢笔时，事实上试验者被迫表现出微笑；当用嘴唇衔住钢笔时，试验者的嘴唇闭在一起，就像人们在愤怒或烦恼时所表现出的方式。在这项研究中，以"微笑"表情衔住钢笔的被试，与以"烦躁"表情衔住钢笔的被试相比，对卡通画滑稽度的评估略高。也就是说，微笑的感觉明显增加了愉快。[1]

美国北卡罗来纳州州立大学的心理学教授阿尼·卡恩（Arnie Kahn）还发现，微笑能够产生一种积极的效应，从而消除因为压力而带来的不良反应。卡恩对那些已经出现了早期抑郁症状的人做了一项实验。实验中，这些人被分为两组，在3个星期的时间里观看不同的视频录像。观看喜剧的那一组人员在实验结束后，其症状的改善程度明显大于另一组观看非喜剧录像的人。而那些溃疡者皱眉头的频率明显高于没有溃疡症状的人。[2] 瑞典乌普萨拉大学的伍夫·丁柏格（Ulf Dimberg）教授也曾经做了一项实验。这项实验的内容是：让120名志愿者观看一些画有愉悦开心表情的和激烈愤怒表情的图片，

---

[1] 参见［美］卡莱特等：《情绪》，周仁来等译，中国轻工业出版社2009年版，第23页。

[2] 参见［英］亚伦·皮斯、芭芭拉·皮斯：《身体语言密码》，王甜甜、黄佼译，中国城市出版社2007年版，第60页。

并记录下他们面部肌肉的各种变化。然后,借助仪器获得被实验者肌肉纤维变化所发出的电子信号。实验中,志愿者按照工作人员的要求,对他们所见到的图片分别作出皱眉、微笑或面无表情等各种面部动作。有时候,他们作出的面部动作会与图片中的表情恰好相反,如面对微笑时却皱起眉头,或是以微笑面对着图片中的那个紧蹙眉头的人。结果表明,所有志愿者们竟然都无法完全自如地控制自己的面部肌肉。如果图片中是一个愤怒的男人,志愿者们很容易就能作出愤怒及皱眉的表情。而在同样情况下,要想他们面露微笑就十分困难。志愿者们虽然竭尽全力,试图控制住自己面对图片时所产生的自然反应。但是,他们的面部肌肉却出卖了他们内心真实的想法。即使是有意地克制,他们也还是会作出与所见表情相似的面部动作。英国伦敦学院的鲁斯·坎贝尔(Ruth Campbell)教授通过进一步实验证明,人们的大脑里有一种"反射神经元"。它不仅可以促使大脑识别对方面部表情和动作,还能同时向面部肌肉发出指令,作出与对方相似的面部表情。换言之,无论是否意识到这一动作的发生,人们都会自动地在自己脸上复制出见到的任何表情。① 这就从生理学意义上解释了为何微笑会具有如此巨大的感染力量,为什么我们需要常常以笑脸示人,即使是在不情愿的情况下也不例外。因为我们的笑容将会直接影响他人对我们的看法,并且决定对方回应我们的方式。或者说,我们笑得越多,其他人对我们的态度就会越友好。

国内出版界近年有近 300 余种以微笑命名的出版物,然而基本上都是以生活智慧、人生感悟为主题的通俗读物。从学术角度对微笑问题进行研究的鲜有所见。著名编剧、导演徐天荣教授于 2004 年出版了《笑的艺术》,该书主要从喜剧与悲剧的角度来比较人类的笑与哭。作者把笑分成两大类:一是"喜剧的笑",这是正统的笑;另一是"非喜剧的笑",也就是"变位的笑"。全书搜罗了古今中外的数千则笑话,各章回的内容都以常见的笑料来解说。徐天荣教授把人类笑和哭的情绪反应,归纳为 14 种

---

① [英]亚伦·皮斯、芭芭拉·皮斯:《身体语言密码》,王甜甜、黄佼译,中国城市出版社 2007 年版,第 53 页。

两极分界的状况并加以对比，方法独到。该书被誉为"世界第一部完整的'笑理'"①，其根本用意在于通过喜剧角度的检视，告诉读者怎样把笑"植入"戏剧之中。

　　阎广林先生 2005 年出版的《历史与形式》一书，集中研究了西方学术语境中的喜剧、幽默和玩笑等范畴。作者对西方学术语境中的喜剧、幽默和玩笑的研究成果和思想体系进行了学术梳理，试图通过深入、清晰地与西方先哲们思想上的对话，把握其话语中的真理或真实。同时，也为读者构建一个了解西方现代哲学、现代艺术和现代大众文化的窗口。阎广林先生认为，由于崇尚天人合一的中国文化历来拒绝冲突、追求和谐，而喜剧和幽默在本质上属于冲突及其冲突的消解；又由于中国文化历来拙于本体论的建设，所以尽管中华民族精神中深深地浸透着乐感文化的喜悦成分，但理论先贤们却一直缺少对喜剧问题形而上方面的思考，因而也缺少体系化的笑论和喜剧理论。这种情况直到近现代的西学东渐、西体中用之后，才得到逐步的改变。换言之，中国人现在的喜剧思想和幽默思想的表述方式主要源于西方，一部分源于王国维和林语堂的介绍和推广。

　　王国维在《人间嗜好之研究》中，根据霍布斯的理论而指出："夫能笑人者，必其势力强于被笑者也，故笑者实吾人一种势力之发表。然人于实际之生活中，虽遇可笑之事然非其人为我所素狎者，或其位置远在吾人之下者，则不敢笑。独于滑稽剧中，以其非事实故，不独使人笑，而且使人敢笑，此即对喜剧之快乐所存也。"与王国维相比，林语堂更有过之而无不及。他将西方的 humor 一词音译和解释为具有中国文化内涵的"幽默"，写了许多中国化的幽默即所谓的"性灵文字"、"闲适文学"，以其非理论化的文章理论化地辨析幽默。他还通过著名的《论语》杂志推广幽默和讨论幽默，从而使幽默在短短几十年内就在中国家喻户晓、路人皆知。所以，可以毫不夸张地说，中国现在的喜剧理论和幽默理论都是舶来品，都是中西文化交流和融通过程中的产物。正因为西方喜剧理论术语的散乱以及译介行为本身所造成的新的混乱，中国当下的喜剧理论和幽默理论之乱才有青出于蓝而胜于蓝之势，甚至被人嘲之

---

　　①　徐天荣：《笑的艺术》，中国广播电视出版社 2004 年版，"序二"第 1—2 页。

为古希腊神话中永远清理不完的"奥吉亚斯的牛圈"。①

除此之外,尚未发现国内有从传播学视角对微笑传播文化进行学理研究的成果。这说明,无论是理论先贤还是当代学者,有关微笑观念在一个发展的社会中寻求和谐与民族凝聚力的研究,微笑在民族文化传承与创新中的重要作用的研究,都是亟须加强的。

三、微笑传播与文化创新意义

微笑传播与文化之间有什么样的关系呢? 文化人类学和社会学家普遍认为,微笑多少反映了不同文化之间的差异。早在 20 世纪初期,一些有影响的人类学家就描述了情绪表达的文化差异性。例如,在大多数文化环境里,人们用摇头来表达"不是",用点头表示"是"。而在希腊和土耳其,人们用向后仰起头表达"是",斯里兰卡的人们则用摇头来表达"是"。东南亚的一些地方,当人们感到羞愧时会咬自己的舌头。根据一些记载,日本武士的妻子在听到丈夫战死沙场的消息时甚至会微笑。到了 20 世纪中期,人种学关于情绪表达具有差异性的观点,已经得到了大多数社会学家的认可。他们认为,情绪的概念是由社会建构而成的。简而言之,生活在不同文化背景下的人,即使来自同一种族,他们在面部表情上仍有着细微的差异。各种文化在不同程度上有着

① 希腊神话中的英雄赫拉克勒斯(Heracles),亦称海格立斯(Hercules),是宙斯同底比斯国王之女阿尔克墨涅所生的儿子,自幼在名师的传授下,学会了各种武艺和技能,神勇无敌,成为遐迩闻名的大力士。他因受到心胸狭窄的天后赫拉的迫害,不得不替迈锡尼国王欧律斯透斯服役十几年。赫拉克勒斯拒绝了"恶德"女神要他走享乐道路的诱惑,而听从了"美德"女神的忠告,决心在逆境中不畏艰险,为民除害造福。他在 12 年中完成了 12 项英勇业绩,其中之一就是在一天之内将奥吉亚斯的牛圈打扫干净。赫拉克勒斯先在牛圈的一端挖了深沟,引来附近的阿尔裴斯河和珀涅俄斯河的河水灌入牛圈,而在另一端开一出口,使河水流经牛圈,借以冲洗积粪。这样,他在一夜之间将 30 年没有打扫过的肮脏不堪的牛圈清理得干干净净。奥吉亚斯曾许诺事成之后把牛群的 1/10 给赫拉克勒斯,作为劳动报酬,后来当他获悉赫拉克勒斯是奉欧律斯透斯之命来完成这项任务的,竟自食其言,于是被赫拉克勒斯杀死。参见阎广林:《历史与形式》,上海社会科学出版社 2005 年版。

不同的规则和期望。例如,欧洲和美国许多民族的文化,是不鼓励成年人特别是男性,在公共场合哭泣的,这种禁忌比其他任何一种文化都强。中国文化中也有"男儿有泪不轻弹"的习俗。然而,对于在公共场所大笑,是普遍被欧洲和美国文化所接受的,尽管这两个地区的风俗存在着许多差异。《情绪》一书的作者记载了这样一件事:一次,作者在西班牙的一家饭店晚餐的时候,另外一个桌子的人突然大笑起来。旁边桌上的一个西班牙人就说:"他们一定是美国人。西班牙人在公共场所是不会像那样大笑的。"①由此可见,不同的文化习俗既可以诱导又可能抑制人们情绪的正常表达方式。

心理学界也有类似的发现。美国心理学家琳达·卡姆拉斯(Linda Kamras)在 2004 年召开的第 28 届国际心理学大会上指出,3 周岁美国孩子的微笑要比同龄的中国孩子多 55.6%。卡姆拉斯的结论来自对 40 多例中美儿童笑容的记录、比较和分析,以及对两国儿童心理及性格差异的深入研究。但在文化差异之外,值得我们注意的是,微笑同时也是心理健康的标志。美国河郡学院的心理学家研究表明,和美国儿童相比,中国儿童发生内向孤僻、焦虑和社交问题的比例分别高出 92%、31.3%和 138%。此外,美国研究者通过使用面部表情编码系统对同步表情进行的基础与应用研究认为:"所有的微笑都是积极的。"②因此,卡罗尔·亨青格认为,简单的微笑能够改变我们的生活态度,生活中需要微笑。

由于不同学者研究视角不同,微笑传播研究的内容和形式都比较丰富。有些研究者把微笑作为生理学研究的问题,而另一些学者则从心理学或社会学的角度来研究它。然而,他们的研究都又不约而同地指向了这样的结论:在本质上,微笑是特定文化环境中的一种积极的交流方式。微笑最显著的特征就是它的感染力。当你对某人微笑时,无论真假,对方可能也会自然地以同样方式回馈给你一个微笑。因此,微笑常用来作为人类之间沟通的桥梁。

微笑是反映人类情感和精神状态的重要传播现象。微笑研究也是对当代

① ［美］卡莱特等:《情绪》,周仁来等译,中国轻工业出版社 2009 年版,第 59 页。
② Edited by Paul Ekman, Erika L. Rosenberg, *What the Face Reveals*: *Basic and Applied Studies of Spontaneous Expression Using the Facial Action Coding System* (*FACS*), Second Edition, Oxford University Press, 2005, p.328.

中国社会组织文化创新体系建设作出的积极响应与探索。纵观人类发展的历史，人类是唯一能把思想和情感表达转化成脸部表情并逐步进化为言语表达的物种。早在远古时期，人类就一直以微笑的表情宣示对具体行动情境的感受和认知，或者通过微笑向对方传递一种表示谦恭、顺从的信号。每当有陌生人接近时，我们的祖先就凭借这种信号判断来者是敌还是友。那些面无表情的不速之客，往往会被当成敌人而命丧黄泉。① 因此，微笑是一种社会产物和社会现象，是我们认识周围环境的重要组成部分，也是增强人类符号表达能力的一种途径。

在我们的脑海里，破译微笑密码的能力与帮助我们获得生存的权利似乎是风马牛不相及的事。不过，科学家的实验证明，人在微笑或大笑的时候，不管是否真的有特别开心的感觉，他左半脑里的"快乐空间"都会感到兴奋，脑电波也会因此而变得活跃起来。美国威斯康星州州立大学心理学和精神病学教授理查德·戴维森(Richard Davidson)针对笑容进行了无数次的研究实验。戴维森教授将实验人员的头部与脑电图仪相连，同时让实验人员观看喜剧电影，然后用仪器测量出其脑电波的活动。结果发现，微笑使志愿实验者大脑快乐空间的脑电波以较大的幅度不断地跳动。研究的结论是：有意识的微笑和开心大笑可以促进大脑活动，使人自发地产生快乐的感觉。②

微笑作为一种情感的外在表现，往往发生在人们内心快乐的时候。当然，微笑作为一种脸部表情，同样也可以对人的真实情感起到反作用力，使人们感受到轻松与快乐。然而，微笑不仅仅是个人舒适或者高兴的表现，它还能让人在面对其他人的时候唤起某种情绪。在瑞典斯德哥尔摩世乒赛上，中国乒乓球队与瑞典队在决赛中相遇，双方争夺异常激烈，中国运动员陈新华对阵瑞典老将林德(Erik Lindh)。在整个比赛过程中，陈新华始终面带微笑：自己打出好球，他满脸微笑；自己失误了，还是满脸微笑；对手失误了，他也满脸微笑；对手打出好球，他仍然满脸微笑。这种满脸真诚、灿烂的微笑令身经百战的林德

① 参见[英]亚伦·皮斯、芭芭拉·皮斯：《身体语言密码》，王甜甜、黄佼译，中国城市出版社2007年版，第53页。
② 参见[英]亚伦·皮斯、芭芭拉·皮斯：《身体语言密码》，王甜甜、黄佼译，中国城市出版社2007年版，第60页。

不知所措。最后,林德竟然向裁判员提出:能不能禁止陈新华的微笑。裁判耸了耸肩,一脸无可奈何的表情。因为,任何比赛规则中,都没有禁止运动员微笑的条款。这场决赛中国队大获全胜,陈新华也赢得了"微笑杀手"的美誉。当记者赛后追问他为什么总是微笑时,陈新华回答:"我只是希望通过微笑让自己的紧张情绪放松下来。"①可见,微笑与内心的喜乐是相伴而生的。通过主动的微笑,即使内心并不是那么轻松和快乐,也可以缓解自身内在的紧张情绪和不快心情。

微笑在本质上是人类的一种传播交流的方式。② 人们常常是从脸部表情上来认识微笑的,殊不知,在社会交往过程中,微笑不仅像言语传播那样重要,甚至在某些方面比言语更加深奥,因为非言语的微笑传播能够蕴涵更多深刻的主题。某些主题难以用言语表达的时候,也许就可以用这种非言语的表情方式直接进行恰当的暗示和描述。当言语沟通过于明确而让人难以接受时,回眸微笑所带来的意象和象征,恰恰是和琢磨不定的对方进行沟通时的最好方式。③ 而且,微笑能够释放压力、消除僵硬,可以帮助人们培养一种对生活的乐观态度。由此,人们又可以把日常生活中的微笑,看作是人类解放、精神成长和智慧诞生的一个肯定性的促进者。④ 从这方面来说,微笑具有众多积极的社会意义,包括力图建立一个更合理想的和谐社会。或者说,它体现了社会某一群体的价值标准,重新确定了新的社会文化价值标准,从而也确定了与之相关的群体的稳固性。因此,心理学家认为,微笑不仅仅是出于内心的原因,而是对社会交流者的一种积极的反应。⑤

微笑是传播者运用非言语讯息或象征符号,进行人际交流与社会组织互动的一种非言语传播行为。对于会使用象征符号的人类而言,无论是作为组

① 赵丰编著:《微笑不需要理由》,科学普及出版社 2009 年版,第 53 页。
② 参见[美]卡莱特等:《情绪》,周仁来等译,中国轻工业出版社 2009 年版,第 185 页。
③ 参见[英]T.巴顿、N.威廉姆斯:《言语与象征》,丁亚平、赵静译,北京大学医学出版社 2008 年版,第 27 页。
④ 参见[挪威]英格维尔特·萨利特·吉尔胡斯:《宗教史中的笑》,陈文庆译,上海人民出版社 2005 年版,第 126 页。
⑤ 参见[美]诺曼·N.霍兰德:《笑——幽默心理学》,潘国庆译,上海文艺出版社 1991 年版,第 90 页。

织中集体性的文化传播运动,还是作为组织中个体交流者之间的传播素养,微笑都是人人熟悉的传播行为,具有共享的交流意义。微笑传播作为象征符号所能建构的社会与文化意义是无比巨大的。然而,微笑通过传播者的关系来建构意义,却从未被学界认真加以研究。微笑作为象征性互动的概念,是可以操作化并加以检验的。以微笑传播作为探索文化创新体系研究的切入点,有助于发现我国所倡导的和谐社会文化的本质特征,有助于体现我国在社会转型中政府管理部门与企业组织文化自觉先行的远见精神,并能把微笑传播的象征性意义应用到组织的现实与文化的建设之中。

微笑传播与中国社会的组织文化创新建设形成同构互生的研究主题与关系。当今社会,组织是构成社会的最大结构。各类组织实质性地影响着人们生活的每一方面。发生于组织层级之内、组织之间乃至组织与社会之间的传播现象及其表征,如微笑传播行为,极大地促进着组织文化的个性特征并直接影响社会文化的变革与发展。在某种意义上,微笑传播就像一出戏。微笑对社会,尤其是对社会组织、对社会的人民群众具有一种复杂的,具有历史性又充满戏剧性的吸引力。从组织传播研究视角入手,有助于检验微笑这种细微而有效的文化象征互动,是如何通过组织传播实践中的交流行为建构起来的。本研究通过广泛收集并培育各类组织传播中运用微笑行为推动文化创新建设的案例,为微笑传播的创新做好理论探索与建构的准备。

组织传播学作为研究组织中人的传播行为和传播心理过程的一门学科,其目的是促进组织内部及组织间的传播过程中,人们对思维和行为方式的相互理解。不管是公共组织还是商业组织,都是由在组织中工作的人们来决定组织传播是否成功。事实上,在当今社会与组织的管理过程中,文化的因素比以往任何时候都更加重要。与20年前比,文化越来越成为社会与组织管理的凝聚力和创造力的重要源泉。推进文化创新,增强文化发展活力,提高各类组织文化的软实力,微笑传播是促使人们精神风貌更加昂扬向上,进而推动中华文化繁荣兴盛,走向复兴之路的重要影响因素。

在推动文化传播体系的内容形式和方法手段的创新方面,需要思维创新,努力从社会组织文化传播内涵本身入手来构建全新的企业乃至社会文化格局。微笑传播文化的研究,旨在发现微笑这样一种具有更大传播感染力、更广泛的传播能力、更贴身的传播行为、更古老的组织内部与组织间人际互动方式,虽然已被遗忘的,然而却能让社会上人人方便使用,使社会更具有凝聚力与幸福感,让人心更觉温暖的微笑传播,来创造与揭示一种新的现代中国与文化中国的崭新面貌。这种从更广阔的传播视角对文化体系进行考察,从一种更高的时代起点上推动社会组织文化传播的内容和形式、体制建设以及手段方法的创新,是本书研究的重要价值与意义。

四、研究的总体结构

在本书中,微笑是指人运用非言语符号进行个人之间和组织中的人际交流与社会关系互动的一种传播行为。对于会使用象征符号的人类而言,无论是作为组织中集体性的,包括职业微笑等企业文化创新的传播活动,还是作为组织中个体交流者之间的文化素养的表现,微笑传播都与处在社会变革与转型期的中国文化创新建设发生着密切的对应性关联。

文化创新反映了文化的本质特征,代表着文化发展的大趋势。所谓文化创新,是指文化在交流的过程中不断得到传承与发展的传播方式与传播表现。如果说创新是文化发展的源泉和目标,那么传播则是文化创新的引擎、动力和变化的过程,微笑则是人们在文化创新中精神状态的符号表征或行为的体现。因此,微笑传播与文化创新研究的最高目标在于,挖掘隐蔽于其间的因果关系。

本书把微笑视为一种积极的正能量传播,将传播作为激发文化创新,特别是在组织传播层面发生文化创新的触发条件,细致考察了微笑传播的文化含义,微笑传播对于文化创新的意义,微笑为文化创新建构的传播语境。研究者从微笑传播的中西文化内涵、功能、特点等方面进行阐释,进而论证了微笑传播是文化创新的前提条件之一。

由于本书是一项探索性和描述性研究,最初目标主要是建立微笑与社会和谐的相关关系,重点在于描述微笑传播的文化创新意义及其在组织传播中的各种表现方面。研究者借助于相关关系假设,通过四个微笑传播与文化创新的个案分析,在微笑传播与文化创新之间建立了因果关系的推论和研究假设。

本书的主要研究问题是:(1)符号化的音容笑貌在中西方社会文化规范与仪式中表现出怎样的互动关系?(2)微笑传播有怎样的意义和功能?微笑传播能赋予个人、组织和领导者力量吗?(3)在我国文化创新建设中,怎样的微笑传播形态表现会发挥积极而正面的作用?

本书的主要研究结构分为导论、理论篇和案例篇三个部分。导论回答了与研究密切相关的内容:我们为什么需要微笑;微笑传播的文化创新意义;本书的总体结构设计;案例选择的标准及研究成果的主要概括,以增加读者对本书主要内容的理解、阅读与批评。第1—4章是理论篇,着重于梳理中西方微笑传播的观念与微笑传播在不同文化中的基本含义,微笑在组织传播层面的功能表现;第5—9章是案例篇,借助对安徽高速的微笑传播的制度创新、如家连锁酒店的微笑传播组织结构创新、"微笑北京"奥运微笑传播活动的社会管理创新、中国边检等政府管理部门微笑执法的行政服务文化创新进行个案分析,从组织传播层面对微笑传播与文化创新的关系进行观察与建构。

五、研究方法与案例选择标准

本书采用的主要研究方法是案例分析报告。这种研究方法以对微笑传播的样本单位的观察和分析为前提。本书写作最大的困难是找不到合适的案例研究单位。尽管社会上微笑传播随处可见,然而深入到政府、企事业单位实际调查,就可以发现当今的微笑传播是碎片化的,普遍存在着以下问题:一是微笑传播总体上局限于微笑服务的表面层次,基本上找不到从文化、结构与制度创新层次上推广微笑传播的案例;二是微笑活动存在着一阵风现象,很难找到长期坚持并取得实际成效的案例。因此,我们采取理论与案例相结合的综合研究方法,对特定案例单位采用培训、辅导等干预介入的方式,对有关案例单位的微笑文化传播进行实际指导和培训,在直接介入相关案例单位的微笑服务培训、督导检查与总结提升等方面的具体工作基础上,通过扎根访谈、行为观察、体验式调研、深度访谈以及调查问卷等方式,获得了第一手个案研究资料,使得抽象的微笑传播概念得到了经验的验证,升华了对研究主题的理解,并在此基础上筛选出目前有相对典型意义的几个案例分析报告。本书试图通过对一些点的刻画,透过局部折射出来的意义去认识和把握微笑传播的整体态势。案例所描述的场景和过程并不是简单的、孤立的,而是大量同类现象中的一个,它所关注的不是微笑传播的共性和一般性,而是微笑传播的特殊性和多样性,用以从具体的微笑传播实践中提炼出理论分析的基础。

本书通过描述性和解释性案例研究,对关系假设进行证据收集,此方法主要服务于本项目是一项描述性和探索性研究的需要。基于以下一些选择标准:

1. 范例性

在现有的可研究观察的微笑传播与文化创新活动中,安徽省高速公路控股集团总公司(以下简称"安徽高速")的微笑文化建设等个案具有一定的典型性和服务型企业的代表性。安徽高速奉行"重道笃行,通达致远"的核心价值观,发挥了高速公路的交通管理功能和情感文化功能,通过微笑服务,使高速公路不再是单纯的道路交通消费的场所,还具有和谐温馨的社会交往功能,满足了人民群众对更加舒适、更加安全的高速公路服务的需要。该公司微笑传播的特色在于把企业的文化创新与制度创新紧紧结合在一起,把微笑传播的无形管理与有形的制度创新融为一体,让微笑高速的企业文化转化为服务客户的具体行动,强化了客户服务导向的企业文化价值观,焕发起员工心中的"豪迈感",进而创造出力量巨大的企业文化资源,展示安徽高速的良好窗口形象。这种可示范性使其成为研究中可选择的有价值的案例。

2. 多样性

为获得更大的观察视角,针对微笑传播研究主题,本书尽可能地从有代表性的案例中进行多样性选择。这种多样性主要是指微笑活动内容的多样性、参与者背景的多样性以及微笑传播效果的多样性。因此案例选择要跳出个案分析的局限,采取通过多个案例来分析和观察一种现象的方式。如家酒店等企业的微笑服务促进了企业的组织结构创新。企业结构是企业文化的传播载体,企业文化及其结构的创新与再造,均取决于企业成功地动员其成员积极参与的方式。因应微笑服务所创立的涟漪型组织结构,立足于如家的微笑服务文化的核心内涵,其涟漪型组织类似于费孝通先生提出的"差序格局"理论。如家每一个门店管理者,都必须以"体验"作为"石子",创造出涟漪不断扩展延伸的快乐企业的形态,向员工们提供快乐体验来传达企业的经营理念,员工再把自己的内心的快乐体验传递给顾客,给顾客带来愉悦的享受。这些微笑传播的快乐体验一圈圈传递出去,在社会上产生越来越大的快乐涟漪。如家企业的涟漪型组织强化了微笑服务文化的精神内聚力,赋予企业微笑服务价值观念的创新载体。

社会管理是一个持续积累、不断创新的发展过程。社会管理的创新是以知识更新和价值开拓为主要目标的精神文化创造活动,是推动社会进步与实现人类普世价值的重要实践方式。北京奥运会通过"微笑北京"的社会文化创新,充分体现了中华传统文化和当代奥运文化的结晶,洋溢着深刻的民族文化基础和现代社会管理文化的崭新内涵。微笑北京的社会文化实践创新,关键在于建立了一种新的社会文化价值体系,从而为创新的社会文化奠定思想价值基础。从"微笑北京"主题活动的内涵而言,它并不纯粹是一项群众性文化活动,它站在"人"的思维、意识和精神等主观因素的层面来把握志愿者、广大市民的"微笑",其内在远景目标是推动公民社会的建设,其本质是要通过对客观环境的积极影响,在广大人民群众的主观世界上,建构一种全新的精神体系和价值评判标准。

新公共服务理论所造就的行政文化,是一种关注民主价值、公共利益和公民积极参与的文化理论。为人民群众创造更多的幸福感,是新公共管理普遍追求的理想价值,最容易感受到的与幸福快乐有关的行为,是人民群众有没有发自内心的微笑。总体上说,与幸福息息相关的一些活动和条件,几乎是人民群众衷心渴望实现的,也是建设和谐社会所追求的目标。中国边检积极推动由过去单一的自上而下的行政管理变为微笑服务、优质服务,重塑政府形象的创新要求,充分体现了中国政府行政管理文化的发展趋势。近年来,许多地方政府在探索建设服务型政府的实践中,陆续出现了一些如综合服务大厅之类的便民行政方式,在与人民群众交往过程中的服务态度跟以往相比有了明显改善。杭州市土地交易中心、济南市国土资源局槐荫分局等单位,他们那种宛如清风拂面的微笑和诚恳贴心的服务,带来了普通人民群众脸上的笑容,让人民群众有了一种幸福感。这种面带微笑的新公共服务理论所造就的行政文化,也是关注民主价值、公共利益和公民积极参与的文化创新成果之一。

3. 可复制性

由于以组织形态为背景所发生的微笑传播在目前还处于兴起阶段,有影响、有成就的微笑传播成果非常罕见,加上微笑传播这种社会现象目前还难以以量化的方式测量。因此,本书以描述性研究为主。研究者选择了一个多案例设计方案,从不同的视角选择了四个案例,这些案例从不同侧面反映了微笑传播与文化创新的实现方法与途径,代表着不同社会层面开展微笑传播的可以借鉴和参考复制的成功经验。

六、研究的主要观点与结论

1. 微笑是人类祖先沟通的原始编码

社会的和个人的不同感觉所构成的脸部表情,是一种变化多端的现象。作为沟通的一种媒介,微笑传播具有人际交流的感染性,能够唤醒他人同样的或交互微笑的情感,强化社会关系联结,展现出不同时代人们的物质性和精神性需求。人们通过微笑传播,与客观的时间、空间乃至世界打交道。它扎根的既是一个现象世界、一个行为环境,乃至一个与它有互动关系的周围世界。因此,当我们把微笑传播当作一个转化的客体,从人们神秘的内心深层的隐私世界,转向人类群体的文明,对于社会而言,这种转变可以让人们发现个人以外的重要的微笑传播的文化蕴涵。微笑传播,就其对于社会文化发展的功能来说,虽然不是万能的,但作为一种人类共同的身体表情和心灵符号,我们可以把它看成是一种普遍的对话、一种自然而有效的公共交往符号系统,这种交往实践共同组成我们周围环境的重要部分。

2.微笑是最明显的中国文化表现形式之一

中国人的微笑是根植于文化中的一种本色的情感流露。中国人的微笑具有非常强大的感染力,其快乐的精神内涵远远超出严格的物质范畴。虽然文化的不同会使人们的微笑表情具有不同的感知意义,然而真正为成功的传播与交流作出贡献的,往往是微笑的相似性而不是其差异性。在不同文化中,让人微笑的原因有可能不同,但全世界各种文化状态下微笑传播所承载的含义是大致相同的。

3.组织文化中的微笑与培训是由复杂且综合要素构成的传播现象

微笑决定了组织内部的领导风格、工作氛围、战略制定与管理流程,决定了组织之间的个性特征、核心能力以及组织环境,同时也定义了用于衡量这些特征的标准。对各类社会组织来说,组织文化系统对管理行为的影响,远远超过组织基因特征的作用。微笑传播是组织信息提取的中心机制,微笑传播不仅可以作为协调中心,跨越组织管理技术的多个层面,还能够框定和集中信息,从而以事半功倍的方式提高组织管理的适应性与有效性。

严格意义上说,微笑传播的文化创新在多个层面上必须是组织的行为。这些组织行为均有赖于领导者的决心和信心。同时,微笑能够赋予领导者力量。领导者处理问题时最重要的手段就是运用语言,包括各种表情语言。善于运用与微笑相关的象征性情感色彩的符号或行为触及员工的深度知觉,清楚描绘领导者和组织对目标作出的承诺,将会比单纯的行动更有力量。

4.微笑传播的文化创新是与制度创新相伴而行的

由于文化是由人类永久性群体的组织和制度构成的,因此,所有文化进化或传播过程首先都是以制度变迁的形式发生的。对于制度创新的分析就是对组织文化变迁的分析。组织结构作为组织文化的传播载体,在发展初期会受到文化的先导性影响。组织文化在累积发展阶段,又会对组织的结构方式产生调适性影响,进而促使组织结构的调整与更新。与此同时,组织结构也在调整和适应的过程中不断完善其与组织文化相匹配的程度。

5. 和谐社会是由积极情感的传播和奖惩共同构成

微笑传播所造就的情感文化,是社会文化承诺的一种重要的推动力量。社会文化通过设置什么是应该发生的、什么是能够发生的期望来影响人们的情感。情感则赋予文化符号以意义和力量,这种意义和力量可以有效调节、引导人们的行为,从而成为整合社会组织的一种新的模式。微笑传播的文化创新,旨在通过微笑唤起的积极情感文化,推动社会文化的创新发展,最终实现全面和谐、繁荣、幸福的社会。目前,这种充分体现中国政府行政管理文化发展趋势的微笑传播仅仅在少数政府管理部门中象征性地存在,更多的政府管理部门并没有在工作理念方面发生彻底转变,依然强调政府的主观意志决定论,尤其缺乏公民对政府服务的制约,最终仍然是政府说了算。因为,它们并没有真正领会服务型政府的本质在于政府与公民关系的根本性改变。

本书的主要创新点在于,将微笑传播作为探索文化创新体系构建的切入点,从传播学的视角来观察与探讨,个人和社会可以运用微笑传播做些什么,微笑能提供什么样的传播效果,能建构怎样的和谐关系的文化氛围。研究还有助于发现我国乐感文化与所倡导的和谐文化的本质特征,有助于体现我国在社会转型中文化自觉的精神,并能把微笑传播的象征性意义应用到现实与文化创新的建设之中来。

近年来,发生于社会各类组织层级之内、组织之间乃至组织与社会之间的微笑传播现象及其表征越来越多。在任何社会组织之中,微笑都是一种非常重要的文化交流与传播媒介。社会组织文化影响着工作人员的情绪表达,文化也影响着人们的微笑。可以说,微笑传播极大地促进着组织文化并直接影响社会文化的变革与发展。各类社会组织所倡导的微笑传播都有增效的影响。人们表情之中含情蓄意,而由此构建的新型组织文化及人与社会的关系更是影响深远。就此意义而言,对微笑传播及其文化创新问题进行深入分析是大有价值的。因为,我们已经看到,从个人的微笑传播体验,延伸到组织氛围和组织的文化制度创新的建构过程,传播或交流始终可以对组织中那些隐藏的和没有成形的内容进行命名并传达出来,尽管传播也有其黑暗面。从传播学研究的视角看,关注我国文化建设与创新发展的问题,关注微笑传播及其文化创新意义的阐释问题,无疑是对当代中国文化创新体系建设的一种积极回应与探索。

第一章　微笑的产生及其表现形态

什么是笑？人为什么会笑？微笑是怎么产生的？为什么不同的文化中微笑各不相同？对于这些问题，人们已经问了几千年，理论家们也曾花费了大量的精力与时间来探讨。其结果如何呢？经过无数次徒劳无益的探索，他们不得不承认，对于这些问题，众多的研究期待都落空了："这个问题的难度远非他们的智慧所能企及的。"①人们之所以无限感慨叹息，其中一个重要原因是，众多的心理学家、社会学家、文学家们曾经从各自不同的角度提出过种种观点，但至今没有人能够提出一个能得到一致认可的标准。也许，关于人类行为的研究从来没有像微笑的产生及其表现形态一样，众说纷纭、莫衷一是，尽管微笑有多方面的现象，也有各种程度不等的重要性。

一、笑的基本含义

人的身体是一个巨大的符号系统，物质和符号通过身体的开放进进出出，使得人类及其对世界的各种思想和感情得以表明；通过其外表和身体器官的开放闭合，身体将人类与非人类的自然世界联结在一起。而笑是人类身体自愿地极度开放：当一个人肆无忌惮地大笑时，他的嘴就充分地张开了，远远超过他说话或吃饭的时候。因为笑是身体的一种开放，因而它与身体其他部分的张开，比如，耳朵和眼睛相连接是类似的。又因为笑是一种从身体中倾泻而

---

① ［法］让·诺安：《笑的历史》，果永毅、许崇山译，三联书店1987年版，第10页。

出的东西,它也就可以与其他生理现象,比如打喷嚏、哭泣、射精等相提并论。① 从这意义上说,笑是一种普遍存在的人类表达方式。但它又仅限于人类,因而可以被理解为一种人类与动物之间的分界线。当人的身体被搔痒,当人们听到或者经历好玩的事情时,他们就发笑,与自己身体受到伤害或者听到悲伤的消息而哭泣一样。对身体的刺激或者对人的智力、幽默细胞以及其他特殊部位的刺激也可以使人发笑。不过,尽管如此,在体会笑所需的认知能力和笑的突发性身体反应之间,仍然存有差异。因此,笑并不是一种具有固定意义的持续的人类表达。相反,笑的意义是变化的。与其他的人类表达方式一样,笑是文化的一个部分,其地位和功能基本上是由文化所决定的,笑是文化的一种结果。② 虽然,在通常情况下,苦笑、冷笑和傻笑可能与文化没有多少关系。

苦笑是一种值得深入研究的笑,人们对它的认识是最肤浅的。一般来说,令人同情的苦笑,往往意味着苦笑者本人正品味着自己意识中的某些特别尴尬的情景。一个人苦笑的时候,他既是这种尴尬情景的主人公,同时也是这种尴尬情景的构造者和欣赏者。如果他不在苦笑之前把苦笑的原因诉说给别人,那他就是这种尴尬情景的唯一承受者。这时候,苦笑就会自然而然地流露出来。通过苦笑,他其实是在告诉他人,他这儿有一个不便告之与人的苦衷。

冷笑意味着一种威胁,这是公认的。但是对冷笑的感受者而言,冷笑本身并不直接构成威胁;威胁是冷笑背后那些意味深长的东西:它既可能意味着对某种谎言的识破,也可能意味着对某种过失即将到来的惩罚。对冷笑的发出者而言,冷笑意味着要求对方对自己强势地位的确认,也意味着在对方的谎言被揭穿及被惩罚时,对所可能出现的、自认为是可笑的场面已有所预期。从这个意义来说,冷笑意味着发笑者对可能出现的幽默甚至嘲笑的一种预支。

与任何外界刺激因素无关的纯粹的笑是傻笑。傻笑一般来说是一种很容易被微笑理论遗忘的笑,它通常被人们当作是一种病态。如果外界没有明显

---

① 参见[挪威]英格维尔特·萨利特·吉尔胡斯:《宗教史中的笑》,陈文庆译,上海人民出版社2005年版,第4页。

② 参见[挪威]英格维尔特·萨利特·吉尔胡斯:《宗教史中的笑》,陈文庆译,上海人民出版社2005年版,第3页。

的、公认的刺激因素而你却笑,那你就会被认为是在傻笑。很多情况下,讥讽一个正常人"你傻笑什么?"的人,往往正急迫地等待分享那傻笑背后的幽默,这是一个不争的事实。由此可以看出,傻笑也是有根据的,它必然是现实中的某些事物与头脑中一些联想出来的东西共同作用的结果。当然,如果头脑中的这种东西总是挥之不去、摆脱不了,而它又不断地刺激你而使你发笑,那就是一种病态的笑了,这样的笑应该是真正意义上的病理性的傻笑。①

苏联电影喜剧理论家和历史学家 P.尤列涅夫(P.Yurenev)曾经对笑作过一个分类。他认为,"笑可以是欢乐的和忧伤的、和善的和愤怒的、聪明的和愚蠢的、高傲的和亲切的、宽厚的和谄媚的、鄙夷的和吃惊的、侮辱的和赞许的、放肆的和畏怯的、友好的和敌视的、讥讽的和淳厚的、尖酸刻薄的和天真质朴的、温柔的和粗鲁的、意味深长的和无缘无故的、得意的和谅解的、厚颜无耻的和羞涩腼腆的。这个清单还可以开列下去,如开心的、忧愁的、神经质的。歇斯底里的、戏弄的、生理性的、兽性的。甚至还可以有闷闷不乐的笑!"②

对笑作出最充分和最有趣描述的中国学者,应当是爱说笑话、爱讲故事、很幽默的周汝昌先生,他搜集了古今雅俗的词汇,写出《谈笑》一文,让人能够一览而得中国历史上对"笑"的各种称谓。作者借谈笑之名,通过介绍中国的语言中 100 多种表现笑的词语,充分展示了汉语言的丰富性和生动性。他是这样描写的:

笑是反映内心的一种面部表情。"笑脸相迎","满面春风","满脸堆下笑来",证明笑和脸的关系。"启颜"、"霁颜"、"笑逐颜开",文气了些,说的却是同样的关系。"笑面虎"、"笑在脸上,苦在心头",情况虽然不同了,但是反映内心的面部表情却依然有效。

笑又与人脸上的某些局部关系很密切。跟嘴有关的就有"笑口常开","笑得合不上嘴"。还有"抿着嘴"笑,"撇着嘴"笑,"咧嘴"哈哈大笑。有时候,这种通过嘴的微笑并不让你看到具体的形态,比如"掩口葫芦",只能让人们去自己揣摩了。

① 参见李小克:《幽默学原理》,首都经济贸易大学出版社 2007 年版,第 3—5 页。
② [苏]普罗普:《滑稽与笑的问题》,杜书瀛等译,辽宁教育出版社 1998 年版,第 11 页。

二是牙。大家闺秀,或者文人雅士,讲究"笑不露齿"。但是"龇齿"、"齿冷"也不免仍略有表现。"笑掉大牙"则是一般人中常见的乐事了。

三是下巴。"解颐"尚可,竟至笑到"脱颔",得请医生给"拿拿"才行。

四是眼。打心眼里高兴,则会"眉开眼笑",甚至"笑得眼睛眯成了一条缝"。

笑还和人的整个身体有关系,如"拊掌"而笑,"捧腹大笑"。至于"笑不可抑"、"笑弯了腰",有时笑得"绝倒"、"笑得肚肠疼"、"笑破肚皮",甚至"笑死人",这样的事情大概也是发生过的吧。因为"笑煞"之后,还可以"含笑"于地下呢。

"冠缨索绝",这非古人才行。直笑得"喷饭满案",现代人也可试试。

周汝昌先生认为,笑的状态会因人而异其形态。夫子定是"莞尔",美女则必"嫣然"。《红楼梦》里的张道士是"呵呵大笑"。林黛玉只能"回眸一笑"。薛大傻子绝不会"巧笑",他一说话,只能引起"哄堂大笑"。

笑的声音也不会千篇一律,如"粲然"、"輾然"、"哈然"、"哗然";还有"哈哈"、"嘻嘻"、"嘿嘿"、"吓吓"、"哑然"、"噗哧"、"咯咯"之类,"笑嘻嘻"、"笑盈盈"、"笑眯眯"、"笑吟吟"又是另外一副神情意态。"银铃般的笑声"大约只用来形容妙龄少女。

笑的种类也是多种多样的,如"傻笑"、"苦笑"、"假笑"、"憨笑"、"赔笑"、"冷笑"、"谄笑"、"狂笑"、"暗笑"、"奸笑"、"狞笑"等等,不一而足。也有"隐笑"、"娇笑"、"浅笑"、"妍笑"、"佯笑"、"长笑"。这些虽然都过于"古雅",但也无法否认它们的存在。

至于"相视而笑"、"会心微笑"、"仰天大笑"、"付之一笑"、"不觉失笑"、"似笑非笑"、"无人自笑"、"不笑装笑"、"皮笑肉不笑",笑的本领还是需要学习的。

另外还有一类,如"逗笑"、"取笑"、"贻笑"、"招笑"、"索笑"、"见笑"、"调笑"、"卖笑"、"买笑"等。至于"讪"、"哂"、"嗤"、"诮"、"揶揄"、"讥嘲",所有这些也都可以归纳在笑的范围之内。看到周汝昌先生把一个"笑"字描绘得如此多彩,我们读到上述文字的时候,大概都会"忍俊不禁"的吧?

二、微笑的身份认同

关于微笑的产生，西方流传着这样一个美丽的传说。创世之初，亚当感到筋疲力尽，悲观、孤独而痛苦，甚至对自己的处境感到茫然而厌倦。一天，亚当终于得到上帝的垂怜，当他第一次沉入梦乡的时候，他在梦中收到一份新奇的礼物，原来是三位美丽的女子。她们凝眸一瞥，便使人产生了一种从未体验过的奇特感觉。睡意蒙眬之中，他询问三个美丽的女人："你们是谁?"她们答曰："忠诚"、"爱情"、"笑"。同时又告诉亚当："待你醒来，你会发现我们就在你的身边。而且，我们将永远不再离开你。"实际上，当亚当早晨睁开双眼的时候，并没有看见梦中的三个身影，只看见了夏娃，像是其中一位梦中之人。于是，亚当大张着嘴，在夏娃面前因欣喜而发笑。当他们两人笑够了，夏娃又发明了亲吻，她对他说："我就是你梦中的三个女人：忠诚女神、爱情女神和笑的女神。我们本来就不是三个人，而就只是我。"①故事所要传达的是，在我们的星球上，夏娃第一个教我们学会了笑。然而，传说毕竟只是传说，作为现实中一种具有不同模式和丰富意义的人类表达方式，微笑是如何出现的呢?

虽然我们都是哭着来到这个世界的，但微笑通常被认为是一种展示幸福与开心的信号。学者们研究了新生儿表情变化的规律及其产生微笑的时间和情景。

出生后 1 周的婴儿在睡着的时候，会出现一种类似微笑的表情。不过，科学家认为，这种早期的"微笑"只是人的中枢神经系统在睡眠时本能活动的结果。因此，这时候的"微笑"并不是婴儿自觉的微笑。大约在出生后的两星期左右，人们可以观察到婴儿清醒时的笑容，尤其是在刚刚哺乳之后，婴儿吃饱喝足，昏昏欲睡之时。第一次完全意义上的微笑，一般出现在第一个月末，如果母亲辅以某种触觉刺激，比如是搔痒或轻挠孩子肚皮等，都可能诱使婴儿微笑。第 2 个月，婴儿由微笑发展成为会咧嘴作笑，而且更多的事物都能使婴儿

---

① ［法］让·诺安：《笑的历史》，果永毅、许崇山译，三联书店 1987 年版，第 24 页。

发出微笑。幼儿这时候对视觉形象和声音越来越感兴趣,而较少专注于某种身体上的快乐。对幼儿而言,移动的物体和光线是最有趣的,而且每每可以引起孩子微笑。3 至 4 个月的时候,有关事物的意义开始在幼儿的微笑中发挥重要作用了。例如,对于 3 至 4 月的儿童来说,一张不动的面孔很有可能便是使其发出微笑的可靠原因。瑞士著名的儿童行为观察家 J. 皮亚杰(Jean Piaget)通过对于婴儿洛朗的观察后指出:"3 个月大的洛朗,每次睡觉自动地把头转向后面,在此姿势下长时间地看着他的摇篮深部微笑,恢复到原来的姿势。接着又重新开始。我连续多次观察到这一景象。洛朗的习惯是隔一会儿睡一次,醒来便再作先前的动作。下午四点,他睡了一大觉之后,刚醒来就把头转向后面,笑了起来。这样一种行为表现了典型的循环反应的各种特征。"①

生理学家普遍认为,笑是一种反射机制,它与愉快的情绪联结,并成为一种携带有多种意义的、始终与人的相互接触有关的社会性符号。既然这样,是否应该承认微笑是一种遗传的社会行为呢? 抑或承认微笑从一开始就构成对于"人"的一种反应呢? 或者可以认为,微笑是逐渐地在它的社会符号功能中的专门化呢? 是否可以认为微笑在最初的几个月中,只是对于各种不同的刺激,诸如听到人的声音和面对人的面孔的运动时,所呈现的一种简单的愉快反应呢? 皮亚杰通过对于三个孩子的持续考察后,毫不怀疑这样一种事实:微笑首先是对曾经见过的熟悉的图像(由于所认识的物体的突然出现而引起情感,或者由于某种景象的紧接重复)的一种反应。只是后来,渐渐的,儿童只在看见人的时候才笑,而这些"人"恰恰就是最能够经常重现和重复的那些孩童所"熟悉的物体"。但在最开始的时候,对于孩童来说,任何物体都有可能引发笑的情感的认知。② 皮亚杰这样写道:"同样,吕西安娜也用笑表示对事物以及对人的清晰的认知活动。开始时,她也是先对着某个摆动着头或发出重复声音的人发出微笑。接着,她只要看到她的妈妈就会微笑,看到爸爸的时

① [瑞士]让·皮亚杰:《儿童智力的起源》,陈丽霞译,教育科学出版社 1990 年版,第 74 页。
② 参见[瑞士]让·皮亚杰:《儿童智力的起源》,陈丽霞译,教育科学出版社 1990 年版,第 76 页。

候却不笑。她还会对着挂在摇篮上,或者摇篮篷顶的熟悉的物体笑,笑得扭动着整个身体。"①由此,人们看到的是这种笑所表明孩童的微妙的认知,也完全可以把这种微笑看作是孩童识别性的微笑。即是说,通过头 3 个月里对各种人物脸部的再三观察,幼儿最终充分记下了母亲面孔的基本特征,辨认出这张面孔是最熟悉、最可靠的面孔。不过,这种记忆最初仅仅涉及脸部的一般特征。那些认为他们的孩子终于能把他们识别出来的父母们可能会沮丧地发现,这时候如果出现别的面孔,也一样可以使幼儿微笑。一定要到 5—6 个月时,幼儿所储存起来的关于脸部的记忆,才能够发展到只要瞅一眼就能把母亲的脸孔与其他脸孔区别开来的程度。这种区别能力往往使婴儿只对母亲微笑,并被当作是他们越来越依恋母亲的典型表现。

其实,识别性的微笑在 3 个月到 6 个月期间的发展,远比表面上我们观察到的情况要复杂得多。因为幼儿并不抑制他们对十分熟悉的面孔和物体微笑。如果幼儿对一件物体非常熟悉,能够立刻认出它,那么它几乎刺激不起幼儿的什么兴趣来,微笑也不会发生。相反,正是那种只有作出一些初步努力之后才能认出的物体才能使幼儿感到最为有趣,也最有可能引起微笑。如果一个新物体与幼儿以前所碰到的物体大不相同,那么幼儿试图理解这一物体的过程所要求的脑力劳动便会过高或令人疲劳。这样一来,即使这个物体最终被认为与其他熟悉的物体相似的话,微笑也不会发生。② 这些观察结果发生在很早时期,这一事实表明,付出适量的努力可获得最大快乐这一结论也适用于儿童。这种愉快是以微笑的形式表现出来的。

勒内·施尔茨(Rene Schiltz)开始于 20 世纪 40 年代的研究工作,为我们理解儿童最初的微笑和大笑带来了新的解释。婴儿通常在满四个月时,开始出现一般情况下非特指的、社会性的微笑和大笑。施皮茨对此进行研究后确认:针对母亲的特指的微笑反应,出现在生命的第 3 个月前后。早于这个时间是罕见的,而晚于第 5 个月也是罕见的。此外,关于具体时间也有某些特定之处。施皮茨发现,这种微笑出现的时间,是当婴儿在其他方面由被动性转向有

---

① [瑞士]让·皮亚杰:《儿童智力的起源》,陈丽霞译,教育科学出版社 1990 年版,第 79 页。

② 参见阎广林等:《幽默的起源与发展》,南京大学出版社 1992 年版,第 58—60 页。

一定的自主性的时候。因此,婴儿的微笑反应标志着最初思维过程的开始。施皮茨说,这是婴儿对于期望中的需求得到满足以后的信号。如果婴儿有所期待,那就说明他的大脑里已经建立起对所期望的满足感的记忆能力。此种记忆能力是各种识别的先决条件。当其明显存在时,既说明婴儿已发展到完全超越了对自我的专注,又能够在有限的程度内想象另一个人了。用精神分析学语言来说,就是婴儿已能与一个"前客体"发生联系。也就是说,婴儿并未对另一个人的本身有所感知和反应,而是对另一个人的某些特定征象产生了感知和反应:比如活动着的额头、有趣的鼻子和会眨的眼睛等要素的结合。如果四个征象同时呈现,那么不管它们的形状多怪异,婴儿也是会微笑的。因为施皮茨的观察发现,婴儿会朝着一个点头的万圣节鬼怪面具微笑,却不会朝着一个侧面的人形微笑。因为如果把注视者点头的面部所显示的微笑代之以"像野兽露出獠牙那样把嘴张得非常大"的大笑,婴儿会更容易、更必然地发出微笑。由此,施尔茨发出了疑问:这是不是显示了我们人类祖先何等险恶的一种遗迹呢?不管它是什么,微笑反应似乎的确把我们引回到了人类祖先的历史。就人类婴儿而言,微笑构成一组肌肉动作,这种"自我核心"在其本质方面,是出生之时起就制定而具有自主性的。就这样,它在母亲与孩子之间的身体对话中起着重要的作用,以后它会逐渐变弱。因为,到了8个月大的孩子对不同的脸就会有不同的反应,从而会对陌生人表现出不安,对所爱的成年人作出更有针对性的微笑。然而,微笑作为"所期待需求之得到满足"的信号,也完全可以看作对于人的整个一生的微笑和大笑提供了一定的意义。①

日本学者对于上述的各种观点也进行了观察和验证。图1-1是益谷真先生以637名母亲为对象,调查新生儿和婴儿何时、有什么样的表情的数据,这里的微笑是指"快乐的笑"。实验表明,婴儿出生3周左右,人的声音或铃声可诱发出近似微笑的表情;到了6周以后,婴儿则能够表现出明显的微笑。用人的面容能有效地诱发婴儿的微笑,摇动细绳或玩具也能诱发婴儿类似的笑声,但不

① 参见[美]诺曼·N.霍兰德:《笑——幽默心理学》,潘国庆译,上海文艺出版社1991年版,第52页。

28

能断定它确实意味着是一种愉快表达。而能够模仿他人的表情,则是婴儿出生
3—4 个月后的事。多数母亲认为这个时期母亲自己笑则婴儿也会笑,但是这种
笑是否具有交流的含义还不清楚。研究数据表明,对于 5 个月以内的婴儿,我们
还没有办法准确地从其表情推测他是高兴还是发怒。况且,母亲没笑而婴儿笑
的情况也是有的。婴儿 6 个月大以后,当他知道了对周围的人特别是对母亲微
笑时,对方会很喜悦,这时婴儿脸上出现了作为沟通方式的笑,也可以说是代表
"问候的笑"的开始。当然,在这个过程中婴儿主要是模仿母亲的笑容,婴儿的
笑容也就是在遗传基础上加以不断地模仿,因而非常像母亲。"快乐的笑"和
"社交上的笑"同样是这样形成的。① 这种情况随着人的成长而持续。当我们
看到别人的笑脸时,自己脸上的肌肉自然地也会动;看到发怒的面孔时,眼睛
周围的肌肉则会紧张。结果是彼此接触较多的人,其表情会互相相似起来。

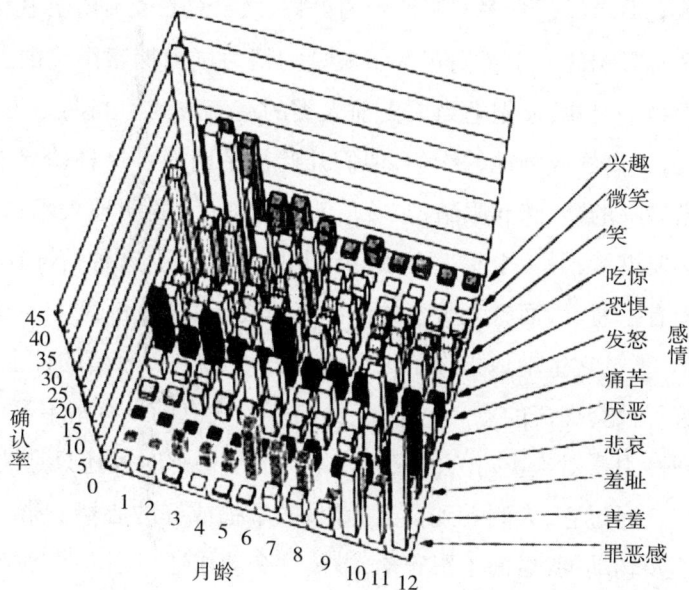

图 1-1　由母亲确认的婴儿出生后 1 年内表现出的感情②

---

① 参见[日]志水彰、角辻丰、中村真:《人为什么笑》,霍纪文、戴显声译,科学出版社 1999
年版,第 16 页。
② 参见[日]志水彰、角辻丰、中村真:《人为什么笑》,霍纪文、戴显声译,科学出版社 1999
年版,第 16 页。

益谷真先生的观察还证实,笑随着孩子的成长会发生更细微的变化,变得多种多样。其中害羞的笑要在婴儿出生 1 年以后才能看得到。有意识控制的笑,例如冷笑等攻击性的笑、搪塞不良情况的笑等,究竟是从孩童几岁以后开始出现的,则还没有明确的研究数据,这方面的笑一般更多地受个人和环境等多种因素所影响。而学会一边接受自己内心并不想要的礼物,一边说"谢谢"并微笑的情况,一般发生的 4—5 岁以后。这种受意志控制的笑,随着笑的环境场景的变化也会是多种多样的,并且还受个人的人生体验的影响。

三、微笑的表达形式

人类历史上历经了众多文明社会的更替,微笑总是受到社会礼仪、风俗以及文化观念所影响的。学者们花费了大量的精力试图探索微笑的起源,不仅在灵长类动物中寻找,还把它当成史前人类的交流方式。当两个力量相当的猿人相遇,由于食物或领地的纷争,他们开始徒手肉搏。这种情况下,如果一个猿人露出满嘴的牙、眯起眼睛、皱着眉头望着对手,聪明地表示这场无意义的战斗没必要继续,另一个猿人会领会到其中的意思。这种情况让肌肉伸缩和面部抽动有了意义,而猿人野蛮的面部表情成了微笑的雏形。毫无疑问,这纯粹是猜测,不过它生动地指出了很重要的三点:第一,原始的社会交往使得微笑渐渐有了社会交流的意义。第二,微笑与自我克制具有密不可分的关系,与文明的理性力量对人类行为的限制密不可分。但那时候还只是被当作一种自发的回应。通过它,人们看到自己的快乐、幸福或好的心情。第三,"微笑"通常用作不及物动词,后面不跟宾语,微笑这个动作还只是人类复杂的肢体语言的一部分。当然,一次克制的微笑也可以认定为一次礼貌的微笑,逐步累积也就成了良好举止的组成部分。①

微笑可以用很多不同的方式来表达,以下是常见的六种微笑形式:

---

① 参见[美]安格斯·特鲁贝尔:《笑的历史》,孙维峰译,中央编译出版社 2006 年版,第 29 页。

1. 抿唇笑:这种微笑的特征是双唇紧闭且向后拉伸,形成一条直线,完全看不见双唇后的牙齿。它的内在含义是,微笑者隐藏了某个不为人知的秘密,或是他不想与对方分享自己的想法或观点。女性在遇到自己不喜欢的人而又不想让对方知道这一点的时候,通常会露出这样的笑容。在其他女性看来,这种微笑其实就是一种非常明显的拒绝信号。然而,大多数的男性却甚少能明白抿唇微笑背后的深意。比方说,女士在谈论别的女人时可能会这样说,"她是个相当有能力的女人,很清楚自己想要什么"。说完,她就紧闭双唇露出微笑。其实,她想表达的真心话是:"我觉得她是一个野心勃勃的女人,简直就是个狂爱出风头的小妖精!"时尚杂志上经常会刊登一些成功人士的照片。在他们的照片中人们也能看见同样的抿唇微笑,而这样的笑容仿佛是在对我们说:"我已经掌握了成功的秘诀,你们猜猜是什么呢?"在对这些人物进行访谈的时候,成功男士们大都会谈论一些自己如何获得成功一些基本原则,但很少有人会将自己获得成功的具体细节公之于众。而如果女士在微笑时双唇紧闭,那就一定意味着她心中有不愿与你分享的秘密。

2. 露出牙齿的微笑:20世纪90年代,学者们对1000名美国人的研究表明,由于颧大肌主导作用的结果,有67%的人,微笑的时候会翘起嘴角、分开嘴唇,形成常见的月牙形状。但是仍然有大约30%的人微笑的时候,只是提起上嘴唇、露出虎牙。另外,还有2%—3%的人表现了令人惊讶的微笑能力,他们微笑的时候会露出所有的两排牙齿,这意味着脸上嘴部周围的肌肉全部加入了微笑运动。[①] 有人把这种微笑称之为安妮·海瑟薇(Anne Hathaway)式的微笑,能够给人一种很开心的感觉。《蝙蝠侠》系列电影中与蝙蝠侠作对的那些丑角,还有比尔·克林顿(Bill Clinton),他们都十分钟爱这种笑容,而且喜欢利用露出牙齿的微笑在观众当中营造一种快乐的氛围,勾起他们想笑的欲望,或是为自己赢得更多的选票。

3. 歪着脸的微笑:在一张扭曲的笑脸上,两边脸庞的表情恰好相反。在图1-2A中,右半脑发出指令,使图中人物左边的眉毛向上扬起;与此同时,由于

---

① 参见[美]安格斯·特鲁贝尔:《笑的历史》,孙维峰译,中央编译出版社2006年版,第76页。

左侧颧肌的收缩,他左边的脸颊上便浮现出了一种貌似微笑的表情。而在左半脑的命令下,右边的眉毛却因为眼轮匝肌的收缩向下沉,嘴角和整个右侧脸颊也微微下移,露出了一种皱眉式的表情。如果我们在图1-2A的正中间垂直放置一面双面镜,使两边脸庞的表情通过镜子90°的反射,我们会发现镜子两侧根本就是两种完全不同的表情。右侧脸庞表情经过反射后形成的表情显现为如图1-2B所示咧嘴大笑;而左侧脸庞反射后的表情显现为图1-2C中,我们看到的却是一张愤怒的和紧蹙眉头的表情。歪脸的微笑基本上是人脑意识作用下的结果,其所传递的信息是一种挖苦或者讽刺的意味。

图1-2 A B C

4. 斜瞄式的微笑:微笑时双唇紧闭,同时还低下头歪向一侧,并且斜着眼睛向上望,这样的笑容容易让人联想到年少时的俏皮和暗藏心思。无论何时何地,女性都喜欢在异性面前表露出这种略带腼腆、欲言又止的害羞笑容,因为这样做很容易激发男性内心的一种保护欲,使他萌生出呵护她并且保护她不受伤害的念头。这也是已故的戴安娜王妃招牌式的微笑,她用这样的笑容征服了全世界,既让男人产生出一种想保护她的欲望,同时也让天下的女人都喜欢上她。戴安娜王妃这种略带俏皮的微笑,似乎有一种神奇的魔力,凡是见过她微笑的人,无论男女,无一例外地都会心悦诚服地拜倒在她的石榴裙下。

5. 傻呵呵的微笑:北京奥运会上,菲尔普斯(Michael Phelps)一个人独得8金,打破了前美国选手绰号叫作"飞鱼先生"马克·施皮茨(Mark Spitz)的奥运记录,得到了"菲鱼"的美誉。而每次登上领奖台,菲尔普斯都会露出那帅气的笑容,笑容就是他的标志。回想北京奥运会召开之前,澳大利亚的名家索普(Ian Thorpe)称菲尔普斯预测8金之说是狂妄至极,但菲鱼在回应时依然面露标志性笑容。他这种"我现在笑,我以后笑,我肯定能笑到最后"的人生态度,使他成为北京奥运中最让人感动的运动员。菲鱼笑的时候总爱张大嘴巴,露出满口整齐的牙齿,他的笑容十分灿烂、憨态可掬、绝不做作,能够让人们感受到他发自内心深处的快乐。因此有人说菲尔普斯的笑是傻笑,但是这种傻笑之中其实包含着让人可爱的含义。

6.愤怒的笑:科学家认为,基于一些尚未了解的原因,我们人类一般都拥有两条引发笑容的神经系统,原古的祖先进化出以正常的微笑作为积极情绪的表达。随着人类生理方面的进化,另一个系统逐渐发展了起来,使人们在任何情绪状态之下,即使是悲痛和愤怒的时刻,都能发出微笑的表情。这个系统使得人们能够很好地控制自身内在情感的表达。就是说,为了掩盖内心的失望与愤怒,即使实际的感觉并不好,也会刻意营造出一种虽然不真实但却是很有用的积极表象。

在愤怒的笑的表情中,颧大肌拉动嘴角,而从鼻梁顶端连接两眉中心的肌肉收缩,表现出了情绪愤怒的某些元素。每当引起皱眉的肌肉启动的时候,就会使眉毛朝内并向下拉动,从而在鼻梁上或在眉心间产生竖直的皱纹。科学家认为,皱眉肌的启动往往与人们内心产生的愤懑感相伴随。当然,有时候这种愤怒的笑表明某个人正在努力保持愤怒,比如家长正在训斥做错了什么事的孩子,但孩子的表情却非常滑稽。然而,更多的时候,人们愤怒和愉悦的混合,很有可能意味着一个人正在享受着内心复仇的幻想。①

日常生活中还有一种常见的笑是开怀大笑。当我们开怀大笑时,朗朗的笑声总是相伴左右。久而久之,爽朗的笑声也就成了一些人的标志,成了这个人的一部分。我有一个朋友就是这样的,她是个40岁左右的民主人士,有较高的社会地位,她就是喜欢笑,而且是大声地笑。有一次省委组织我们一起去县里检查工作,一路上总是听到她的爽朗的开怀大笑。这种放声开怀大笑,不仅能够使气氛融洽和谐,据说还有益于身心健康,能够延年益寿。当我们开怀

---

① 参见[美]拉夫朗斯:《微笑背后的心理学》,路通译,中国轻工业出版社2014年版,第18页。

大笑的时候,身体内的所有器官都会因此而产生连锁反应,并且收效极佳。人们大笑的时候,会呼吸加速,从而使得胸腔内的横膈膜得到充分的伸展,脸部、脖子、肩膀处以及腹部的肌肉也因而得到了锻炼。与此同时,大笑会吸入更多的氧气,增加血液中的含氧量。据说不仅能够加速病症的痊愈,还可以促进血管的伸张,促进血液循环,并使其接近皮肤的表层。这就是为什么人们在大笑的同时往往会面红耳赤的原因。除此之外,大笑还可以减缓心跳速度、燃烧脂肪、增进食欲并且大量消耗体内的卡路里。神经学家亨利·鲁宾斯滕(Henry Rubinstein)的研究发现,开怀大笑 1 分钟,可以使人在接下来的 45 分钟内均处于全身放松的状态。斯坦福大学的威廉·弗莱(William Fry)教授在他的报告中指出,大笑 1 分钟就相当于在跑步机上慢跑 10 分钟的有氧运动。① 因此,从医学的角度来说,如果某人诅咒你的笑容,其实就相当于诅咒你的健康。但是,人们的年龄越大,对待生活的态度越严肃,就会笑得越少。据统计,一个成年人平均一天笑 15 次,而一名学前儿童每天大笑次数平均竟有 400 次左右。

那么,微笑与大笑之间存在着什么样的关系呢?我们认为,微笑与大笑都涉及一个确定的身体行为,都代表着人们在特定的外界刺激之下的一种心理或者情感的体验。涉及大笑的范畴非常广泛,讨论微笑,当然不可能忽略对大笑问题的讨论。

对微笑与大笑进行最广泛研究的是美国学者范·胡佛(F.Hoover)。为了探索人类微笑与笑的发展史上的先兆或同源,胡佛对猿类的面部表情进行了细致的观察。胡佛的主要观点是:有两种表情最可能发生:(1)缄默露齿的表情;(2)松弛的咧嘴表情。缄默露齿的表情也被一些人称作露齿而笑或社会性鬼脸。它的特征是,嘴唇与嘴角完全后缩,恰好使一部分牙龈露出来,同时嘴巴紧闭或者微张,没有声音,身体也不太活动,眼睛大睁、双目直视或斜视某一相关同伴。这种行为似乎与另一种动物在受惊时,所表现出来的有声的露齿表情紧密相关。范·胡佛对 53 种不同类型的黑猩猩行为进行了研究,发现

---

① 参见[英]亚伦·皮斯、芭芭拉·皮斯:《身体语言密码》,王甜甜、黄佼译,中国城市出版社 2007 年版,第 60 页。

黑猩猩"缄默露齿"的表情与它们之间的"亲和"行为联系最紧密,而极少与群体之间的游戏相关。基于这方面的发现,范·胡佛提出了有关微笑的进化论解释。他认为,黑猩猩缄默露齿、松弛张嘴的"友好"表情,与人类微笑之间存在着发展上的联系。他发现,虽然这两种反应在黑猩猩之中比较容易区分,但在其他猿类灵长动物中则往往难以分辨。人类的大笑与微笑是紧密相关的,也是经常混合出现的,并且至少在一定程度上其内涵是可以相互转换的。如果纯粹从外在表现上来看,人类的笑似乎介于猿类标准的缄默露齿脸色与松弛张嘴表情之间,而微笑的表情则是它较微弱的形式。因此,如果将其视为同源相似,这就意味着笑与微笑虽然起源不同,却很可能已经在很大程度上是混合发生的。当然,也有可能发生个别的大笑与微笑不能互换的情况。微笑可能特别用以表达缓解、安全与同情等态度。范·胡佛据此认为,大笑经常是发生在朋友之间的自然而松弛的气氛里,当事情充满乐趣的时候,笑声随时可能出现。后一种情况下的微笑,则很可能是低强度的一种笑,无论在起因、功能或者形式方面,都与亲和性的微笑不同。①

在儿童中进行的一些研究结果,证实了范·胡佛观点的正确性。比如,在一项对学龄前儿童的社会行为所进行的研究中,发现了"粗鲁的滚打游戏"、"攻击"、"叫喊"与"社交"四种行为,与范·胡佛在黑猩猩中发现的行为十分类似。儿童们在粗鲁的滚打嬉戏过程中往往会哈哈大笑,而在一般社交行为中才是微笑的表情。

范·胡佛的研究认为,成年人对微笑和大笑的感觉与猿类的表情行为有很大的相似性。为了证实这一点,他汇集了99个表示社会情绪与社会态度的形容词,在100个成年人中进行了测试。他要求被试者把这100个形容词分别归入下列四类中的某一类:(1)攻击性的;(2)顺从的或害怕的;(3)亲近的;(4)开玩笑的。在相关的调查中,他则要求人们指出这99个形容词中的每一个词是特别表示一种伴随着微笑的态度,还是一种伴随着大笑的态度。研究结果与预先的假设模式基本一致,即:微笑比大笑更与亲昵接近的行为密切,而大笑则比微笑更与玩笑类的行为相一致。

---

① 参见阎广林等:《幽默的起源与发展》,南京大学出版社1992年版,第112页。

　　实际上,在日常生活中,判断大笑与微笑的方法还是非常简单的。比如从时间的延续性方面,大笑的声音往往是短暂的,大笑的一贯形式是突然爆发,来得快,消失得也快。喜剧可以连续演几个小时,但是笑声却不可能在整个演出的时间里持续不断。好的舞台喜剧或影片总是伴随着时断时续的阵阵笑声。笑的间歇也是时长时短,但不可能有人从头到尾一直在大笑。现实生活中也没有任何条条框框能够规定笑声可以持续多久。即使能持续很久,也只能是由断断续续的、一阵阵的笑声组成。比如,我们可以大笑一两分钟,用不同的语调,重复着一两句令人捧腹的俏皮话,或者是非常滑稽的愚蠢的话,或者是两人间的对答,但这也不可能持续很久。虽然大笑也有越笑越厉害,以致大笑者失去平衡而笑倒在地,甚至笑得在地上打滚的现象,这完全取决于不同人的特点。但不管怎么说,大笑不会持久。能够持久的笑只能是微笑。① 因为,大笑虽然必须通过外在的面部紧张的表情以及其他的肢体语言表现出来,但关键却在于大笑者主体内心深处的某种情感发挥作用。甚至可以认为,大笑是一种强烈的微笑,是用与微笑相同的方式突然激发出来的。只不过与一般的微笑相比,大笑中的刺激密度是在一个较高的程度上开始的,然后突然下降。② 因此,突然刺激的强度水平与中枢神经激活的突然降落之间的互动状况,决定着人们是发出大笑还是微笑。

　　如果从更广泛的角度来讨论微笑,那么,我们还得涉及如何区分真笑与假笑的话题。哲学家罗杰·斯克鲁顿(Roger Scruton)在他关于性欲的一本书中有这样的观点。他认为,不管是像本能一样自然流露的自发性的微笑,还是其他类型的微笑,"其根本不是微笑,而是一种做出来的表情。当然,它也许有自己出现的理由,但绝对不是灵魂的表情"。他认为,真正的微笑是类似脸红的反应,"在你知道我是谁,以及我的感受之前,对我的一种不自觉的认同"③。如果同意斯克鲁顿的观点,区分微笑和假笑就会非常困难。在很多情况下,微笑者的目的和他们引起的不自觉的反应往往是交织在一起的,从而让微笑显

---

① 参见[苏]普罗普:《滑稽与笑的问题》,杜书瀛等译,辽宁教育出版社1998年版,第167页。

② 参见阎广林等:《幽默的起源与发展》,南京大学出版社1992年版,第21页。

③ [美]安格斯·特鲁贝尔:《笑的历史》,孙维峰译,中央编译出版社2006年版,第13页。

得真实。也就是说，微笑必须是对于具体的某个人或某件事。所以，当我们在街头看到的人在微笑的时候，通常会认为他是自己在微笑。就是说，他的情感与经历中隐藏着能够让他微笑的东西。

法国科学家纪尧姆·杜胥内·德·波洛涅（Guillaume Duchenne de Boulogne）利用电流刺激诊法，对微笑进行专门的科学研究，试图区分发自肺腑的会心微笑与其他种类的笑容。他通过对那些断头台下身首异处的头颅进行分析，研究死者面部肌肉收缩的方式。研究者向不同的角度拉扯人的面部肌肉，分析其面部肌肉因收缩而引发的各种笑容并进行归类。最终发现，人的笑容是由两套肌肉组织控制的：以颧肌为主的肌肉组织可以使嘴巴微咧，双唇后扯，露出牙齿，面颊提升，然后将笑容拉扯到眼角上，而通过收缩眼轮匝肌即眼部周围的肌肉，使眼睛变小，眼角出现皱褶，即我们常说的"鱼尾纹"。这个发现对我们正确理解人们的微笑十分重要。因为，以颧肌为主的肌肉组织是受到人们的意识所控制的。换句话说，当我们想让自己看起来显得友好或谦恭的时候，即使现实生活场景中并没有能让我们感觉到快乐的事情发生，我们也可以下意识地命令这部分肌肉收缩，制造出一种虚假的笑容。不过，人们眼部周围的眼轮匝肌收缩，却是完全独立于人们的意识之外的。所以，鱼尾纹呈现出来的往往是发自肺腑的真心笑容。因此，如果你想知道对方的笑容是否真诚，只需要观察他的眼睛，观察他的眼角是否出现了"鱼尾纹"。自然而然的真正的笑容，会让人的眼睛四周产生细纹。而那些不真诚的笑脸上，细纹一般只出现在嘴的四周。所以，真正开心而发出的微笑，不仅会使双唇后扯、嘴角上扬，还会同时带动眼部周围肌肉的收缩；敷衍或者虚假地应付型的笑容，则只能引起嘴巴四周肌肉的不自然收缩。①

---

① 亚伦·皮斯与芭芭拉·皮斯说过这样一个故事："鲍勃凝视着屋内，目光停留在一位魅力十足的黑发女子的身上。而此时，她似乎也正微笑着望着他。于是，鲍勃毫不迟疑，立刻起身，走进屋内，与这名女子攀谈起来。女子的话并不多，不过，她依然微笑着注视着他，所以，鲍勃仍然继续着他的谈话。这时，鲍勃的一位女性朋友从他身旁经过，悄声对他说：'算了吧，鲍勃……在她眼中，你就是个笨蛋。'听闻此言，鲍勃顿时目瞪口呆。可是，那位可人儿此时仍在冲着他微笑！其实，鲍勃不过是犯了一个大多数男人都会犯的错误——误解了异性在微笑时紧闭双唇所代表的含义。"参见［英］亚伦·皮斯、芭芭拉·皮斯：《身体语言密码》，王甜甜、黄佼译，中国城市出版社2007年版，第49—50页。

杜胥内提出的判断真假微笑的方法在这里可以帮助我们进行分辨,微笑的人是确实感到开心,还是仅仅出于礼貌。学术界将其命名为"杜氏微笑"①。它包含了脸颊鼓起、眼角出现皱纹、嘴巴微翘等面部要素。图 1-3 给出的是"杜氏微笑"和"非杜氏微笑"的例子。由于在"杜氏微笑"中的眼部肌肉活动很难被自主控制,所以几乎没有人可以"仿冒"。

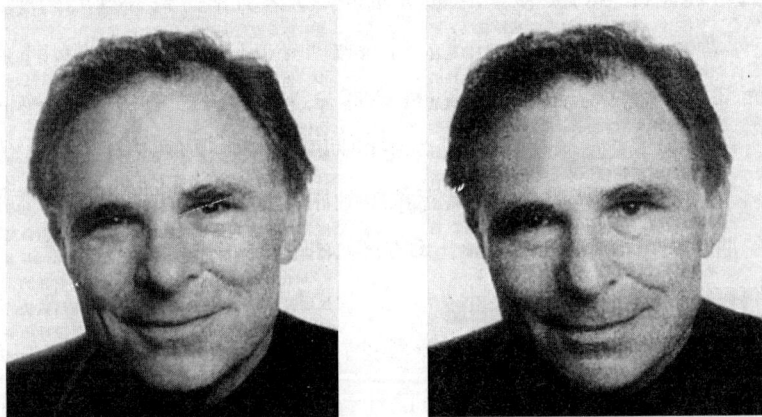

图 1-3　非常快乐或愉悦的人展示出"杜氏微笑",如左侧照片所示。注意鼓起的脸颊和眼睛周围的表现。自主的微笑通常类似于右侧的照片。不过,右侧照片里的微笑也可以被视作中等程度的快乐或愉悦的真实表现。

必须强调的是,并非所有的情绪性微笑都是杜氏微笑。研究人员发现,年幼的儿童对任何愉快事件的反应,通常先是一个"非杜氏微笑"。如果愉快的程度足够强烈,"非杜氏微笑"会逐步地演化成"杜氏微笑"。而对于成人来说,真挚的但不够强烈的微笑往往也达不到"杜氏微笑"的标准。对这种现象的理想解释是:"杜氏微笑"表达的几乎总是真正的快乐,而"非杜氏微笑"有时也可以表达出快乐。但是如果想把"杜氏微笑"作为快乐的指标,做起来却比较困难。因为它要求研究者必须在被试者处于兴奋状态的时候进行录像,然后将"杜氏微笑"出现的频率、强度和持续时间进行编码。学习这个编码系

---

①　参见[美]詹姆斯·卡拉特、米歇尔·希奥塔:《情绪》,周仁来等译,中国轻工业出版社2009年版,第170页。

统,需要反复耐心地观看录像,而每一分钟的微笑实况需要花 6 倍的时间编码。尽管存在种种困难,但"杜氏微笑"已被证明是一种非常有用的、对积极情绪进行研究的最可信的测量方法。詹姆斯·卡拉特与米歇尔·希奥塔(James W.Kalat,Michelle N.Shiota)等人曾讨论过一项出色的研究。研究者对在数十年前的大学年鉴中女性学生照片的面部表情进行研究,试图探讨照片中微笑着的女生在成人时期的生活方式。研究表明,在个人照片中展示出较强的杜氏微笑的女性,她们的婚姻生活普遍更幸福,离婚率更低。而且在距离毕业时的微笑几十年之后,她们对竞争力与社交活跃性的自我评价,比那些礼貌性微笑或者根本没有笑容的女生要更高。① 很显然,人们的微笑确实表达了我们接触世界与处理人际关系方面隐藏着的重要信息。

四、微笑的尴尬滑稽

在日常生活中,滑稽逗人而使人微笑的现象十分常见。比如说,看见内衣外穿的女人,或者大胖子骑着一辆小自行车,就会让人感到很滑稽;夏天出门匆忙,没仔细看清把 T 恤穿反了;去银行取钱,好不容易排队轮到了,却发现没有带银行卡,自己对此也会感到滑稽可笑。

其实,类似的情况许多人都经历过一些。人们在特定的社会环境中生活,逐渐形成了共同的生活习惯,演变成社会风俗习性,这些被称为社会文化的东西,反映了人们共同生活的逻辑与常理。一旦违反这些习以为常的约定俗成,就会让人感到不协调甚至觉得滑稽可笑。生活中的许多巧合也是造成滑稽可笑的一个原因。巧合让人感到惊奇,感到意料之外,所以也会引人发笑。比如在酒会上,有人向领导敬酒,意在讨好领导,不料想没注意,竟然把酒洒在了领导崭新的西装衣服上面,从而引发尴尬,也会引人笑起来的。因此,上述的尴尬与狼狈也是造成滑稽的重要原因。所以,著名的幽默漫画家方成先生认为,

---

① 参见[美]詹姆斯·卡拉特、米歇尔·希奥塔:《情绪》,周仁来等译,中国轻工业出版社 2009 年版,第 170 页。

漫画欲想讽刺什么人,就常常把这人画成可笑的狼狈相。相声也是如此。漫画经常将人物变形扭曲,比如把头画得特别大,腿却很短,行动举止常作夸张描绘,因夸张而变形变态,这都是为了制造不协调的滑稽。①

虽然在《庄子·徐无鬼》中就已经有"昆阍滑稽后车"之说,屈原的《卜居》中也曾出现过"将突梯滑稽,如脂如韦,以洁楹乎"的说法,但是,古时中国的滑稽,指的是黄帝马车前面的先导,或者是指导车轮上的机括,并没有后世的喜剧或者可笑之类的含义。一直到司马迁的《史记》中写了《滑稽列传》,用"滑稽"概括并说明优笑的言行,"滑稽"才与当今意义上的喜剧精神有了联系。也就是专指一切引人发笑的事物、现象和言行。② 司马贞撰写的《史记》"索引"中,对滑稽的美学特征有比较全面的解释:"滑,乱也;稽,同也。言辩捷之人,言非如是,说是若非,言能乱异同也。""索引"又引姚察云:"滑稽犹俳谐也。滑读如字,稽音计也。言谐语滑利,其知计疾出,故云滑稽。"③这里滑稽的特征指的是语言辩捷(智)、"能乱异同"(谐)。班固的《汉书·东方朔传》在篇尾赞东方朔"应谐似优,不穷似智,正谏似直,秽德似隐","其滑稽之雄乎!"④这里"滑稽"似乎是"谐"、"智"、"隐"的复合体。刘勰在他的《文心雕龙·谐隐》篇末,总结的"滑稽"概念,也包含了"谐"、"隐"的意思在内。按照刘勰的解释,"谐之言皆也,辞浅会俗,皆悦笑也"。而"隐"则是指"遁辞以隐意,谲譬以指事也"。⑤ 因此,古代所说的"滑稽"概念,其含义较之于今天的"滑稽"含义要宽泛得多。⑥

其实,在孔子以前,俳优的地位是得到社会的认可的。优施、优孟能以

---

① 参见方成:《幽默的笑》,福建人民出版社 2001 年版,第 13—14 页。

② "滑稽"这个词,最早见于《史记·滑稽列传》:"淳于髡者,齐之赘婿也。长不满七尺,滑稽多辩……"只是古代的"滑稽"和我们现在的理解不大一样。按照司马贞的注解:"滑,乱也;稽,同也。言辩捷之人,言非若是,说是若非,言能乱异同也。"另有崔浩云:"滑音骨,稽流酒器也。转注吐酒,终日不已,言出口成章,词不穷竭,若滑稽之吐酒。"那时候的"滑稽"指的是那种机智善辩,口若悬河,最擅长"忽悠"的人。

③ 司马迁:《史记》,中华书局 1982 年版,卷 126。

④ 班固:《汉书》,中华书局 1962 年版,卷 65。

⑤ 刘勰:《文心雕龙》,中华书局 1986 年版,第 133—135 页。

⑥ 参见王天保:《社会功能论到实践论——滑稽、幽默的理论研究在中国美学中的发展历程》,《华北水利水电学院学报》(社会科学版)2006 年第 4 期。

"言无邮"的身份,参政于宫廷之中,即是明证。但在罢黜百家、独尊儒术的汉代,俳优则被视为不满三尺的侏儒,士大夫们普遍耻留此心,从而使他们在经、史、子、集中失去了列传的地位。司马迁一反传统,指出"天道恢恢,岂不大哉?"认为天地之大,无所不有。因此,俳优也应占有一席之地。所以,便列淳于髡、优孟、优旃、又补郭舍人、东方朔、东郭先生6人,为他们立传。然而,司马迁作为一个史学家,他写《滑稽列传》的目的并不是对俳优的机智多变进行理论方面的概括与把握,而是如实记载他们的言行事迹。所以,司马迁关于俳优特点的概括,仅仅三言两语,类似于"谈言微中,京可以解纷"、"善为笑言,然合于大道"、"樗里子滑稽多智,秦人号曰智囊",等等(《樗里予甘茂列传》)。但是,从司马迁言简意赅的简短评论中,我们可以看出他对俳优从三个方面加以肯定:(1)多智的技术手段;(2)解愁忘忧的心理功能;(3)谈言微中,合于大道的社会功能。①

　　西方的理论家则是通过对崇高与卑劣、伟大与渺小、理想与现实等方面的对比,来界说滑稽的本质特征的。他们认为,滑稽及其引起的笑的首要条件,就是笑者有某些规范的、道德的、正确的观念,或者说,是对某种东西的一种完全下意识的本能。这种东西从道德要求的角度,甚至从正常人性的角度来看,应当理解为规范的和正确的。在这些要求之中,既没有一点伟大,也没有崇高,仅只有人的一种固有本能的呈现。因此,没有道德信念的人,冷酷无情的人,以及冥顽不灵的人是不会笑的。另外,当我们看到周围世界里,有某种与我们身上固有的本能相矛盾、不适宜的东西也会产生笑。② 由此可知,笑是由人类日常生活中的某些缺点引发的。这两种因素之间的矛盾,便是产生滑稽和由滑稽引起笑的基本条件。因此,一些理论家断言,喜剧性来自某种卑俗猥琐缺陷的存在。对这些缺陷的研究表明,它们最终都被归结为精神序列的,或者是道德序列的缺点,诸如情感、感觉、意志以及道德状况和智力行为上的缺陷。生理上的缺陷或被视为人的内在缺陷表征,或被视为对匀称法则的一种破坏。因为,我们从人的本性规律角度,感觉到匀称才是合理的。

---

① 参见阎广林:《笑:矜持与淡泊》,国际文化出版公司1989年版,第36页。
② 参见[苏]普罗普:《滑稽与笑的问题》,杜书瀛等译,辽宁教育出版社1998年版,第26章。

20世纪初,法国著名哲学家亨利·柏格森(Henri Bergson)从笑对十社会的功能的角度,系统地探讨了滑稽产生的机制,分析了滑稽喜剧之所以使人发笑的原因,总结了一些关于滑稽的基本规律。柏格森认为,"滑稽是通过一些不易觉察的阶段,从一个形式到另一个形式,进行着非常奇特的形变。"因此,"滑稽首先是个活生生的东西。不管它是如何微不足道,我们也要以对待生活同样的尊敬来对待它"①。他认为,滑稽引起的笑总是由某种跟人有关系的东西引起的,笑必然有其社会功能。因此,"要理解这种笑,就得把笑放在它的自然环境里,也就是放在社会之中;特别应该确定笑的功利的作用,也就是它的社会作用。让我们现在就说清楚,这才是我们全部研究的指导思想。笑必须适应共同生活的某些要求。笑必须具有社会意义"②。同时,这种笑是人们对有别于日常生活习性的那些机械的东西的一种反应,"是镶嵌在活的东西上面的机械的东西"③。"滑稽乃是人和物相似的那一方面,是人的行为以特殊的僵硬性模仿,简单而纯粹的机械活动、模仿自动机械动作、模仿无生命的运动的那一方面。因此,它表示的是一种个人或集体的缺陷,一种要求我们立刻加以纠正的缺陷。笑就是这样一种纠正。笑是一种社会姿态,它把人和事的某种特殊的心不在焉的现象强调指出来,并予以制止"④。每当我们在某个人的言语或姿势中,发现这种机械性的东西时,就会发笑。所以,笑是一种社会姿态。社会借助笑来纠正那些行为脱出常轨的人,纠正那些心不在焉的人,让他们不要脱离社会,不要不合社会。柏格森认为,滑稽的目的就在于从人的本性中提炼出若干类型,这些类型以其机械自动性的外在表现而引起我们发笑,它们促使我们省察自己,促使我们遵守公共的准则,促使我们更有益于社会,从而完成滑稽所带来的喜剧意义的社会功能。

---

① [法]亨利·柏格森:《笑——论滑稽的意义》,徐继曾译,中国戏剧出版社1980年版,第1页。
② [法]亨利·柏格森:《笑——论滑稽的意义》,徐继曾译,中国戏剧出版社1980年版,第4—5页。
③ [法]亨利·柏格森:《笑——论滑稽的意义》,徐继曾译,中国戏剧出版社1980年版,第30页。
④ [法]亨利·柏格森:《笑——论滑稽的意义》,徐继曾译,中国戏剧出版社1980年版,第52—53页。

滑稽产生的笑是一种嘲笑,它是一种纠正手段。柏格森强调,嘲笑虽然是用来羞辱人的,它必须给作为嘲笑的对象的那个人一个痛苦的感觉。社会用嘲笑来报复人们胆敢对它采取的放肆行为。如果嘲笑带有同情和好心,它就不能达到目的。也许有人会说,嘲笑的动机至少可能是好的,人们之所以惩罚一个人,经常是由于爱他。或者说嘲笑在制止某些缺点的外在表现的时候,也是为了我们社会的更大的利益,促使我们改正这些缺点,促使我们的心灵更趋完美。① 大体说来,嘲笑当然会起着一种有益的作用。然而,并不因此就可以说嘲笑本性是从善意出发的,更不能说嘲笑总能击中社会缺陷之要害,甚至也不能说嘲笑总是从公平无私出发的。如果真是能够击中要害,嘲笑就必须是理性思考的产物。而实际上,社会上常见的嘲笑现象只不过是自然装在人们身上的一种类似于抽水马桶式的机械装置所产生的效果,或者说是长期的社会生活习惯装在我们身上的一种机械装置所产生的效果。因此,嘲笑对某些缺陷的惩罚,几乎有点像是疾病对人的某些过度行为的惩罚一样,打击了无辜的人,放过了有罪的人。就这一意义来说,嘲笑并不是完全公平的。

当然,嘲笑也并非不能出于善意的。它的任务其实就是通过羞辱来产生威慑。如果社会没有为了这一点而在最优秀的人们身上留下丝毫恶意,至少是些许狡黠的话,嘲笑是不会达到它的目的的。关于这一点,我们也许还是不必过分深究为妙。我们是不会从这种研究当中得到什么令人愉快的东西的。因为,紧张的缓和或扩张往往只不过是嘲笑的前奏。嘲笑的人想到自己的行为是高尚正义的,多少会洋洋得意,从而把别人看作是他嘲讽的对象,是由他操纵的木偶。在这种自负心理的影响下,人们内心实际上是具有利己主义思想的,而在这种利己主义思想的背后,隐藏的是一种令人苦涩的东西,是一种悲观主义的萌芽。

柏格森虽然企图解释滑稽的嘲笑,但他并没有研究较为简单的愉悦的笑。这本身在关于笑的问题的探讨中是一个疏漏。他关于滑稽笑的理论包含两个内容,即除了对滑稽本质的解释外,就是对笑的功能的社会学研究。在柏格森看来,

---

① 参见[法]亨利·柏格森:《笑——论滑稽的意义》,徐继曾译,中国戏剧出版社 1980 年版,第 119 页。

嘲笑是一种社会性的惩罚,它旨在惩罚那些镶嵌在生命外表的机械的东西。

柏格森认为,镶嵌于活生生东西之上的机械性东西本身就是一种滑稽。①不过,也有学者对他的观点提出了质疑。拉尔夫·皮丁认为,柏格森理论总的原则是,一个情景本来并不是作为喜剧性内容出现的,仅仅因为它类似于另外一个确实是滑稽的情景,则这一非喜剧的情景就拥有了滑稽的性质。一定的相似可以产生一种滑稽效果,例如某人的行为暗示出玩偶的动作。但是,在这个例子中,既不是某个人也不是其对象本身引人发笑,而是相似本身构成了滑稽情景。柏格森曾经宣称,一个本身并不滑稽的情景可以从它与另一个滑稽情景的相似中获得滑稽性。然而,尽管我们可以承认柏格森列举的例子中的相似性,但我们却不能从这种承认中增加对滑稽性的任何认识。比如,莫里哀的喜剧人物引我们发笑,那是因为剧情情节本身的跌宕,以及剧中人物语言和行动安排恰到好处所产生的喜剧效果,而绝对不是柏格森所猜想的,是因为剧情使我们想起了跳舞的木偶或雪球。因此,如果我们要解释滑稽性的话,我们就必须承认,所有的喜剧性情景都有其相应的滑稽性。② 柏格森"镶嵌在活的东西之上的机械的东西"的论断,虽然可以适用于绝大多数的滑稽情景,但必须承认,这一公式的适用范围确实过于宽泛,似乎可以容纳所有的含有两种独特因素的情景。因为,在滑稽产生的情景中,两个因素中的一个往往会比另一个更为机械,或者更少一些"活的东西"。另外,现实中也存在一种适于运用这一公式的情景,但是它却不会引起笑,也就是说并不滑稽。

不管怎么说,西方理论界比较公认的是,滑稽引起笑的快感的基础并不是伪善的情感,而是人们身上的一种固有本能,但这种情感具有深刻的道德性质。③ 每当看到邪恶被揭露,并受到应有的羞辱和惩罚的时候,人们因此体验到一种快感与满足。虽然,这种情感多少含有幸灾乐祸的成分,但在这种幸灾乐祸的过程中也象征着正义感赢得了胜利。然而,虽然嘲笑之中令人喜悦的

---

① 参见[法]亨利·柏格森:《笑——论滑稽的意义》,徐继曾译,中国戏剧出版社1980年版,第120页。
② 参见[新西兰]拉尔夫·皮丁:《笑的心理学》,潘智彪译,中山大学出版社1988年版,第14页。
③ 参见[苏]普罗普:《滑稽与笑的问题》,杜书瀛等译,辽宁教育出版社1998年版,第168—169页。

是道德性的胜利,但是在欢快的笑声里,人们更能直接体会到的却是生命力和生活之欢乐的胜利。发出笑的永远只有胜利者,失败者是从来不笑的。

五、微笑的善意幽默

"滑稽"与"幽默"虽然是相互密切联系的,但它们却在任何情况下都是不一样的,形式上也不相像。与包含着冷嘲热讽和幸灾乐祸因素的滑稽不同,幽默表现出更多委婉的、且不含恶意的含义。从广义上说,幽默可以理解为接受和创造喜剧的能力。幽默是某种内心状态,在这种内心状态下,我们在人际关系中透过些许缺点的一些外在表现,可以看出积极的内在本质。因此,幽默一般都产生于某种宽厚的好心,是一种善意的微笑。

善意的微笑可以表现为各种各样的色彩和形式,其中比较常见的有"善意的漫画",譬如著名漫画家方成先生的作品。当然,漫画中的人物并不是任何时候都让人感到愉快的。毫无疑问,幽默具有既严肃、又好玩、更使人迷恋的重要品质。它能让我们看到生活中有趣的一面,欣赏生活中的可笑之处,并且嘲笑自己的困境,这是极其重要的品质。因此,幽默总是与微笑分不开的。正是在让人轻松一笑的过程中产生了幽默感,从而给我们提供了理解社会、了解思维和感情在文化中真正关系重大东西的线索。

中国的幽默概念,最早出现在先秦时期,《楚辞·九章·怀沙》中有"孔静幽默"之句,但那是"寂静无声"的意思,与现今我们所理解的幽默的内涵大不相同。但相似的概念如诙谐、奚落、谑浪、孟浪、调侃、俏皮等,却都有着幽默的含义。现代学者林语堂,将英文的 humour 翻译为"幽默"。① 在《吾国与吾民》中,林语堂指出:"幽默者是心境的一种状态,表现这一种人生的观点,也是一种应付人生的方法。无论何时,当一个民族在发展的过程中,生产丰富之智慧足以表露其理想的时候,则开放其幽默之鲜葩。"②林语堂考证认为,中国

---

① 林语堂:《征译散文并提倡幽默》,《晨报副刊》1924 年 5 月 23 日。
② 鲁非:《大力提倡躬身实践——林语堂作品中的幽默》,《阅读与写作》1994 年第 9 期。

幽默文化的始祖是老子。其后如杨朱、庄周、列御寇，皆承继其幽默遗绪，虽然每人幽默的意味各相迥异。比如，儒家孟子的幽默时见于其锋芒中发出的冷峻；但孔子在他的言行当中，亦不时地透露其温柔忠厚，惜世人不曾理会的幽默态度。史记载孔子曰："温温无所试。"此五字的含义在于："温温无所试甚，若穷居而慷慨悲歌，上者为屈贾，下者悲歌久则变节矣。"① 此语非深谙人情世故者不能说，它深刻表现了怀才不遇而不慷慨悲歌的孔子的幽默最特别之处。② 在林语堂先生的倡导和推动下，"幽默"一度成为现代诸多文化人关注的焦点，吸引了不少人来讨论幽默概念的含义。

西方的幽默传统从古希腊开始。海洋性气候带来的丰富生活和稀奇古怪的神话传说，强烈地刺激着古代希腊人的头脑，造就了他们的开阔视野和崇尚智慧的气质，使他们善于穷究宇宙与人生的终极问题，因此涌现了众多的思辩家、雄辩家和狡辩者。比如苏格拉底，曾遭老婆的恶声痛骂，欲出门躲避，却被老婆紧跟身后且泼了一桶冷水，浑身淋湿。苏格拉底竟然处之泰然，只说"雷霆之后，必有大雨"，就此出门。之后，有人问起的时候，苏格拉底发出了"婚姻如学骑，马性愈悍愈可习练德性"的调侃。③ 在这调侃中，充满了古代希腊人充满理性的幽默感。显然，幽默精神是需要一种强烈的思辩意识作为支撑的。其原因在于，幽默是一种理智的态度，它要求人们能够别具冷眼，在日常生活情景中敏锐地捕捉矛盾，巧妙地制造矛盾。所以，只有善于思辩、善于从细微之中发现差别、善于对纷扰的现实生活进行理性观照的人，才容易产生幽默精神。因此说，世界对于思考而言，本身就是一种幽默。

在涉及幽默理论的宽度问题上，学术界存在着很大的分歧。柏格森认为："幽默家是化装成科学家的伦理学家，他有点像是一个以激起我们厌恶之情为目的的解剖学家。"④ 他认为："就这一意义来说，笑是不能绝对公平的。笑

---

① 《颜氏学记》，中华书局 1958 年版，卷七。
② 参见林语堂：《我杀了一个人》，海南国际新闻出版中心 1995 年版，第 24 页。
③ 参见林语堂：《我杀了一个人》，海南国际新闻出版中心 1995 年版，第 80 页。
④ ［法］亨利·柏格森：《笑——论滑稽的意义》，徐继曾译，中国戏剧出版社 1980 年版，第78 页。

也不能是出于善意的。它的任务就是通过羞辱来威慑人们。"①黑格尔(Georg Hegel)对幽默与笑也持这种态度。他认为:"只有没有良心、没有责任心的人才会成为幽默家。"他举例说,比如维兰德善于幽默,因为他疑心很重,而疑心重的人都是玩世不恭的。因此,他认为:"严肃认真地对待生活的人是不会成为幽默家的。"②不过也有学者对此进行了反驳。加拿大学者利科克(S.Lea-cock)就写道:"我总是觉得,真正的幽默,就其本质说来,并不是恶意的、冷酷的。"③1976 年,在威尔士的卡迪夫召开的"幽默与笑国际讨论会"上,与会者在这个问题上展开了认真的讨论。大约有 1/3 的学者感到以前的幽默理论过于狭隘和零碎,认为应该对幽默进行全面的解释。还有 1/3 的学者认为,我们对幽默的理解,还不足以建立起一个包容一切的理论。在他们看来,企图用一种单一的理论体系来对幽默之对于社会、动机和人的心理诸方面进行解释,是十分荒谬的。因为只有通过提出对幽默的某些方面及其发展的令人满意的解释,我们才有可能较好地将各种观点综合起来,形成更高层次的理论解释。另外 1/3 左右的学者则相信,应该在尽可能地对现有的理论进行综合的基础上,继续建立新的完整的理论体系。④ 其中,对于幽默问题的研究中的不一致原理、贬低原理以及解脱原理,学者们都相对比较认可。

早在两个世纪以前,康德(Immanuel Kant)就注意到:"笑是由一种紧张的期待突然转变成虚无而来的激情。"⑤在这个判断中包含了康德对于幽默现象的卓越见识。此后,叔本华(Arthur Schopenhauer)加以扩展,形成了幽默的不一致原理。依据这一原理,幽默之所以会引发人们的笑,关键在于它充分诱导了人们的想象和心理期待,然后突然出其不意地转换了结果。比如幽默的笑话,总是把我们的思路引向一端,然后用曲解或惊人妙语,使我们忍俊不禁。

① [法]亨利·柏格森:《笑——论滑稽的意义》,徐继曾译,中国戏剧出版社 1980 年版,第121 页。
② [苏]普罗普:《滑稽与笑的问题》,杜书瀛等译,辽宁教育出版社 1998 年版,第 142 页。
③ [苏]普罗普:《滑稽与笑的问题》,杜书瀛等译,辽宁教育出版社 1998 年版,第 142 页。
④ 参见阎广林等:《幽默的起源与发展》,南京大学出版社 1992 年版,第 38—53 页。
⑤ [德]康德:《判断力批判》,邓晓芒译,人民出版社 2002 年版,第 179 页。

注意下面这个小故事:殿下问一个酷似自己的陌生人:"你母亲曾在王宫里干过活吗?"他得到了令人极其震惊的回答:"没有,但我父亲曾在那里干过。"①这样回答,被问者肯定会击败这个胆敢卑鄙地暗示他母亲轻浮的发问者。但这个无礼的人是殿下,他不仅不会被击败,甚至也不会遭到侮辱,除非这个人想豁出命来进行报复。因此,这个侮辱好像要被默默地吞下去。但幸运的是,这个陌生人通过诙谐的幽默,巧妙地运用隐喻的手段,使攻击转回攻击者自身,达到报复这种侮辱而又使自身安全的方法。此例中的幽默效果完全是由其目的决定的。在这里,幽默的不一致性表达是别出心裁的。

幽默的贬低原理则直接瞄准情绪的水准。托马斯·霍布斯(Thomas Hobbes)有句妙语,他说:"愉快或高兴,有些是由于现实对象的感觉而产生,有些则是由于对于事物的结局或终结的预见所引起的预期而产生。"而"骤发的兴奋是造成笑这种面相的激情,这种现象要不是由于使自己感到高兴的某种本身骤发的运作造成的,便是由于知道别人有什么缺陷,相比之下自己骤然给自己喝彩而造成的?"②在这些假设中,实质的竞争及其优势的确立,压倒了其他因素,成为幽默笑料的核心。上文中关于殿下和陌生人的笑话,看来是支持这个观点的。它明确地通过暗讽来贬低殿下,并用同样的方式,贬损了皇宫的神圣形象。此外,还突出暴露了一些群体和个人的弱点,加以丑化、讽刺和贬抑;赤裸的或掩饰的冒犯,都富于幽默情调。

贬低原理和不一致原理一样,是构成幽默的重要组成部分。一方面,它具有人们表达特殊境况下特殊情绪的成分;另一方面,它又包含了理性思维的成分。在某种意义上,不一致原理的应用,使幽默的形式更加简洁优美,但它忽视或低估了幽默的内涵;而贬低原理直接揭示了幽默的丰富内涵,但回避了幽默的形式要素,至多只及皮毛。然而,这两个原理都因为蕴涵了幽默所独有的最意味深长的特质。这种特质能照亮我们的心灵,提升我们的精神境界,给烦乱卑琐或枯索无味的心境注入新鲜的生命活力。与一般的欢乐相比,幽默总是通过特别的言语,让我们看到隐藏在表面现象背后的又显而易见的事实。

---

① [奥]西格蒙德·弗洛伊德:《诙谐及其与无意识的关系》,常宏、徐伟译,国际文化出版公司 2002 年版,第 111 页。

② [英]霍布斯:《利维坦》,黎思复、黎廷弼译,商务印书馆 1985 年版,第 38、42 页。

它帮助我们宽心松弛并带来愉悦,在喧笑声中让人们感到幸福。

解脱原理则能够总揽全局,阐明各种笑料使我们发笑的原因。虽然这一原理无视理智力、知觉力和情感成分,但它确信人们智慧产生幽默的魅力就在于使人快乐。本质上,这一原理认为,幽默感把我们从传统的、道德的和理性的制约性力量的束缚中解脱出来。因此,幽默感可以使我们兴高采烈,因为在笑声中,我们散发的活力又凝集到了快乐之中。而且,这一原理比前述两个原理提供了更富于蕴涵性和阐释性的体系和方法:就上面所说的殿下和陌生人的故事来说,当权威裹挟着恶毒的侮辱迎头袭来的时候,为了维护母亲的尊严,这个陌生的年轻人只有两条道路可供选择:或奋起捍卫,即使难免一死,也在所不辞,显然这是一种悲剧性的抗争;或抓住对方的逻辑漏洞,在强大中发现对方的渺小,从而将这个挑衅攻击者反置于窘境,这是典型的幽默性嘲弄。因此,我们可以认为,所谓幽默精神,就是理性的旁观态度加调侃性的一种玩笑精神,具有这种精神的人为顽强的意志所推动,坚持使自己的合理要求获得实现,甚至明知其不可为,但还是努力用自己的智慧而为之。因此,从其整体效果上说,这个故事使我们解脱了面孔肃然的虔敬,摆脱了对卓越能力的崇拜,也摆脱了我们对不可避免的悲剧性结局的被动接受,这显然是具有浓郁幽默感的。

总之,幽默的核心是一种转瞬即逝的精神状态。像一捧沙子,当我们试图握紧它的时候,它却悄悄地从指缝间溜走了。然而,在不同的地方,幽默的精神却能在可以思考的情景中被我们所把握。有一个古老的犹太故事精彩地描述了这一点:医院里有三个弥留的病人,在生命的最后时刻,医生问他们还有什么愿望。第一个病人是天主教徒,他说:"我的愿望是去向神父忏悔。"第二个病人是新教徒。他说:"我的愿望是要向父母道别。"医生说能够保证他们的愿望都能实现,然后问最后一个病人。第三个病人是犹太人。他黯然地说:"我最后的愿望是想请别的医生替我看病。"[①]这个可爱的犹太人,在生命的最后时刻,却说出了幽默的本质。因为,在生命最后时刻的庄严气氛中,我们习

---

① [美]哈维·闵德斯:《笑与解放——幽默心理学》,王玮等人译,科学技术文献出版社1990年版,第174页。

惯性的思路是立遗嘱,留下爱的遗言。然而,这个故事却把我们带到另一种情景中,给出了完全出人意料的结局。它如此地出人所料、不合常规,并且粗鲁无礼,但它比预期的效果更富于感染力。如此的诙谐幽默,似引人发笑,但更让人欲哭无泪。正如苏联作家让·保尔(Павел)在他的《幽默的价值》中所说:"读过一本幽默的书,放下之后,你既不会恨世界,也不会恨自己。"①这位作家写过许多幽默作品,他希望通过自己的幽默作品表现生活的欢乐,也给人们的生活带来欢乐。

---

① [苏]普罗普:《滑稽与笑的问题》,杜书瀛等译,辽宁教育出版社1998年版,第143页。

第二章　西方文化中的微笑传播[①]

　　维特根斯坦(Ludwig Wittgenstein)指出:"人的身体是人的灵魂的最好的图画。"[②]这句话蕴涵了身体与灵魂、感受与表情之间复杂的关系。精神医学和心理学家曾经对人的表情起源进行过探索,发现人类在遇到危险刺激的时候,会以闭上眼睛、抬起肩膀、大口吸气等逃避姿势来保护身体;人如果受到攻击而发怒时,会面部发红、手臂抖颤、两腿叉开,这是准备阻挡敌人进攻的反射性动作。[③] 遇到开心的事情,人们则会由胸部横隔膜痉挛收缩后的深吸气诱发笑声。所谓"捧腹大笑",就是因为身体姿势摇动而前后点头所引起的。在身体姿势和表情中,脸部这个小小的皮肤区域是人们注意的焦点,它包含着丰富的表情变化。美国心理学家艾克曼(Paul Ekman)通过对脸部运动编码系统的研究,发现人类脸部表情多达 1 万种以上。[④] 通过观察和判断交流对象脸部肌肉的活动,人类就具有了瞬间交流大量信息的能力。19 世纪初的海涅(Heinrich Heine)就认为:"有时候,身体似乎比心灵看问题更深刻,人们用脊梁和肚皮思考往往比用脑袋思考更加正确。"[⑤]也就是说,人的身体首先致力于外在形象的认识,人的表情则是那个外在形象的再现过程。在这个意义上,人类是唯一能把心灵的思想转化成身体表情的物种。身体尤其是脸部的表情

[①]　本章全文曾以《西方微笑传播中的身体表情与心灵符号》为题,发表于《学术界》2010 年第 12 期。

[②]　[英]维特根斯坦:《哲学研究》,陈嘉映译,上海人民出版社 2001 年版,第 279 页。

[③]　参见[日]志水彰、角辻丰、中村真:《人为什么笑》,霍纪文、戴显声译,科学出版社 2001 年版,第 4 页。

[④]　参见[美]保罗·艾克曼:《情绪的解析》,杨旭译,南海出版公司 2008 年版,第 21 页。

[⑤]　[德]海涅:《论浪漫派》,张玉书译,人民出版社 1979 年版,第 96 页。

是人的心灵符号的表达,或者说是心灵符号的器官或工具。

　　社会的和个人的不同感觉所构成的笑的表情,是一种变化多端的现象:它既可以是欢乐的或忧伤的,和善的或愤怒的,尖酸刻薄的或天真质朴的,意味深长的或闷闷不乐的,也可以是开心的、忧愁的、神经质的、歇斯底里的,甚至是戏弄的。在各种各样的笑声中,能够持久的笑是善意的微笑。善意的微笑具有过渡的、中间的性质。这种微笑的表情,造就了一个主观直觉的沟通形式,可以通过视觉的和身体的等其他陈述范围去体验,从而展现不同时代人们的物质性和精神性。人们通过这种微笑的表情,与客观的时间、空间乃至世界打交道。它扎根的既是一个现象世界、一个行为环境,乃至一个与它有互动关系的周围世界。① 因此,当我们把微笑传播当作一个转化的客体,从人们神秘的内心深层隐私世界,转向人类群体的文明,对于社会而言,这种转变可以让人们发现个人以外的重要的微笑传播的哲学蕴涵。研究西方微笑传播的历史也因此具有了特别的意义。

一、生命与智慧的思索

　　微笑传播具有悠久的历史。古代希腊人认为,激发生命的能力是由笑声引发出来的。据远古的亚当和夏娃神话中说,夏娃总是伴随着爱的高潮爆发出一阵阵笑声。夏娃是大地上第一个发现微笑这个奇妙生命信息的人,并因此而彻底改变了人类爱与生活的环境。希腊神话中有一个讲述得墨忒耳和珀尔赛福涅的有趣故事。得墨忒耳是丰收女神。冥国之神哈得斯拐走了她的女儿珀尔赛福涅。丰收女神到处寻找她的女儿却找不到,她十分悲伤,不再有笑容。丰收女神的悲痛欲绝,导致大地上草木和庄稼不再生长。这时女仆雅姆巴作了一个猥亵的手势,逗得女神笑了。随着女神的笑声,春回大地、生命复苏。古希腊时代,土地被看成是女人的身体,收获就是分娩。因此,《圣经》中就有了这样一个故事,说的是90岁的撒辣及其100岁的丈夫亚巴郎,从雅威

---

　　① 参见杨大春:《语言·身体·他者》,三联书店2007年版,第153页。

那里知道撒辣将受孕生子,他们都笑了。撒辣后来果然生了儿子,孩子名字叫依撒格,意味着"上帝笑了",或者是"上帝的微笑"。撒辣自己说:"天主使我笑,凡听见的也要与我一同笑。"

古典希腊时期的一些文献,可以让我们直观了解到当时人们对于微笑的一些有趣态度。《荷马史诗》中描绘流浪英雄奥德修斯时,有很多关键情节让他面带微笑。这种微笑内容丰富,代表着隐藏的智慧、勇敢的自我克制和纪律,甚至面对威胁和打击,奥德修斯也会微笑。一个例子是他打扮成陌生人回到故乡伊萨卡岛,看到自己的妻子珀涅罗珀被求婚的恶少们包围着。其中一个求婚者塞斯普斯对于奥德修斯这个新来的竞争者十分不悦,二话不说拿起一只牛蹄子就冲着他扔了过来。奥德修斯扭了一下头,躲过了这次突然袭击,脸上仍然带着微笑,而心中却是"冰冷而痛苦的微笑"。① 奥德修斯的微笑是一种富有智慧的蔑视。通过微笑,他让那些求婚者对他放松了戒心。这种私密性体验的微笑与求婚者们的刺耳欢笑,以及在日夜不休的宴会上大吃大喝的令人作呕的场景形成了鲜明的对比。

苏格拉底(Σωκράτη)是西方古典哲学史上最伟大的哲学家。他自己一篇著作也没有留下,我们只能从他的学生如柏拉图(Πλάτων)、色诺芬(Xeno-phon)等人的著作中了解他的言行和思想。苏格拉底说过:世界上,除了阳光、空气、水和微笑,我们还需要什么呢? 因此,故意睁大着双眼微笑地进行反讽,是他常用的一个谋略。② 在生命的最后时刻,尽管他自己实际上一点儿都不愿意笑,但是他在法官面前的一番关于死亡与幸福的陈述,却让西米亚斯笑了起来。③ 苏格拉底告诉我们:"心灵的事物高于一切感官的娱乐,心灵比任何快乐或所有快乐都更加接近卓越。"④"那些弱小而又虚张声势的人受到耻笑时没有能力进行报复,你可以正确地称之为'可笑的';而那些有能力进行

① 参见[美]安格斯·特鲁贝尔:《笑的历史》,孙维峰译,中央编译出版社 2006 年版,第39 页。
② 参见[古希腊]柏拉图:《柏拉图全集》第 1 卷,王晓朝译,人民出版社 2002 年版,第92 页。
③ 参见[古希腊]柏拉图:《柏拉图全集》第 1 卷,王晓朝译,人民出版社 2002 年版,第60 页。
④ [古希腊]柏拉图:《柏拉图全集》第 3 卷,王晓朝译,人民出版社 2003 年版,第176 页。

报复的人你最好恰当地称之为'可怕的'或'可恨的'。强者的无知是可怕的和可恨的,因为它会给周围的人带来灾难,即使在戏台上也是这样,但弱者的无知是可笑的。"①在苏格拉底的思维中,这种可笑性,既是指由个人的主观意志而导致的本质和现象的矛盾,又是说这种无知之恶必须发生在没有能力进行报复的弱者身上,否则便是可怕的而绝不是可笑的。

对微笑问题进行系统思考的哲学家是亚里士多德,"一切生物中只有人类才会笑"是他的名言。② 在《问题集》中,亚里士多德(Αριστοτ λη)问道:"为什么哭的人声音尖锐,笑的人声音低沉?""为什么当有熟人在场时,人们不容易控制住笑声?"③在《解释篇》的头几章里,他谈到关于声音与心灵状态之关系时说:"口语是内心经验的符号,文字是口语的符号。正如所有民族并没有共同的文字,所有民族也没有相同的口语,但是语言只是内心经验的符号,内心经验自身,对整个人类来说都是相同的,而且由这种内心经验所表现的类似的对象也是相同的。"④以此推论,所有人的身体表情并不相同,所有的人的微笑也不相同,但以这些表达方式作为直接符号的心灵状态,则对于一切人都是相同的,就如以这些心灵状态,作为意象的事物对于一切人也是相同的一样。

上承亚里士多德,下启新柏拉图主义的斯多葛学派的学术语汇中,宇宙的普遍本性、世界理性、德性、神意、天命、上帝这些概念,本质上是同义的。他们认为:"当心灵提高至于对道德的一种最高的热诚状态,并且强烈地受到任何一种荣誉或公共利益的激动时,身体上的最大的痛楚和苦难,都不会战胜这样一种崇高的责任感,并且甚至于可能因此在微笑而欢欣。"⑤这一观点概括地揭示出,西方古典文化中,笑的力量是毋庸置疑的。虽然哲学家对笑的研究持

---

① [古希腊]柏拉图:《柏拉图全集》第 3 卷,王晓朝译,人民出版社 2003 年版,第 236 页。
② 参见苗力田主编:《亚里士多德全集》第 5 卷,崔延强译,中国人民大学出版社 1997 年版,第 94 页。
③ 苗力田主编:《亚里士多德全集》第 6 卷,徐开来译,中国人民大学出版社 1995 年版,第 321 页。
④ 苗力田主编:《亚里士多德全集》第 1 卷,秦典华译,中国人民大学出版社 1990 年版,第 49 页。
⑤ 参见[英]休谟:《自然宗教对话录》,陈修斋、曹锦之译,商务印书馆 1962 年版,第 6 页。

一种怀疑甚至是批判的态度,他们努力想把笑作为一个有趣的主题挑选出来,并让它从属于更严肃的事物之下,置于牢固的理性控制之中。这也恰恰证明,反映生命和智慧的微笑在西方古典文化中是存在的,并且是一种特殊力量的存在。

二、神圣与人性的媒介

宗教是一种净化内心的信仰力量。作为一种内在精神皈依的外在可见迹象,宗教严肃地致力于终极关怀的问题。因此,在绝大多数情况下,对于人的身体反应之微笑表情,宗教教义认为是不严肃的。微笑被看作是异教之趣、是从躯体中蜂拥而出的所有劣端情感中最拙劣的形式,是人罪感般躯体性的象征,它会激起对于信仰的疑虑。基督教会甚至认为,谁微笑,谁就没有准备好与心灵中存在的恶抗争,谁就缺乏虔敬性。从晚期古典时代直至公元10世纪,教会都以严厉的方式禁止并惩戒龌龊之"笑"。因此,贞女不得不保持一副严肃的面孔,修士必须以全部力量紧缄其口。

然而,就宗教教义而言,一种宗教被定义为一系列普遍的道理,其首要的美德便是诚,一种渗透人心的诚。所以,只要人们笃信之、深刻领会之,这些道理便具有转变人们品格的效力。长远地看来,宗教之品格、宗教如何驾驭生命,取决于内心人性与神圣信仰之间的沟通方式。生命首先是一桩基于自身的内在事实,然后方成为一桩外在事实,将己身与它物相联系。如何驾驭外在生命,这要受到环境的限制,但人之终极性质却来自其内在生命,那是其对存在的自我实现。宗教,由于要以人本身及事物性质之永恒者为基础,因而是有关人内在生命的一门艺术和一套理论。① 因此,在以11世纪为发端的基督教文化中,教会日益尝试通过重新定义来掌控人们的微笑。这一时期,微笑已经有了道德上的善恶之分:在班堡大教堂最后审判的油画中,得到拯救者表现出愉悦之微笑,被诅咒者却是切齿之狞笑。到了12世纪,基督教文化提出了确

---

① 参见[英]A.N.怀特海:《宗教的形成》,周邦宪译,贵州人民出版社2007年版,第2页。

切的准则,即谁、何时、为何以及如何才允许笑。这一时期,微笑成了教会的标志之一,"愉悦的施予者"这一画面得以贯彻,甚至有了上帝发出声音的微笑。何墨尔这样描述:"上帝每日祝宴后,上帝的净悦流溢。"①16 世纪末期到 17 世纪,新教在对微笑的估价方面又有了更新的认识。他们认为神圣的微笑刻画了人类、诸神和世界之间的关系。这种笑有助于维持神、人等级,把人置于他们自己与神圣存在相关的位置上,使世界变得有序。或者说,神圣的微笑是一种控制机制,它有助于一种宇宙的理性安排。微笑的生发性品质、微笑的情绪性定位,和微笑作为一种加强社会和道德秩序的机制的结合,是强有力的。② 这个转折点说明,神圣微笑的影响是深远的。微笑作为教徒们身体表情的固有部分不仅是生动的,而且更能激起教徒的宗教感情。它着重强调的是,作为一种情绪的直接渠道,一切都在发笑的力量之内。

当宗教把笑声融入自己的世界时,它就揭示出了宗教网络各要素之间意想不到的联系,并为那些宗教的主流阐释者们创造出了其他可供选择的意义。一方面,与宗教一样,微笑也处于身体和精神之间、个体和社会之间、理性和非理性之间的交叉点上;另一方面,不管是在神话故事、宗教仪式中,还是在神学论文中,很少有一种宗教是不包含这种或那种形式的微笑的。微笑方式的不确定性也使它成为一种宗教体验的恰当表达,同时也是一个强有力的宗教符号的象征。把笑声引进宗教徒的生活,反映了现代宗教的一大趋势,因为基督徒也应该是愉快的!

当早期在教会中受到限制的微笑,今天苗壮成长起来的时候,西方现代宗教世界又戏剧性地爆发了另一种类型的笑,这就是一些灵恩运动中的狂笑。1994 年《英国教会年鉴》的"序言"里,这种运动被描述为"群体歇斯底里的一种表达"③。在这种宗教实践中,笑具有某种身体喷发的突然性:人们躺倒在地板上,在教堂的过道上打滚,不再理性地说话,而是通过模糊不清甚至是歇

---

① [英]查尔斯·达尔文:《人与动物的情感》,余人等译,四川人民出版社 1999 年版,第 178 页。

② 参见[挪威]英格维尔特·萨利特·吉尔胡斯:《宗教史中的笑》,陈文庆译,上海人民出版社 2005 年版,第 31 页。

③ [挪威]英格维尔特·萨利特·吉尔胡斯:《宗教史中的笑》,陈文庆译,上海人民出版社 2005 年版,第 148 页。

斯底里的突然爆发的大笑来表达他们自己。这种把狂笑性的身体扭曲作为表达宗教体验的一种方式,心理学家只是将其描述为集体迷狂出神的一种形式,没有对发笑现象作出特别的解释。这种运动引起了观点截然对立的争论:从好的方面着想,可以把它理解为模糊不清的一种新的宗教实践;从坏处想,这种狂笑包含着一个不受理性控制的身体行为在内,因而具有某种威胁性。笑是身体语言的一个部分,它是人进入未知领域的一个直接渠道,作为沟通一个未知领域的渠道而现身是可能的。但在基督教教义未曾规定过这个未知领域时,人们就会用不安的眼光来看待它,因为人们并不知道是谁在掌管这个未知领域,是上帝? 是魔鬼? 或者是人心中的非理性力量? 也许,在笑的现象被重新确定为一种认识宗教信仰力量的时候,上帝倾向于选择一条无穷无尽的狂笑链条,作为神圣与人性之间沟通的媒介?

三、幽默与诙谐的狂欢

"一部严肃的好的哲学著作,可以完全用笑话来写成。"奥地利哲学家维特根斯坦(Ludwig Wittgenstein)的这个评注道出了西方社会中强烈的诙谐与幽默的文化传统。① 当我们面对着莫衷一是的"我们为何会笑"这个貌似简单问题的时候,实际上是在面对"我们怎么会问'我们为何会笑'"的问题。它涉及我们如何感知,如何确定什么是真实的,如何与他人对各种价值、方法、观念相关的笑之间持有相同的看法等方面。西方哲学家对这些把生活溶解于其中,而且永远变化不定的笑的问题进行了严肃认真的讨论。

托马斯·霍布斯(Thomas Hobbes)提出了一种喜剧性的阐释。他说:"愉快或高兴有些是由于现实对象的感觉而产生,有些则是由于对于事物的结局或终结的预见所引起的预期而产生。""骤发的兴奋是造成笑这种面相的激情,这种现象要不是由于使自己感到高兴的某种本身骤发的运作造成的,便是

---

① 参见[美]约翰·艾伦·保罗斯:《我思故我笑——哲学的幽默一面》,徐向东译,上海科技教育出版社 2002 年版,第 3 页。

由于知道别人有什么缺陷,相比之下自己骤然给自己喝彩而造成的。"①他认为,应提防笑得过多的人,因为最容易发笑的人是那些注意自己身上极少的那点才能的人,他们通过留意别人的不足之处使自己保持优越感。康德则认为:"在一切会激起热烈的哄堂大笑的东西里都必然有某种荒谬的东西。笑是由于一种紧张的期待突然转变成虚无而来的激情。正是这种肯定不会使知性高兴地转变,却间接使人在一瞬间强烈地感到高兴。所以其原因必定在于表象对肉体的影响及肉体对内心的交互影响;更确切地说,并非就表象客观地就是快乐的对象而言,而只是由于这种转变作为诸表象的单纯游戏而在肉体中产生出生命力的某种平衡。"②康德的观点如果加以扩充,则可以表述为:当我们以为有点什么,而其实什么也没有的时候,我们就会笑。"有点什么"是指被人当作某种积极、重要之物的人;"什么也没有"指的是他事实上变成的东西。实际上,这种"落空期待说"可能是滑稽的,但也可能并不滑稽。因为康德并没有确定喜剧性的特征:在什么情况下落空的期待会引人发笑,在什么情况下不引人发笑?

弗洛伊德对诙黠的诙谐进行了研究。他认为,诙谐的经验在于为人们提供一种特殊的世界"诊断",这一经验"洞彻"意识形态的和社会学的秩序,并且展现隐匿其后的另外诸多现实性。在《诙谐及其与无意识的关系》一书中,弗洛伊德讨论了下述的事例:殿下问那个酷似自己的陌生人:"你母亲曾在王宫里干过活吗?"他得到了令其震惊的回答:"没有,但我父亲曾在那里干过。"被问者用自己的机智,击败了卑鄙地暗示他母亲轻浮的发问。③ 这就是诙谐给其提供了报复这种侮辱而又安全的方法,即通过利用统一化的技巧来使用隐喻,使攻击转回攻击者自身。这个例子中的诙谐印象完全是由其目的决定的。在反驳的诙谐特征方面,弗洛伊德倾向于忘记攻击者所问问题的本身,这样才具有使用隐喻技巧的诙谐的特征。因此,在弗洛伊德看来,诙谐中的笑是一种指向人类无意识和前意识的妥协而形成的符号。换句话说,笑已经不再

---

① [英]霍布斯:《利维坦》,黎思复、黎廷弼译,商务印书馆1985年版,第38、42页。
② [德]康德:《判断力批判》,邓晓芒译,人民出版社2002年版,第179页。
③ 参见[奥]西格蒙德·弗洛伊德:《诙谐及其与无意识的关系》,常宏、徐伟译,国际文化出版公司2001年版,第111页。

是属于身体或者大脑的笑,而是心灵直觉中的潜意识的微笑。

符号学家巴赫金(Ъахтинг, Михаил Михайлович)在对拉伯雷(Fran ois Rabelais)创作的研究中,全面讨论了 16 世纪欧洲民间"笑"文化的进化发展。巴赫金发现,肉身的、物质的身体,是过着吃喝、排泄和性生活的身体,任何一个个体的身体并不能表达狂欢快乐,它只能在人们的群体中才能得到恰如其分地表达身体选择的偏向。在他的《拉伯雷研究》中,肉体的笑被看成是中世纪的民间文化的真正代表者。狂欢式的笑的复杂本性,首先是节庆中诙谐,所以,它不是对某一单独"可笑"现象的个体反应。狂欢式的笑是全民的,全民性是狂欢节的本质特征,即大家都笑,大众的笑!它是包罗万象的,它针对一切事物和一切人,整个世界看起来都是可笑的,都可以从笑的角度,从它可笑的相对性来感受和理解。而且,这种笑是双重性的:它既是欢乐的、兴奋的,同时也是讥笑的、冷嘲热讽的。它既否定又肯定,既埋葬又再生。① 在巴赫金看来,这种狂欢式的笑是对难以得来机会的赞赏,也是对过去生活方式的否定。巴赫金潜藏于内心的幻想的目标,就是使人类重新获得再生的、能重塑世界的笑的王国。但是这个王国是一个失去了的乐园,是一个没落的时代。我们所处的现代世界是不可能达到这一目标的,因为它是一个狂欢式的白日梦,不再能以社会的形式获得,只有通过艺术才有可能重获这一乐园。

哲学家们在关于"笑"的断言中,不约而同地提出了喜剧和悲剧、幽默与诙谐的问题。所谓喜剧或者幽默,是建立在"出人意料"的基础之上,或者可以被定义为对生活之不协调性的友善深思及对之的艺术性表达。它体现的是一种善良而愉悦的价值感,反映了人类心中天然而纯真的善良。这种喜剧特性因而倾向于注重现实社会境况,倾向于以卑下的方式来表现下层人民。这可能就是它不如悲剧那样具有崇高精神享受的一个原因。因此,有人认为,对于思维的人来说,世界是一部喜剧;对于感情的人来说,世界是一部悲剧。② 这是否说明,真正的幽默,是一种看见精神生活和心灵生活的外在表现微笑?是一种对于外在表现掩盖着的,并且显得有些缺陷的内在本质发现时的微笑?

---

① 参见巴赫金:《拉伯雷研究》,李兆林、夏忠宪译,河北教育出版社 1998 年版,第 14 页。
② 参见[美]诺曼·N.霍兰德:《笑——幽默心理学》,潘国庆译,上海文艺出版社 1991 年版,第 6 页。

四、身体与权力的规训

表情作为身体张开的一种形式,具有双重功能:既可以向一个共同体表示友好开放而呈现出微笑,也可以向外界表示一种敌意地关闭而表露出鄙夷或嘲笑。身体的这种表情作为一种表面现象,虽然不会给我们带来任何真正新的东西,却又能够把我们引到自己的思考能力之外,从而发现对方隐匿在深处的思想和心灵。因此,身体的表情是探究世界的分界限,当奋力反击异己时,它能更好地规定自己的本质,它会采取奚落和亵渎的表达形式,从而变成一种威慑的力量。当身体用于压迫或抵抗的策略时,它可以成为一种强烈的情感表达方式,因而常常是某种标记。① 因此,身体的表情并不仅仅为一个已经被界定的含义选择一个符号,就像某人寻找一把锤子来敲进一颗钉,或者寻找一把钳子来拔除它那样。② 它围绕某种特定的意向进行表达:在微笑的时候,含义融入表情的接缝之中,既与微笑时的身体表情配合连接在一起,神秘的心灵符号在表情背后绽开:含义以表情的方式显露在外,却不过是心灵符号的某种振动,就像叫喊将叫喊者的喘息和痛苦传送出来,使之向每一个人呈现一样。

当然,人类的心灵现象就像深深的地层,是一种不可见的"东西",它存在于某个活的身体中的某处。对于它,人们的身体表情如何去找到一个快乐的恰当的结合点呢? 比如,俄罗斯总统普京、英国前首相撒切尔夫人以及老牌美国影星布朗森这些强权人士,他们的微笑表情可谓难得一见。然而,正是因为他们不苟言笑,才会让人感觉其表面威严背后的野心勃勃和严厉肃穆。对此,柏格森提出以身体的偏向来比较各种快乐的观点。他认为,较大的快乐是指一种我们所偏好的快乐。偏好则是我们各器官的某一种偏向。因为有了这种

---

① 参见[挪威]英格维尔特·萨利特·吉尔胡斯:《宗教史中的笑》,陈文庆译,上海人民出版社 2005 年版,第 4 页。
② 参见[法]莫里斯·梅洛-庞蒂:《世界的散文》,杨大春译,商务印书馆 2005 年版,第 49、137 页。

偏向,当两种快乐同时在心中被提出的时候,我们的身体选择其中一种。当快乐的形象出现于心灵之中,身体就立刻出动去迎接它。因此,我们在享受快乐时所感到的痛快仅仅是身体的惯性,身体在那时候排除了一切旁的感觉而沉溺于快乐之中。任何将打扰我们享受的东西,我们都会加以抵制;通过这番抵制,我们才觉出惯性的力量;如果没有这"惯性力",则快乐就变成一种状态,而不再是一种大小。①

人的身体既是表征又是现实。身体本身就是一种语言,它通过肌肉紧张和隐喻的方式提供信息,最终所讲述的是我们自己。正如福柯(Michel Foucault)在《规训与惩罚》中告诉我们的,身体可谓权力自我实现的最佳场所。②从早期以威慑和炫耀王权为目的的酷刑,到近代以规训/管理为目的的诸多"文明的惩罚",再到精神上逐步强化对个体自由的限制,往往都直接诉诸身体。在此背后,恰恰说明了身体的日益社会化,它不仅告诉我们,人的生存首先就是身体生存;更进一步,身体往往可以直达精神,而且连通切身的诸多文化。许多人的成长过程中都会发现这样难以置信的事实:人们对自己身体的表情和心灵情感的"惯性力"的控制,并不完全授权于我们自己。在所有的文化中,身体的表情和心灵的符号作为一个整体,仍然是一个被压制的元素。美国行为生物学家卡多索(C.Cardoso)发现:"社会统治者,从老板到部落酋长,都使用笑来控制他们的部下。笑可能是一种通过控制群体感情氛围来表达权力的方式。"③美国波士顿大学的马文·海切特(Mawin Hechter)和玛丽安·拉·弗朗斯(Marian La France)的相关研究结果也显示,在面对主管和上级时,无论是在气氛友好的前提下,还是在不友好的紧张气氛中,下级人员都会面带微笑,而主管和上级人员在下级面前,只会在气氛友好的前提下才会露出微笑。研究还表明,无论是在社交场合还是在职场交往中,女性微笑的频率远高于男性,无形中就使得微笑的女性,在面对不苟言笑的男性时居于弱势或下

---

① 参见[法]柏格森:《时间与自由意志》,吴士栋译,商务印书馆 1958 年版,第 28 页。
② 参见[法]米歇尔·福柯:《规训与惩罚》,刘北成、杨远婴译,三联书店 2012 年版,第 154 页。
③ [美]理查德·韦斯特、林恩·H.特纳:《传播学理论导引》,刘海龙译,中国人民大学出版社 2007 年版,第 68 页。

属的地位。有人甚至认为,正是因为女性笑得更多,所以长久以来她们才会一直被置于男性之下的从属地位。① 显然,我们的历史、种族、性别等等所形成的物质性,影响着我们的身体表情和心灵符号,并因此形成着、限制着和压迫着我们的微笑。

五、社会与交流的共享

无论是大笑还是微笑,都发生在社会的人际交流的环境之中。罗伯特·布诺温发现,人在群居生活时欢笑的次数是独处时的 30 倍。与各种笑话以及有趣的故事相比,和他人建立友好的关系这一目的与笑声的联系似乎更加紧密。实验证明,实验参与者处于孤单的环境中时,更多的人会选择自言自语,而不是哈哈大笑。② 法国哲学家柏格森也一贯认为,笑是发生在社会环境之中的。他说:在社交环境中,往往人越多,人们笑的次数和时间就越多、越长。人们的笑总是一群人的笑。我们也许在火车里或者餐桌上听过旅客们相互讲一些他们认为是滑稽的故事,大家开怀大笑。如果你参加他们的集体,你也会跟他们一样地笑。然而如果你没有参加他们的集体,你就根本不想笑。他曾经说过这样一个故事:有个牧师在讲道,所有的人都落泪,唯独有一个人不哭。别人问他为什么不哭,他回答说:"我不是这个教区的。"柏格森认为,这个人对眼泪所发表的见解,用到笑上更加贴切。不管你把笑看成是多么坦率,笑的背后总是隐藏着一些和实际上或想象中在一起笑的同伴们心照不宣的东西,甚至可说是同谋的东西。③ 因此,我们要理解笑,就得把笑放在它的社会环境之中:笑必须适应共同生活的某些要求,笑必须具有社会交流的意义。这种意义在于向其他人表示一种乐意合作的意向,是继续从事任何正在进行之事的

---

① 参见[英]亚伦·皮斯、芭芭拉·皮斯:《身体语言密码》,王甜甜、黄佼译,中国城市出版社 2007 年版,第 65 页。
② 参见[英]亚伦·皮斯、芭芭拉·皮斯:《身体语言密码》,王甜甜、黄佼译,中国城市出版社 2007 年版,第 63 页。
③ 参见[法]亨利·柏格森:《笑——论滑稽的意义》,徐继曾译,中国戏剧出版社 1980 年版,第 4 页。

愿望的符号。

普遍而言,人既是文化的产物,又是文化的创造者。正如弗洛姆(Erich Fromm)所说:微笑的表情是一种文化规范的创造:"成人在开始教育儿童时,便教育任意种种根本不属于'他的'感觉;例如教儿童要喜欢人,对人要友善,要微笑。教育未完成的工作,在以后,社会的压力通常会继续完成之。如果你不微笑,人们便会认为你没有'悦人的人格'。友谊、欢欣,以及微笑可以表达出来的任何事情,变成自动的反应,好像电灯开关一样,只要一开,便可以表现出来。"①就这个意义而言,人类既创造了文化,人类也是文化的创造物,因为使他们作出恰当选择的符号体系也是文化的产物。这也说明,任何时间内有效力的文化,都是人类选择的结果,这种文化的选择既受到社会环境的限制,同时相应的社会决策又会为文化在其范围内的后续选择提供条件。国际精神卫生组织自1948年起,确定每年的5月8日为"世界微笑日",这就是一种蕴涵深刻的社会文化环境的创造,因为这一创造性的纪念日使得这一天变得特别温馨。在这个日子,人类微笑的表情符号也比在历史上的任何一天对这种符号体系特征的阐释更为完整。微笑这一经过最深入科学研究的面部表情,被归纳成一个黄色圆形平面上的简笔画:两个竖立的椭圆下面再加一条曲线,就像一张向上翘着的大嘴。这个图标简单、积极、充分地表达了微笑与美德之间的特殊关联,完美的不言而喻,在西方社会文化中大量流传,几乎达到家喻户晓、人耳熟能详的境界。美联社曾报道说,"20世纪90年代早期的某一年,美国全国卖出了五千多万个笑脸纽扣。美国邮政也不甘示弱地在1999年发行了一款笑脸邮票。这都还无伤大雅,如果你不算上得克萨斯州法官查尔斯·赫恩(Charles Hearn)1993年签署一份判决书时在自己的名字旁边画了一个笑脸;以及科罗拉多州议员帕特里夏·施罗德(Patricia Schroeder)一面煞有介事地竞选总统,还一面经常地在她的签名旁边画个笑脸这两件趣事的话,实在不可思议。"②黄色笑脸被如此频繁地借用、复制和传播,表达的信息五花八门,成了人们表达愉快心情的重要手段。虽然要找到它的最初起源已经非

① [美]E.弗洛姆:《逃避自由》,上海文学杂志社1986年版,第109页。
② [美]拉夫朗斯:《微笑背后的心理学》,路通译,中国轻工业出版社2014年版,第18页。

常困难，但是，这个黄色抽象笑脸的广泛传播，其造成的一种温馨的文化氛围，充分体现了人类微笑时的社会心理习惯。

图 2-1　哈维·鲍尔（Harvey Ball），黄色的笑脸①

在最朴实的意义上，时间不是一条平静的河流，也不是一种瞬间的生成，时间的流逝是世界连同观念更新的过程，时间就是空间的心灵。对于西方微笑传播的讨论来说，时间的这种推移，是身体表情与心灵符号之间文化观念聚集成历史事实的巡礼。这种巡礼既是令人兴奋的，也让人感觉不满足。在前一种情况下，西方文化中的微笑传播理论及其衍生事例的新颖性，为我们展现了各个不同历史阶段西方社会的微笑信息，其内容五彩缤纷，以至于让作者想起克尔凯郭尔（Soren Aabye Kierkegaard）所说的："在我年轻的时候，我忘记了笑。后来，当我睁开眼睛看见实在时，我开始笑，自此笑个不停。"②对于后者，在我们所介绍的西方微笑传播的各种理论观点中，并没有在微笑和大笑区别

---

① 参见［美］安格斯·特鲁贝尔：《笑的历史》，孙维峰译，中央编译出版社 2006 年版，第 114 页。

② ［美］约翰·艾伦·保罗斯：《我思故我笑——哲学的幽默一面》，徐向东译，上海科技教育出版社 2002 年版，第 177 页。

方面给读者一个明确的答案,因为几乎所有论笑的作者都毫无疑问地认定,微笑与大笑是同样的,或者把微笑看作是部分的或早期的大笑。其实这是错误的。社会心理学家麦独孤曾经说过,"微笑是在努力得到成功的时候出现的满意的自然表示。得胜者以微笑来表示胜利的喜悦,但他绝不会大笑。"因此,他提醒,要注意微笑与大笑的一个极大的和明显的相反之处:微笑是美的,大笑是丑的。对于为什么大笑总是消逝在微笑之中的问题,麦独孤说:"事实的根本在于两者的虚假的相似性。如同所有其他成功的活动一样,自由放纵的笑引起一种以微笑来表达的满息。从大笑中沉淀下来的微笑是一种由大笑所引起的满意的微笑。只有当微笑与缓和下来的大笑相混合的时候,大笑才能从丑之中解救出来,甚至变为美的。"①麦独孤的观点揭示了这样一个道理,在能够传达人们某一独特思想的各种不同表情中,唯有微笑才是最好的。如果我们自己不用心去体悟微笑向我们展现的那些心灵的含义,那些心灵也就不会向我们说出任何东西。

尽管微笑这个概念源于古典希腊的文化,但是对于我们来说,它绝不仅仅是一种古老的形而上的理念,更不在生活之外。微笑作为人生的展示过程,意味着人们心灵的净化,因为人生的展示正是一种对社会意义的理解,人生本身是一种社会文化意义的实践过程。微笑传播,就其对于社会文化发展的功能来说,虽然不是万能的,但作为一种人类共同的身体表情和心灵符号,我们可以把它看成是一种普遍的对话,一种自然而有效的公共交往符号系统,这种交往实践共同组成我们周围环境的重要部分。通过对于微笑传播中表情符号中哲学意蕴的审视,我们能够对人们的信念与文化作出说明,这不仅对于促进共同的人类文化的发展有特别的价值,还有助于人们进入文化状态延展了的时间世界之中,拓展那些有益于人类共同文化的过去和未来。

---

① [新西兰]拉尔夫·皮丁顿:《笑的心理学》,潘智彪译,中山大学出版社 1988 年版,第33—34 页。

第三章　中国古代社会的微笑
传播与文化规范①

　　"微笑"作为一种面部表情,可以指无数与嘴唇运动及面部肌肉变化有关的现象。不管什么情况,微笑都是一种有效的传播方式。吉尔兹(C.Geertz)认为,微笑作为一种准确而特殊的交流方式具有以下特征:(1)有意的;(2)向着特定的某人;(3)传达特殊的信息;(4)按照社会通行的信号密码,等等。②但微笑并不仅仅是一种固定意义的持续表达,"如果将笑的意义放在一根轴线上观察,中央处有同感、亲爱、同意等笑的意义,它们相互之间都可以明显区分出来。轴线的两端,一方有谦虚、奉承的笑,另一方则截然相反,有傲慢和嘲讽的笑。"③因此,不同民族、不同文化和不同社会的人们,会根据不同的规范标准看待个人不同的微笑表达方式。越是久远的年代,越是偏僻的地区,其笑的标准与文化规范就可能越奇特。这是因为,人类微笑最为神秘、最为费解的特征之一,就是它能够透露我们不经意间所产生的想法和欲望,也能够成为一种面具,将自己以另外的面目呈现给外部世界。④

　　要理解微笑,就得考察与它相关的文化背景。微笑传播作为一种符号建构,其功能和作用是由特定文化决定的。文化设定了使我们成为人,使我们微笑的方式、哭泣的方式等。文化通过微笑使我们感觉相互联系。中国有句古

① 本章主体内容曾以《中国表情:古代微笑传播的文化内涵》为题发表于《新闻与传播研究》2009 年第 5 期。

② 参见[美]克利福德·吉尔兹:《深描说:迈向解释的文化理论》,《文化:中国与世界》,三联书店 1987 年版,第 265 页。

③ [日]山琦正和:《社交的人》,上海译文出版社 2008 年版,第 217 页。

④ 参见[美]安格斯·特鲁贝尔:《笑的历史》,中央编译出版社 2006 年版,第 72 页。

话叫作"一会即觉",说的是刹那间的表情就能让人觉察到你的整个文化内涵所表达的某种全面的、立体的东西。一个典型的例子就是中国人的婚礼,新郎的亲属要用微笑来表示他们的欢乐,而新娘的家属则要用哭来表达嫁出自己亲人的伤心,更为复杂的情感表达则必须受更严格的文化规范所控制。正如弗朗索瓦·基佐(François Pierre Guillaume Guizot)所说的:"如果一个民族拥有悠久而光辉的历史,那么他们在做任何事的时候都不会同自己的过去决裂;他们在动手摧毁过去的时候也不能摆脱过去的影响;就算处身于最剧烈的变革当中,他们仍然在根本上延续着历史赋予他们的特质和命运。"①因此,当20世纪20年代,罗素(Bertrand Russell)在西湖边上乘轿,看见轿夫们面带微笑,就大加赞美中国人,鲁迅讥讽他说:"若是轿夫对坐轿的人都不含笑,那中国早就不是现在的中国了。"②

有学者认为,说中国人是一个智慧的民族则可,但如果称中国人是一个具有微笑气质的民族则大可商榷。因为中国人在处理严肃重大的人生问题的时候,从来都是正襟危坐、不苟言笑的。③ 这不仅使得国人的人生观板正拘谨,还使得人们观念中与本应合乎逻辑地导致乐感精神的微笑也分道扬镳了。然而,2002年,中国学者采用计算机技术,复原出了北京老山汉墓中女主人面带微笑、栩栩如生的女子头像,这个突然出现的古代微笑符号,对有关中国人不善于微笑的思想观点提出了挑战,因为几千年来中国人的微笑,其实就生机盎然地传承在人间:它们留存在古代雕塑、壁画以及各种出土文物所保存的种种形象之中,传诵在诗词歌赋等文学作品之中。它们是静止的,又是有生命的,洋溢并传播着千百年来不曾衰竭的魅力。

一、美目盼兮礼后于仁

对于中国古代微笑传播之起源问题,虽然有各种穿凿附会之说,但由于古

① [美]理查德·刘易斯:《文化驱动世界》,外语教学出版社2007年版,第136页。
② 鲁迅:《鲁迅杂文选》,天津人民出版社1973年版,第14页。
③ 参见阎广林:《笑:矜持与淡泊》,国际文化出版公司1989年版,第19页。

器湮沉,史料不详,已难以考证。目前可见最早的微笑,是出土于甘肃天水柴家坪的一件仰韶文化时期的人面塑像。这张风格细腻的塑像双颊丰满,下颌略尖,小眼微张,上翘的嘴唇显著地刻在塑像上面,优美的嘴唇弧度如同拱桥,让面部因为微笑而生动起来。还有出土于浙江绍兴坡塘战国早期鸠柱房屋模型中的人物群像,满脸微笑着击鼓、抚琴、吹笙,表现出一种欢乐的生活场景。河北平山县中山王墓出土的战国中期银首铜人灯作品,人物脸上充盈着微笑,头略上仰,在人物外形和神情的刻画方面有相当高的水准。① 观远古之人像,我们可以感觉到一种自然本能流露出来的怡然自得的微笑。

商周以后,文字记载中的微笑表情逐渐增多。《诗·竹竿》用"巧笑之瑳,佩玉之傩"描写女子微笑时的美丽。这个"巧"字,在先秦一般是指事物经过人为加工之后呈现出来的美好状态。按此理解,"巧笑"是经过人为修饰后的微笑。究竟怎样的微笑才称得上"巧笑"呢?《说文》以及朱熹的《诗集传》均认为:"瑳"与"磋"相通。"瑳"作动词有"打磨"、"切琢"之意。因此,"瑳"乃"齿相切"或"齿参差"的意思。《诗·君子偕老》曰:"瑳兮瑳兮,其之翟也……瑳兮瑳兮,其之展也";《诗·淇奥》又曰:"有匪君子,如切如磋,如琢如磨"。这些"瑳"的意思均为开口而见齿,其齿参差不齐而微笑。这种微笑是当时女子很有风度的一种美的标志。

从历史文献上看,原始民族有一些通过拔牙、折齿、涅齿(即在牙齿上染色)的方式,使人身图腾化而表达爱美之心的习俗。②《楚辞·大招》曰:"靥辅奇牙,宜笑嫣只。""奇牙"者,不全之断齿也。以奇牙为美,即是以断齿为美。③《淮南子·修务训》有:"冶由笑,目流眺,口曾挠,奇牙出,靥酺摇。"《后汉书·桓帝纪》也有类似记载:"元嘉中,京师妇女作愁眉、啼妆、堕马髻、折腰步、龋齿笑。"这里的龋齿笑就是"巧笑",即凿掉部分牙齿以后的微笑。古人认为这种断齿之微笑很美,因此也才有了《诗·硕人》描写庄姜美貌的诗句:"巧笑倩兮,美目盼兮。"中国古代女子断牙求美的知识是令人吃惊的。因为现代牙医和美容医生往往就是通过矫正或者修饰牙齿的方式,戏剧性地改

---

① 参见郑岩:《中国表情》,四川人民出版社2004年版,第18、47、49页。
② 参见莫俊卿:《新中国考古发现和研究》,文物出版社1984年版,第92页。
③ 参见闻一多:《古典新义》,古籍出版社1954年版,第375页。

变人的表情、美化人的微笑的。牙齿与微笑的关系是最密切的,但它涉及很多科学、心理学和社会学知识。

微笑是人类最美丽的语言,其杀伤力也胜过千军万马。中国西周末代君主周幽王,为博得褒姒的回眸微笑,竟用烽火戏弄诸侯,结果因微笑而亡国。这一时期,周天子与诸侯国力量此消彼长,传统礼制和规范被打破,春秋战国就成为一个"礼崩乐坏"的时代,许多人已经不守周礼。《左传·桓公十三年》载,楚大将屈瑕伐罗,斗伯比为之送行,屈瑕临行时表情趾高气扬,斗伯比说,屈瑕必败,因为他走路脚抬得太高,"心不固矣"。后果然大败。《国语·周语下》记载柯陵之会时,单襄公见晋厉公"视远而步高",也断定晋公必败,原因是"足高而日弃其德"。针对这种"天下无道,征伐自诸侯出"的"礼崩乐坏"局面,儒家学者们奔走呼号,提出了"克己复礼为仁"的命题,希望统治者用"周礼"约束自己,"化性起伪"(《荀子·乐论篇》),制礼作乐,使社会由无序转为有序状态,恢复西周初年那种和谐与安宁的局面。

礼是什么?《左传·隐公十一年》解释曰:"礼,经国家,定社稷,序民人,利后嗣者也。"从某种程度上看,中国的"礼",实际上是东方儒家文化体系的总称,是一切社会活动的准则。它好像包括"民风"、"民仪"、"制度"、"仪式"和"政令"等,大而等于"文化",小而不过是区区的"礼节"。它的含义广泛,所以用它的时候,有时是其全体,有时是某一方面或某几方面。据社会学的研究,一切民风都起源于人群应付生活条件的努力。某种应付方法显得有效即被大伙所自然无意识地采用着,变成群众现象,那就是变成民风。等到民风得到群众的自觉,以为那是有关全体之福利的时候,它就变成民仪。直到民仪这东西再被加上具体的结构或肩架,它就变成制度。① 《礼记·曲礼上》就是以制度的方式规定"不苟訾,不苟笑……惧辱亲也"的要求,即不得随便露出笑容。《曲礼上》还规定:"笑不至矧,怒不至詈。"即父母生病期间,言行要谨慎节制,不能笑而忘形。而《祭义篇》的规定则比较委婉:"孝子之有深爱者必有和气,有和气者必有愉色,有愉色者必有婉容。"因此,合于礼,并非不能微笑,

---

① 参见李安宅:《〈仪礼〉与〈礼记〉之社会学的研究》,上海世纪出版集团 2005 年版,第3 页。

而是微笑要有道有德、有节有度。到了后世,对于微笑的规范更为严格。《新书·容经》上规定:"容有四起:朝廷之容,师师焉翼翼然整以敬;祭祀之容,遂遂然粥粥然敬以婉;军旅之容,湢然肃然固以猛;丧祀之视,怵然懍然若不逮。"①烦琐的表情规范简直让人只能天天板着脸了。

孔子是靠"好礼"出名的。他早期最著名的行为就是"入太庙,每事问"(《论语·八佾》),以致惹得旁人讥笑。孔子倡导"非礼勿视,非礼勿听,非礼勿言,非礼勿动"(《论语·颜渊》)。认为"不学礼,无以立"(《论语·季氏》),并规约自己的行为使其时时处处合于礼。《论语·乡党篇》描述了孔子对礼的身体力行,我们可以看到依礼而行的个体生命的貌象声色、行为举止:"入公门,鞠躬如也,如不容。立不中门,行不履阈。过位,色勃如也,足躩如也,其言似不足者。摄齐升堂,鞠躬如也,屏气似不息者。出,降一等,逞颜色,怡怡如也。没阶,趋进,翼如也。复其位,踧踖如也。"也因此,当子夏与孔子讨论"巧笑倩兮,美目盼兮,素以为绚兮。何谓也"(《论语·八佾》),子夏看到了美人的眼睛黑白分明,微笑很动人,却对"素以为绚"百思不得其解:"绚"为多文采,"素"即白色。单调的素色,怎会装饰出绚丽的色彩呢?孔子对子夏的疑问用"绘事后素"的比喻给予了回答,意思是说"素以为绚"。正像绘画,先布众色,再施以素色,相辅相成,因而构成了美丽的图画。不过,孔子很赞赏子夏"礼后"的道理,根据孔子的一贯思想,所谓"礼后",显然是后于仁。"巧笑倩兮,美目盼兮",说的就是要通过外在的符合"礼"的微笑,传播内在"仁"的思想。

二、天地阴阳冲气为和

汉景帝的陵寝称为阳陵,是目前发掘最深入的西汉帝王陵。阳陵汉俑五官端正,表情愉悦、慈祥、安闲。尤其是出土的女俑面庞丰润、长相俊美,汉代女性的温柔、贤淑、娴雅、俊秀的本性在含情脉脉中尽显无遗。而且所有女俑

---

① 贾谊:《新书校注》,中华书局 2000 年版,第 227 页。

都具有弯如新月的细眉、有似秋水的明目,朱唇一点,鼻梁小巧,表现出静中含动、静而窃喜的神态,赋予观者以强烈的感染力。

汉朝建立之初,治国方略上承黄老之术,重阴阳五行之气,顺天应命,抚驭万民。他们认为人间万物,皆由一"气"之生成:人的生命活动,包括喜怒哀乐,与万物及人类同元的天地、阴阳之气而运动的自然现象之间,有着自然而然的交流。长沙马王堆 1973 年出土的《十大经·五政》,用黄帝和阉冉问答的形式,表现了人们喜怒哀乐的情感,必定会以某种气的形式在外部表现出来。由于怒、血气和争斗是必然的连锁反应,所以有怒气就不能终结争斗。因此,"(黄帝)上于博望之山,淡卧三年",即《老子》所说的"虚静而无为"。与此完全相同的思想,见载于《史记·律书》"礼乐兵刑自喜怒哀乐出"的论述。因此,也就从根本上表现出了由虚静而消除喜怒哀乐,自然就可省略所有烦琐的礼乐兵刑,实现清静无为政治的黄老思想。

《吕氏春秋·季秋纪·精通篇》曰:"一体而两分,同气而异息……虽异处而相通,隐志相及,痛疾相救,忧思相感,生则相欢,死则相哀,此之谓骨肉之亲。神出于忠而应乎心,两精相得,岂待言哉",所以,"圣人……号令未出,而天下皆延颈举踵矣。则精通乎民也。夫贼害于人,人亦然。……神先靠也。身在乎秦,所亲爱在于齐,死而志气不安,精或往来也"。这就是说,君主与人民群众之间,可以用一般常识性传达手段以外的方法来相互感应。在此之际,作为传达媒介之物的精或神,被认为具有这种感应能力之物。正如"同气而异息"所说,被认为气是相通的,即使处在不同的场所,也会相互沟通,同感哀欢;即使没有用语言作媒介,神也会相应,精也会感应。[①] 因此,有"周云成康,汉言文景"美誉的汉景帝信奉"事死如生"的礼制,造就了"西风残照,汉家陵阙"的壮阔,也才有了令人惊叹的阳陵俑细腻传神,惟妙惟肖的微笑。其中一尊塑衣式彩绘跽坐拱手女俑,面目尤其靓丽姣好,头微倾,梳椎髻,著三重长衣,袖手举于颔前,静如处子,又情意绵绵,羞怯怯之中,含羞遮面,笑不露齿,呈现古代女子的礼节。这种微笑被台湾美学大师蒋勋誉为"中国最初的微

---

① 参见[日]小野泽精一、福光永司、山井涌编著:《气的思想》,李庆译,上海世纪出版集团2007 年版,第 87 页。

笑":它于混沌之中见气韵,蕴涵着自信和无畏,包含着人性的本真与大自在,既是对亡灵的一种慰藉,又以一个时代的表情造型,暗示着汉代人自然淳朴的人生态度。

微笑的汉阳陵俑,让我们想起了"世界第八奇迹"的秦始皇陵兵马俑。秦陵兵马俑艺术地再现了当年规模庞大、组织严密、气壮山河的军阵,回荡着"内平六国,外却匈奴,千里驰骋,所向披靡"的始皇雄风,铺展了一幅秦始皇完成统一功业的历史画卷。许多有条件近距离观察兵马俑细部的发掘者和研究者指出,兵马俑有不同的脸形,分别像汉字中的目、国、申、由、甲、用、田和蛋形,可谓"千人千面",具有一种"肖像性"。从这个角度说,这种写实的风格的确史无前例。但是,如果从另一个视角来评价,我们可以发现这些兵马俑都缺少对于人物内在性情神态的刻画。兵马俑的基本姿态千篇一律,生硬而缺乏个性:站立者僵硬呆板,半蹲或跨步姿势者缺乏动感,御车者也是冷峻呆滞。而且,他们的共同的特点就是没有微笑。

秦以霸术治国。自秦孝公接受商鞅变法以来,短短 5 年的时间富强到"天子致胙孝公,诸侯毕贺"(《史记·商君列传》)。秦王政登位以后,曾以斩钉截铁的语气重申:"当今诸侯力争,若用仁义治吾国,是灭亡之道"(《列子·说符》)。虽然最终以残酷的杀戮完成了统一六国事业,但"鳃鳃常恐天下之一合而共轧己也"(《汉书·刑法志》)。因此,秦始皇一方面变本加厉地专任刑罚,以霸道来压迫人民;另一方面,四处寻觅长生不老之术。《汉旧仪》载:"三十七岁……奏之曰:'丞相斯昧死言,臣所将隶徒七十二万人治骊山者,已深已极,凿之不入,烧之不然,叩之空空,如天下状'。制曰:'凿之不入,烧之不然,其旁行三百丈乃止'"。扩建陵穴这样重大的事情,一直到陵园始建 37 年以后才批示,且动用的民工数量又如此巨大,给人的感觉是突发的、匆忙的。那么,一定是此前陵园的建设长期处于停工状态,到始皇决定按死后成仙的方法来操作时,才会出现丞相亲自督导急急赶工的现象。① 显然,这时的兵马俑只是作为人殉的替代品,陶工们复制的是人的肉体,而绝不是其精神。

气作为一种生命状态,是有阴阳之分的,《国语》以"阴"、"阳"二气为根

---

① 参见倪润安:《秦汉之际仙人思想的整合与定位》,《中原文物》2003 年第 6 期。

本之"气"。天地阴阳二气的交互作用决定着宇宙万物的生息变化:"夫天地之气,不失其序,若过其序,民乱之也,阳伏而不能出,阴迫而不能蒸,于是有地震"(《周语上》)。或者如老子所说:"万物负阴而抱阳,冲气以为和"(《老子》第四十二章)。于是,汉武帝曾将牛郎、织女的石雕像置于上林苑昆明池畔,象征天地之气融合为一,以之祈祷国泰民安。牛郎、织女代表的男女两性乃典型的阴阳二气。《周易·睽卦》说:"天地睽而其事同也,男女睽而其志通也,萬物睽而其事類也。睽之時用,大矣哉。"这就意味着,男子和女子正因为是对立的才有谐调统一性,其表情亦有不同的要求。刘向曰:"貌者,男子之所以恭敬,女子之所以姣好也"(《说苑》卷十二)。故此,君子总是"威仪棣棣",不苟言笑(《左传·襄公三十三》),女子"乐不欣欣"(《后汉书·梁冀传》),总是比男人笑得更多。从这个角度,我们也许可以更好地理解,秦陵兵马俑形象的生硬与阳陵汉俑微笑表情所传达的不同时代的文化意蕴。

三、圆满清静治心忘性

秦汉以后,中国古代社会发生了重大转折。汉末魏晋南北朝是中国政治上最混乱、社会最苦痛的时代。然而又是精神史上极自由、极解放、最富有智慧、最浓于热情的一个时代。这个时期,佛教始盛,石窟雕塑艺术通过闻名于世的丝绸之路,由西向东逐渐传播到内地。中国文化,自有史以来,从未如此时变动之甚并一直延续至唐宋时期。自一般人民之思想起,以致一物一事,莫不受佛教影响。因此,当我们谈论中国人的微笑形象时,那些人格化的佛像与菩萨像,是无论如何也不能忽略的。

佛教文化进入中国,影响最深远的一次微笑,当属禅僧们为了争法统,杜撰的佛祖灵山说法,拈花微笑的宗谱源头。用禅宗的语言讲,叫作"第一口实",是一个神秘而有趣的故事。相传,佛祖释迦牟尼在灵山法会上,拈起一枝金波罗花,一言不发地坐在那儿让大家看。当时众皆默然,面面相觑,不知所措。突然,佛的十大弟子之一大迦叶似有所悟地微笑了一下。于是佛祖即宣布:"吾有正法眼藏,涅槃妙心,实相无相,微妙法门,付嘱摩诃迦叶,汝当善护持之。"①从此,"如来拈花,迦叶微笑"便成了禅宗"不立文字"、"顿悟"、"传心"修行,圆满得道的传统。

佛教以"圆"为美。禅门沩仰宗有97种"圆相",对"圆"的形态即"圆相"作了全面总结。佛教造像也有所谓"八十种好",其中以"圆"或"圆满"等词形容佛相之美的就有11处之多,如"手足指圆"、"手足圆满"、"膝轮圆满"、"身有圆光"、"面门圆满"、"额广圆满"、"隐处妙好,圆满清静"、"脐深右旋,圆妙光泽"、"面轮修广,阎如满月"、"首相妙好,周圆平等"等。佛教以"圆"为美的旨趣,也意味着它所象征的"圆满无缺",如"圆智"、"圆融"、"圆通"等。②可见,佛教对于流畅圆润、丰盈和谐的美感是充分肯定的。因此,对于追求"普度众生",圆满进入"极乐世界"的意味深长的交流来说,微笑是一条捷径。微笑也许会以某些肤浅的方式激起人们的反应,比如引发人们报以礼节性的微笑,但它也能够穿透人们潜意识中隐藏的东西。其伟大之处就在于:它让我们相信某些事情正在发生,即使我们同时清楚地知道,我们所面对的兴奋之源,不过是石窟中的人像而已。

宗教历来喜欢利用艺术,通过图像阐释教义,使人们更好地感受宗教道理。因此,石窟艺术是建立在宗教、雕塑、建筑三者交叉点之上的,既是雕塑,又是建筑,但更是宗教。早期开窟修禅,被看成是通向天台的成佛途径。因此,雕塑中的微笑,可以看作对那些被雕刻神佛的一种装饰。正如王朝闻先生所说:"那些静坐着的、眼光向下、永远微笑着的佛像或菩萨,似乎是在沉思,似乎陶醉在某种幸福的冥想里,似乎存心不和观赏者发生关系,观赏者却不能不被那特别而不普通的神态所吸引。"③

按照不同的佛像表情,我们可以把佛教石窟、寺观雕塑中的微笑分为五类。

第一类是"隐藏"的微笑,如云岗石窟第18窟左下方的"弟子头像",这是一个虔诚的佛教徒形象。④虽然身躯已经严重风化,枯瘦的面容显示了他的

---

① 顾伟康:《拈花微笑——禅宗的机锋》,云南人民出版社1997年版,第5页。
② 参见龚云表:《诗心舞魂》,上海书店出版社2004年版,第140页。
③ 引自马大勇:《中国雕塑的故事》,山东画报出版社2008年版,第112页。
④ 参见何宝明:《中国雕塑名作欣赏》,海燕出版社2006年版,第73页。

清苦,他正闭眼默诵经文,对佛国的向往使他充满了自信。

第二类是龙门石窟奉先寺主尊、唐代武则天时期的卢舍那大佛雕像,结跏趺坐于须弥座上,波发高髻,弯眉修目,隆鼻大耳,面颊丰润,目光下视,情态庄严祥和、宽厚仁慈,是"含而不露"的微笑,除非仔细观察雕像微翘的嘴角,否则很难发现这种微笑。①

第三类是"欢快"的微笑,最著名的形象是杭州飞来峰中部摩崖龛第 36 窟的"笑口常开的大肚弥勒佛"造像,完全把印度佛教那种禁欲苦修的神秘气氛抛到九霄云外,它以一个袒胸露腹、手持念珠、依布袋而坐、沉浸于欢乐之中的形象,突出了华夏民族轻视来世、看重现世的传统文化观念。而且,以人间的欢乐情景,在破除了佛教庄严气氛的同时,也在禅宗的想象境界中,向我们展示出他自己是一个真正真实的,经历刹那之体验的人。这是石窟造像中国化、世俗化方面的典型表现。②

第四类是河北正定县隆兴寺观音大铜佛的"庄严"微笑。这是我国现存最大的铜像,唐朝开宝年间铸造。《金石萃编》载:"宝相穹窿,瞻之弥高,仰之益躬"③,从而加深了这种庄严神秘的暗示。

第五类就是"标准"的微笑了,和古希腊雕刻中的弧形嘴唇的微笑有点相似。这类微笑无论是在石窟雕塑还是寺观雕塑中都比较常见。

李泽厚先生认为:"热烈激昂的壁画故事陪衬烘托出来的恰是异常宁静的主人,北魏的雕塑,从云冈早期的威严到龙门、敦煌特别是麦积山成熟时期的秀骨清像,长脸细颈,衣裙繁复而飘动,那种神情奕奕、飘然自得、似乎去尽人间烟火气的风度,形成了中国雕塑艺术的理想美的高峰。人们把希望、美好、理想都集中寄托在他身上,他是包含各种潜在的精神可能性的神,内容宽泛而不定。他并没有显示出仁爱、慈祥、关怀世间等神情,他所表现的恰好是世间一切的完全超脱。尽管身体前倾,目光下视,但对人间似乎并不关怀或动心。相反,他以对人世现实的轻视、洞察一切的睿智的微笑为特征,并且就在那惊恐、阴冷、血肉淋漓的四周壁画的悲惨世界中,显示出他的宁静、高超、飘

---

① 参见贺西林:《寄意神工》,三联书店 2008 年版,第 107 页。
② 参见白庚胜:《雕塑》,中国文联出版社 2008 年版,第 111 页。
③ 梁思成:《中国雕塑史》,百花文艺出版社 2006 年版,第 230 页。

逸和睿智。"①在某种意义上,雕塑微笑的意义是非常深刻的:它是人类存在的基本特征,是维护人类价值的必需之物。因此,微笑是人们的希望和追求所在,"在笑和希望消失的地方就是人类丧失其人之为人的存在的地方"②。文献记载的"虎溪三笑"就是一个让人们看到圆融、和谐与希望的著名的例子。

"虎溪三笑"故事大约形成于唐宋时期,是发生在江西庐山的一个涉及儒、释、道关系的传说。故事涉及三个方面的人物:庐山东林寺法师慧远、庐山简寂观道长陆修静、儒家隐士陶渊明。慧远在东林寺过着清苦的修行生活,虎溪是他修行的圣地与污秽尘世的界限。他立下誓愿,绝不越过虎溪一步。虽有万乘之尊的晋帝,还有震主之威的权臣桓玄来上过香,慧远却不曾越虎溪而相送。一次,慧远与道士陆修静、儒者陶渊明畅谈后送他们下山,意犹未尽,不知不觉就过了虎溪,待老虎吼叫后才发觉。违背了自己的誓愿,本来应该是个尴尬的时刻,但是三个人并没有感到恐慌,反而呵呵呵地微笑起来。

三教同居一山,同过一溪,皆在其本源一致。虽然儒家养性,佛家忘性,道家任性,三家修养各有不同,但在经世致用方面,儒可以治国,佛可以治心,道可以治身,因此,唐宋之际,儒、释、道由三教鼎立到相互影响、相互吸纳,到"三教合一",发展为一种必然的历史趋势。"虎溪三笑"作为唐宋时期三教合流背景下的产物,生动地显示了儒、释、道三大文化和合交流走向圆融的大趋势。这个微笑故事引发了后来大量文人墨客的诗作和画作。在那些画中,三位智者站在巍峨的山下,在虎溪岸边开怀而笑。在这里,幽默、智慧和神圣取得了一种平衡,这种非常美妙的境界深深影响着中国文化的希望及其发展的轨迹。

四、持敬畏谨喜怒有致

在艺术照片或者美术作品里面,我们会发现,裸露牙齿的人是很少见的,

---

① 李泽厚:《美的历程》,文物出版社1981年版,第113页。
② [挪威]英格维尔特·萨利特·吉尔胡斯:《宗教史中的笑》,上海人民出版社2005年版,第139页。

古往今来概无例外,尤其是对于被神化的历史人物或大人物,更会采取讳饰修辞方式进行美化。不过,大千世界偏偏真有例外。譬如孔子,生时贫困潦倒,死后被谥封"至圣先师"称号,用了《谥法》中最高的赞誉之词。然而一个很奇妙的现象是:无论是山东省博物馆藏的《孔子为鲁司寇像》,还是原孔府收藏的几种明代孔子画像,包括孔庙大成殿中孔子身着衮冕的塑像,无一不是"眼露白"、"口露齿"的形象,画像中孔子双目圆睁,龅牙突出。民间对于孔子的相貌甚至还有"七陋"之说,包括耳露轮、眼露白、鼻露孔、口露齿等丑陋的特征。这种说法较早的版本为金代孔元措所撰《孔氏祖庭广记》,在晚期的孔氏家谱中更是多见。①

儒家特别强调表里一致、认真虔敬的态度。《诗·闵予小子》曰:"敬之敬之,天维显思,命不易哉!"说的就是天理昭彰不可欺,人生在世必须对天理表示敬仰。因此,当年孔子适郑,与弟子相失,孔子独立郭东门。郑人或谓子贡曰:"东门有人,其颡似尧,其项类皋陶,其肩类子产,然自要以下不及禹三寸。纍纍若丧家之狗。"子贡以实告孔子。孔子欣然笑曰:"形状,末也。而谓似丧家之狗,然哉然哉"(《史记·孔子世家》)。这就是儒家一贯信奉的"形相虽恶而心术善,无害为君子"的主张(《荀子·非相篇》)。所以,山东曲阜孔子的塑像表现了儒家传统的"吾心湛然,天理粲然"的"以敬为本"、"知敬双进"的审美观念(《朱子语类》卷十二),即强调外貌形象与内在精神的冲突与反衬,观瞻者需要透过其外在的表象,努力体悟其内在思想的深邃与博大。

先秦时期,"敬"只是儒家的一种修养环节或具体的规范。宋明理学大师程颐将"敬"与儒学的最高范畴"诚"相提并论,所谓"涵养须用敬,进学则在致知"是也(《二程遗书》卷十八)。传说程颐的风格严肃深峻、道貌岸然。一次,年岁稍大的韩维邀请二程暇日同游西湖,其时韩维令诸子随侍。途中有人言貌不甚庄重,程颐立即严声叱责:"汝辈从长者行,敢笑语如此,韩氏孝谨之风衰矣。"②结果弄得韩维非常没有面子。

何谓之"敬"?郭店竹简中被认为是子思及其后学的《性自命出》篇,对

---

① 参见郑岩:《中国表情》,四川人民出版社2004年版,第165页。

② 高全喜:《理心之间——朱熹和陆九渊的理学》,三联书店2008年版,第31页。

"敬"作了细致和生动的描述:"君子关其情,责其义,善其节,好其容,乐其道,悦其教,是以敬焉。"正是由于身、心形象的参与被视为儒家道德精神修养的有机组成部分,儒家的修身传统被宋明理学家定义为"身心之学"。与此相关,音容笑貌之"气象"也成为整个理学修身传统中最为核心的观念之一,朱熹与吕祖谦合编的理学经典《近思录》最后即专论"圣贤气象"以为全书终结(《朱子语类》卷一〇五)。在宋明理学看来,不但心性的修养会在音容笑貌上有所表现,而且从音容笑貌的修养入手,甚至是初学的必由之路。朱熹曾说:"九容九思,便是涵养。"周汝登也说:"容貌辞气,德之符。一切容仪皆能淑慎,使之望而知为我辈人,方见实学。"吕希哲说得更直接:"后生初学,且需理会气象。气象好时,百事自当。气象者,辞令、容止、轻重、急徐,足以见之矣。"(刘宗周《人谱类记》卷上)。

在持敬问题上,朱熹"敬贯动静,敬贯始终,敬贯知行"①,力主"以敬为本",提倡"格物致知","知敬双进"等。朱熹说,"敬"就是"畏":"敬非是块然兀坐,……只是有所畏谨,不敢放纵,如此,则身心收敛,如有所畏"(《朱子语类》卷十二),即是对人性自身的那个绝对本质的敬畏。因而,"喜怒哀乐未发之时便是浑然与性合一,气质之性皆在其中,至于喜怒哀乐感而发显出来了,便只是情了"(《近思录》朱熹序)。人是有限的,有着七情六欲。人又是无限的,有着一二点灵明。只有通过敬畏,把那个绝对的本质接引到人们心中,人才能达到与天地合德、与日月合明的崇高境界。正像朱熹《敬斋箴》所说的那样:"正其衣冠,尊其瞻视,潜心以居,对越上帝"。朱熹风范的主要情愫就是这样一个敬畏的精神品格。但是这种敬畏精神并非不讲情感活动,所谓"廓然而大公,物来而顺应。"在人的情感活动中,如能处处以"敬畏"之是非为是非,就能够"当喜而喜,当怒而怒",如同圣人一般了。圣人并不是没有情感,没有喜怒,只是"圣人之喜,以物之当喜,圣人之怒,以物之当怒",即能顺其"当然"之理。② 因此,"孔子莞尔微笑,喜也,非动乎意也;曰:'野哉,由也。'怒也,非动意也;哭颜渊至于恸,哀也,非动意也"(杨简《慈湖遗书》卷二)。

---

① 陈来:《朱熹哲学研究》,中国社会科学出版社1988年版,第258页。
② 参见蒙培元:《情感与理性》,中国社会科学出版社2002年版,第104页。

从程朱理学到陆王心学再到泰州学派,宋明理学经历了"理本论"到"心本论"再到"身本论"的转变。王艮提出了"庄敬持养"理论。王艮一再强调致良知的契机在于"百姓日用"、"家常事"之中,而所谓"百姓日用"、"家常事"本来就是交织着音容笑貌、人情世故,与性情欲望扯不断的。王艮不赞同王阳明的"良知良能,愚夫愚妇与圣人同,但惟圣人能致良知。愚夫愚妇不能致,此圣愚所由分也"观点。他这样说:"愚夫愚妇皆知所以为学,而不至于人人君子,比屋可封未之有也。"这段话与王阳明的说法何其相似,但又相去甚远,相比之下,较之王阳明的大同理想更多了一层平民主义的色彩。① 与王艮观点相印证的是重庆大足石窟宝顶山大佛湾 20 龛"刀船地狱"中的雕塑,一个微笑着的养鸡女。她健康质朴,穿着宋代常见的窄袖直领衫、长裙,侧着身子,一手爱抚着她养的鸡并亲切、慈祥地微笑着。她的身边却被刻着"养鸡者入于地狱"的文字,一边还站着判决她进地狱受罪的判官和小鬼。原来养鸡越多,罪过越大。鸡被人们杀了煮熟吃,这是杀生之罪,养鸡人自然也要进地狱。② 但是,在这样的亲切慈祥微笑的雕像前,我们只感受到生活的欢乐,它体现的就是那种"百姓日用"的"庄敬持养"精神。所以,"敬"者,乃认真入世的状态,在家常事上做功夫的精神。因此,孔庙中的孔子像虽然双目露白、一嘴龅牙,然而仔细观之,我们也可以发现孔子嘴边上露出的是微微笑意。常识就是这样,一个面相丑陋的人如果和善地微笑起来,会比板着脸的时候,让人们感到更亲切更愉快一些,这样,人们也更容易接受他的思想和文化观念。或许,这就是孔子塑像的本意吧。

五、本色流露和谐共处

在迄今为止的观察中,从自然到文化、从文化到文明的连续变化,显然在每个人的个人生活中完全能够成立,这就形成了行动的节奏。文化能够根据

---

① 姚文放:《宋明思想大潮中的泰州学派美学》,《学术月刊》2007 年第 12 期。
② 参见马大勇:《中国雕塑的故事》,山东画报出版社 2008 年版,第 223 页。

这种行动节奏特性,让人们的生活模式步调一致,随即在他们中间形成性质相同的群体。一个文明如果要存在和延续,就必须通过人们这种持续的节奏,保证它的关键信息和元素得以传承。只有某些价值观念被认为是某种社会的核心,而这种社会又历史悠久,那么这些观念才有可能代代流传。

5000 年的中华文明发展进入了现代社会。现代社会不仅仅是个时间概念,更是一个文化概念。虽然我们熟悉的事物正在被一个日新月异的世界所替代,许多将不同群体聚到一起的事件让人难以发觉,人类生存方式上也明显地具有民主化、物质化、个人化的特点,但根植于"己所不欲,勿施于人"、"恭则不侮,宽则得众,信则人任焉,敏则有功,惠则足以使人"、"仁而不仁,如礼何?人而不仁,如乐何"等传统文化的影响,爱面子、和谐相处、乐观向上仍然是推动当代社会不断进步的不可缺少的力量之源。发乎情而止乎礼,谑而不虐,温柔敦厚,喜不形于色,笑不过于狂,依旧是社会的主流选择。所以说,中国人的微笑是根植于传播文化中的一种本色情感流露。

曾经有好事者根据地图、海图、天文图的创意,试图绘制出一张世界笑图:用鲜玫瑰色表示非常喜欢开玩笑的民族;浅黄色表示总是笑眯眯的民族;晕线形成的灰色表示重视现代生活方式的民族;淡紫色表示对于笑看得不太重要,认为人生在世不能总像儿童那样打打闹闹的民族。经过对当地人和专家们的耐心调查,在他们勾勒出的世界笑图中,中国是最笑眯眯的民族。[①] 劳兰博士在他的学术性著作《笑与引人发笑》中,根据解剖学和心理生理学的资料,对世界上的这些民族的笑进行了研究,认为人脸的总宽度与颧骨直径的长度之比构成了微笑时的脸部指数。据说,笑眯眯的中国人脸部平均总宽是 134 毫米,颧骨直径 137 毫米,所构成微笑时的脸部指数是世界上最大的。[②] 因此,对于人际间的传播交流来说,中国人的微笑是一条捷径,这种感觉、这种知识,对所有参与者有着意味深长的影响。无论是真诚的、被迫的或者自发的,都让我们感觉良好,这种微笑也许会以某些肤浅的方式激起我们的反应,比如引发我们报以礼节性的微笑,但它也能够穿透我们潜意识中隐藏的东西。其可贵

---

① 参见[法]让·诺安:《笑的历史》,果永毅、许崇山译,三联书店 1987 年版,第 284 页。
② 参见[法]让·诺安:《笑的历史》,果永毅、许崇山译,三联书店 1987 年版,第 292 页。

之处在于:它让我们相信某些类似的事情正在发生,即使我们同时清楚地知道,我们所面对的兴奋之源,不过是人们脸面上的表情而已。

法国学者若泽·弗雷什(José Frèches)经过长期研究观察中国人后指出:笑是最明显的"中国智慧"的表现形式之一。弗雷什把它定义为"每个人不管处境如何都能找到快乐之路的能力"①。在弗雷什眼中,中国人比西方世界更早就发现,微笑对身心健康的好处。因此,中国人的笑具有非常强大的感染力。当然,人们笑的时候,并不一定是表达玩乐的愉悦,也可能不是在取笑他人,有时笑也可能是一种掩饰怀疑、隐藏悲伤、不让对方感到威胁的一种方式。这种威胁产生于人们对未来的某种担忧,而会笑的人就可以把这种担忧留给自己,使它不至于扩散。所以中国人的笑既是一种礼貌和关切之举,也表明对他人的尊重。他的研究发现:中国式的笑不是爆发式的,不像长期紧张之后的一种释放。它常常不仅仅是一种声音的笑,而是一种从眼角到嘴边乃至动员整个脸部表情的笑,引发笑声的发声器官却很少参与。弗雷什甚至观察到,中国人只需将眼睛拉长一毫米,让眼睛比平时更眯一点,就能使自己的面容呈现出一种奇妙的"柔和的快乐"②。很多到过中国的游客,都为中国人这种快乐的表情着迷。虽然这种概括并不全面,但却是对笑的积极意义的发现。总之,中国人在笑的时候,不是那种脸部剧烈颤动再配上震耳笑声的剧烈地笑,那是少有笑容的人所特有的笑。此外,放声大笑则是在告诉别人,因为看到一个有趣的场面或听到一句好话而感到高兴。在中国,笑表现了一种快乐的精神内涵,可以超出严格的物质范畴。无论穷富,中国文化讲究每个人都可以快乐,包括一无所有的穷人,"穷乐呵"是他们经常遵循的"快乐之道"。这种情景也保存在民间艺术中,如山东潍县杨家埠木版年画就有大量"瓜瓞绵绵"、"榴开百子"、"子孙和合"、"麒麟送子"、"五子夺魁"、"兰孙贵子"、"长命富贵"等主题的作品。不管日子有多么清贫艰辛,过年的时候,中国百姓的眼里心中,

---

① [法]若泽·弗雷什:《中国不笑世界会哭》,王忠菊译,人民日报出版社 2008 年版,第 11 页。

② [法]若泽·弗雷什:《中国不笑世界会哭》,王忠菊译,人民日报出版社 2008 年版,第 17 页。

总是少不了胖娃娃们一张张灿烂的笑脸。①

　　正是由于文化的不同，人们的微笑甚至眨眼这么简单的表情也会具有不同的感知意义。阿德勒和罗德曼（Adlen and Rodman）认为："同样原则会使不同文化的人以不同的方式看待同一事件。北美人在谈话中不会在意对方眨眼，但是中国人会认为眨眼是不礼貌的表现。"②这说明，不同国家和地区的人，有着不同的微笑方式。根据巴黎一本流传很广的针对美国人的旅游指南上所说，法国人很少对陌生人（甚或所有人）明显地微笑，所以，对于街头上开朗的陌生美国人的热情微笑，法国人很难作出同样真诚的回应。一些人也许会认为这种"无缘无故"的微笑或者疯疯癫癫，或者蠢不可言，或者兼而有之。当然，这缘于美国文化崇尚比较直接和坦率的交流方式。在他们看来，所有事情都需要说明白，而且越明白越好。美国人更多地依赖口语而不是非语言行为进行交流。他们认为"说出来"和"说出心里话"非常重要。他们欣赏那些语汇丰富、能够清楚而有技巧地表达自己观点的人。③ 其实，美国人也擅长于非语言交流。比如，见到一位特殊的朋友，他会笑容满面地张开双臂来欢迎，来代替表示同样感情的话语表达；面对一群闹闹嚷嚷的人，可以把食指放在嘴边，而不用直接说："请安静，听我说。"如果反对某人的行为，可以转动眼珠"说"不赞成。④ 而在英国，近代社会中产阶级文化与传统贵族精神融合形成的绅士风度，则表现为言行处事尽量抑制感情色彩，让理性来主宰一切。表现在人际关系中，则给人以矜持、冷淡的感觉。⑤ 因此，尽管浪漫的法国人对此感到很困惑，但是，隔阂一旦消除，法国人的微笑也会和别人一样温暖，"他们"与"我们"之间的差异，也会在一个准确的交汇点联系起来了。⑥ 所以，微

① 参见郑岩：《中国表情》，四川人民出版社 2004 年版，第 146 页。
② ［美］拉里·A.萨默瓦、理查德·E.波特：《跨文化传播》，闵惠泉等译，中国人民大学出版社 2004 年版，第 61 页。
③ 参见［美］拉里·A.萨默瓦、理查德·E.波特：《跨文化传播》，闵惠泉等译，中国人民大学出版社 2004 年版，第 89 页。
④ 参见［美］拉里·A.萨默瓦、理查德·E.波特：《跨文化传播》，闵惠泉等译，中国人民大学出版社 2004 年版，第 203 页。
⑤ 参见阎广林：《历史与形式》，上海社会科学院出版社 2005 年版，第 93 页。
⑥ 参见［美］安格斯·特鲁贝尔：《笑的历史》，孙维峰译，中央编译出版社 2006 年版，第 10 页。

笑的文化内涵是随着时间推演而不断变化的。这种变化有两个值得我们密切关注的特点：一是这种变化对于社会文化影响的偶然性；二是某种特定的变化会对后来的变化产生影响。如果人们忽略了这种变化的事实，把社会的微笑文化内涵看成是稳定不变的和持久的，那么就会机械地以为心灵的符号和身体的表情，永远不能够解决社会交往文化中的某些关系问题，就不可能获得对人的价值、人的精神现象的认识，不能获得对人的成长及精神变革的知识。

　　尽管不同文化情况下的微笑表现形态具有显著差异，然而，真正为成功的传播与交流作出贡献的，往往是微笑的相似性而不是差别。著名摄影家爱德华·斯特勒（Edward Steichen）曾经说："我相信在一切重要的事情上我们都是相似的。"①这种相似的信念对微笑传播的研究十分重要，因为"人是一个永远共通的感觉体"②。人们的微笑是表达文化的场所，也是表达现象的现实性本身。在微笑传播过程中，表情体验和文化体验是相互蕴涵的。尽管各个民族文化有所不同，但是，微笑从来都与克制密不可分，与文明的理性力量对人类行为的限制密不可分。它还被当作一种自发的回应、一面镜子，人们通过它看到自己的快乐、幸福或好心情。其二，"微笑"通常用作不及物动词，后面不跟宾语，微笑这个动作难免是社会性和交流性的，是人类复杂的肢体语言的一部分。因此，一次礼貌的微笑、一次克制的微笑，也就是良好举止的重要组成部分。③ 其三，全世界有一套基本的面部表情，其中至少有 6 种都是与生俱来的，具有普遍性，在世界各地的基本含义相同。这些泛文化的、普遍的 6 种面部表情就是快乐、悲哀、恐惧、气愤、厌恶和惊讶。④ 更何况，不管什么民族人种，也不管什么文化语境，所有的人都有着相同的从外部的束缚中获得自由的情感渴望；当一个新生命诞生时，所有的人都感到激动和兴奋；所有人都会面对最终衰老以及与之俱来的潜在的死亡而痛苦；每种文化都热爱音乐与艺术，

① ［美］拉里·A.萨默瓦、理查德·E.波特：《跨文化传播》，闵惠泉等译，中国人民大学出版社 2004 年版，第 357 页。

② ［法］莫里斯·梅洛-庞蒂：《知觉现象学》，姜志辉译，商务印书馆 2001 年版，第 300 页。

③ 参见［美］安格斯·特鲁贝尔：《笑的历史》，孙维峰译，中央编译出版社 2006 年版，第 29 页。

④ 参见［美］拉里·A.萨默瓦、理查德·E.波特：《跨文化传播》，闵惠泉等译，中国人民大学出版社 2004 年版，第 211 页。

都会玩耍和运动,都会开玩笑,都愿意礼貌待人,都寻找快乐的途径。所有的人都试图避免生理和心理上的痛苦而寻找一定程度上的平静生活。虽然,不同的文化都认识到了面孔的力量,因而制定出许多规则来规范社交中面部表情的使用,以及如何注意交流中他人的面部表情。但是,"在全世界,不论是对还没有使用文字的新几内亚的部族人而言,还是对日本和美国的大学生而言,做鬼脸都表示相同的意思。而且现在已经有无可争辩的证据表明:文化无法控制面孔"①。从这个意义上,我们可以推断,虽然在不同文化中,使人微笑的原因是不同的,但是,全世界各个民族微笑表情所承载的含义是大致相同的。

诚然,在当今经济社会发展的过程中,不管理论上的文化规范多么严格、多么普遍必要,一进入现实生活,就会被灵活解释了。这意味着,被理论拔高了的、理想化了的传统文化规范有许多虚的成分,人们在使用那些文化规范时不得不把它们还原为不太理想的真实要领。社会生活永远是具体的、多变的、复杂的、矛盾的。正如哲学家赵汀阳先生所说:"生活中有许多事情是坏的,至少是人们不喜欢的,各种痛苦、烦恼、不幸、挫折、麻烦,以及各种不良行为,都是人们不喜欢的。"②现实社会中确实存在自私自利、尔虞我诈、拜金崇权的赤裸裸的金钱与利益关系,现实生活中也就呈现出重做人、轻做事、缺真诚、少信用、笑不真实、哭不感人的现象。③ 然而,在 2008 年年初,中国南方正在遭受冰雪灾害期间的一天,一个公安警察深夜随一位局领导,去一个 40 里外的小县城处理紧急警务。第二天返回时在 105 国道又遇阻车,他和同行的一位交警跟随领导,在风雪中,在被困人员乞求的眼光下艰难步行着去前方察看。当他们走过上百辆车时,阻塞状态不知为何竟然解除了,他们连阻塞在何处、阻塞的原因、是谁疏通的这些情况一点也不知道,但从他们身边驶过的一辆辆车上的司乘人员,却向他们投以笑意致谢。他开始以为是哪一位久未谋面记不起来的熟人,直到一辆外地大客车经过时,一个怀抱里的小男孩从他妈妈打

① [美]拉里·A.萨默瓦、理查德·E.波特:《跨文化传播》,闵惠泉等译,中国人民大学出版社 2004 年版,第 211 页。
② 赵汀阳:《人之常情》,辽宁人民出版社 1998 年版,第 92 页。
③ 参见夏成瑜:《笑不真实哭不感人的中国人际关系》,《联合早报》2008 年 11 月 10 日。

开的车窗挥着小手说了一声"谢谢叔叔"后,靠他们这边的窗玻璃哗啦啦地几乎全放了下来,乘客们热情地向他们三人挥手。这位警察豁然明白,原来那些乘客们在认定这次堵车是他们三名警察疏通的同时,还会让这种坚信伴随自己的一生、温暖自己的一生,很多年后或许还会向晚辈提起。① 显然,世道并不像某些人所想象的那样炎凉,人情也不是像某些人推定的那样冷漠。

① 吕堂君:《人与人之间其实很简单》,详见九江公安交通管理信息网,2009 年 5 月 15 日。

第四章　微笑传播在组织层面 的文化意义

　　只要有人类的地方,就会有组织。伴随组织而来的,是如何更好地管理组织的问题。帕森斯(Talcott Parsons)认为,组织系统之间信息和能量的交换,为组织内部或组织之间的变迁提供了潜在的可能性。① 因此,决定组织生命的根源之一,就是组织系统中人们之间信息的有效传播,由此推动组织中各种关系的互动影响,以及对于作为组织能量方面的战略控制。所有这一切都作为组织传播形态,表现为组织内部和组织之间信息与能量的输入与输出过程。因此,组织的运行离不开传播,传播是组织存在的基本方式,任何形式的组织都是如此。

一、微笑传播影响组织氛围

　　组织氛围是组织文化的表层指标,它取决于组织中关于员工动机的主导假设。作为组织文化内核的主导假设,代表着组织的一种长期而稳定的行为环境的特征。② 在所有组织或者群体当中,工作或者生活的氛围是明显的,曾经有一位管理者将这种行为环境或者氛围,称之为"企业的气味"。他说:"当

---

① 参见[美]乔纳森·H.特纳:《社会学理论的结构》,邱泽奇、张茂元译,华夏出版社 2006 年版,第 46 页。

② 参见[美]埃德加·沙因:《沙因组织心理学》,马红宇、王斌译,中国人民大学出版社 2009 年版,第 156 页。

你走入每个办公室或车间时,不到 10 分钟内就能感受到这种企业文化。你会在人们忙碌的工作中表现出来的活力、人们的眼神和举止中,体会到这种文化。你能在你身边成千个很小的细节中,体会到这种文化。"①正是这种环境氛围被描述为企业文化,仿佛一只巨大的音叉以其频率振动着四周,既代表了一个组织的风气,更代表着一个组织的道德习惯和潜移默化的行动准则。

1. 影响组织传播氛围的主要因素

早期的组织氛围研究来源于 20 世纪 60 年代乔治·利特温(George Litwin)和他同事们的工作。利特温在密歇根大学研究生院以及后来在哈佛商学院做教授的时候,从组织层面假设不同类型的领导会产生不同的组织氛围,并引起不同的动机或需求。利特温与 MBA 学员在一个实验基地工作时,创建了三个由明显不同的领导带领的独立组织:第一位是具有强烈权力导向型的领导者,他使追随者产生对权力的需求;第二位是民主导向型的领导,他与下属共同讨论,集思广益,然后进行决策,要求上下融合,合作一致地工作;第三位是关系导向型的领导,他引起对关系和相互依赖的需要。利特温的研究显示,这三个实验组织的成果和士气明显不同。"民主"的领导关系比"权威的"或"自由放任的"领导关系更富有效果。在"民主"形式中,参与因素的心理影响产生了一种优越感,这种优越感所形成的工作氛围提高了团体士气、团体成员对任务的满意度和兴趣。②

基于早期的研究,利特温开发了一个以氛围为中心的简化组织模型。他把组织氛围定义为:既定环境中一系列的心理地位,这种心理地位是以环境中人们的共同感受为基础的。氛围的特征由大量的组织变量,包括标准和文化价值观以及管理制度来决定,而不是仅仅由管理或领导的方法决定的。他凭经验作出的可信的断言是:工作团队的氛围越好,组织高绩效的可能性就越大。他认为氛围是根据个体对他们本职工作的管理程度,以及个体与其同事在工作上合作的有效程度来定义的,因此分析的层面是团队和工作单元。或

---

① [印]苏曼德拉·戈沙尔、[美]克里斯托夫·巴特利特:《以人为本的企业》,苏月译,中国人民大学出版社 2008 年版,第 100 页。

② 参见[美]卡罗尔·佩特曼:《参与与民主理论》,上海世纪出版社 2006 年版,第 58 页。

者说,氛围更多的是指组织成员感受的前景,而组织文化则创造了组织气氛的背景,氛围受文化的影响,人们的感知决定着这两者,但是决定的程度不同。(如图4-1所示)

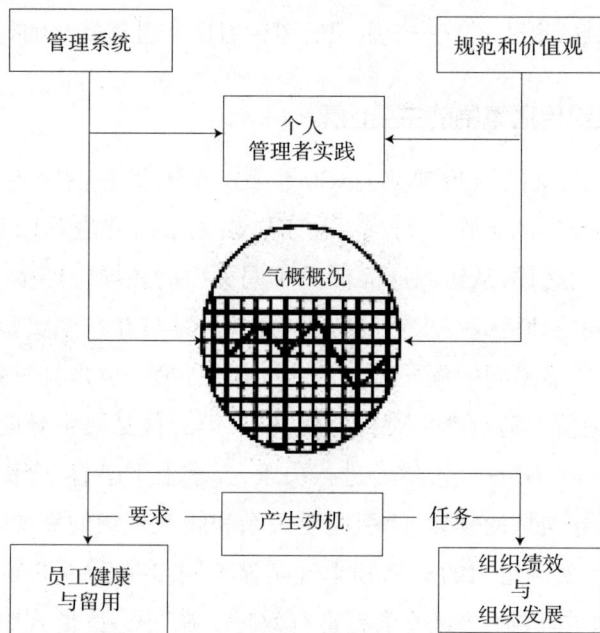

图 4-1 组织氛围系统①

工作关系的好坏会影响组织的发展,但组织的氛围反过来也能决定成员之间关系的好坏。任何组织中的成员都是在组织的氛围中进行传播沟通的。在管理者和员工互相敌对、相互猜疑的组织里,一个一贯信任他人、乐于合作和勤奋工作的人,也会变得满腹牢骚和自私自利。每个人的传播沟通风格都受到工作环境的影响。也就是说,工作环境的氛围对人际间的传播风格、人际关系和传播行为都会产生直接的影响。

切荷尔·汉密尔顿(Cheryl Hamilton)研究了组织中的管理者和员工们常

---

① G.H.Litwin, J.w.Humphrey, and T.B.Wilson, *Organizational-Climate: A Proven Tool for Improving Performance*, 1978, in *The Cutting Edge: Current Theory and Practice Organization Development*, edited W.W.Burke (p.190), La Jolla, CA: University Associates.

用的四种传播风格。它们分别被称为封闭的、盲目的、隐秘的和开放的风格。① 虽然一个人可能会兼有全部四种传播风格中的一些特色,但大多数人都有两种传播风格,一种在顺境中使用,另一种在逆境时使用。研究发现,采取完全封闭、完全盲目、完全隐秘或者完全开放风格的人其实寥寥无几。这几种风格中并不存在哪一种是最好,或者说是不好的。每种风格都包含有"最好"和"最差"的一面。比如,封闭型的传播者一般很少听取他人的反馈意见,也很少向他人透露信息。那些有创造力和需要指导的员工,在性格封闭型的管理者手下工作时,就会感到非常难受。相反,性格封闭的雇员,以及那些受到过良好培训和积极性高的员工,会非常欣赏性格封闭的管理者。当工作中不需要太多的人际交流,当按规程办事已成为组织习惯,或者当下属都是专业人士无需监管,当部门中的其他同事也都是封闭性格,或者都宁愿接物而不愿待人的时候,封闭型传播风格会是最成功的。然而,当工作中需要高度交流传播;当组织是一种高风险行业,而且雇员大都极有创造力但是精神极度紧张,并且亟须指导;当这个组织是以生产效率为主的时候,封闭型的传播风格就行不通了。

盲目型风格的管理者很少收集信息或者听取他人的意见反馈。他们非常自信甚至过分自信,而且从不害怕表露自己的观点、期望和需求。人们往往也都知道自己在盲目型管理者不回避他人,他们不会向别人收集信息或听取意见反馈,因为他们认为没有必要。盲目型的管理者不回避他人,他们会过度地表露自己,甚至别人没有向他们征求意见时,他们也会向别人大讲自己的意见,应该如何去行事以及别人错在什么地方等。封闭型和盲目型管理者在处理冲突的时候也不一样。盲目型的管理者不忽略员工的冲突,他们会直接介入,并以自认为是正确的方式来解决问题。解决冲突的时候,他们并不征求员工的建议或意见。隐秘型的管理者则属于很少披露自己的真实思想、却会积极收集别人反馈意见的类型。他们喜欢社交环境,但他们却很少向别人披露自己的想法和期望。比如,隐秘型的领导者在员工座谈会上可能会只说优点、

① 参见[美]切莉尔·汉密尔顿:《实效传播》,李斯平、裴霜霜译,暨南大学出版社 2005 年版,第 62—73 页。

不谈缺点；隐秘型的员工可能不会对领导不公正的决定提出反对意见；而隐秘型的顾客即使是内心并不完全赞同销售人员的建议，口头上仍然会表示赞同。而且，隐秘型的人看上去喜欢与他人互通信息，因为他们总是在提出问题，鼓励别人说出自己的观点，以此掩盖他们喜欢隐藏自己内心秘密的表象。隐秘型的人只是在客观可见的和比较稳妥的问题上，才会谨慎地表述自己的观点，而且从不会对旁人的观点提出异议。隐秘型的员工常常表现出过分的友好，并极力取悦于他人。隐秘型的管理者在要作出重要决定的会议上，总会制造出一种开明的气氛，但他们通常是在大多数人的看法都已明朗，或者领导的旨意已经知晓的时候，才开口表态。隐秘型的人往往害怕冲突和不同意见，所以总是尽量弥合争执。

开放型的管理者既会披露自己，同时又注意收集他人的意见和反馈。他们对员工的需求和组织的生产给予同等的重视。在这四种传播风格者当中，开放型风格的人是最能理解别人的。他们一般都会对别人的需要较为敏感，并认为积极的冲突对工作有促进作用。开放型的管理者会授权员工，让他们积极参与组织事务。而那些得到信任的员工则会发展出良好的人际关系，提高自身的工作能力。

一般来说，在开放和信任的氛围中工作的员工，会比较容易获得满足感。当需要员工参与决策的时候，当组织变革过程中发现新机遇的时候，当工作任务特别复杂、需要群体协作的时候，当工作要求很高、难度很大的时候，则开放型的传播管理风格，相对说是最为有效的。然而，当上层的管理者和员工都对开放型风格持反对态度，或者工作任务极其简单，无需团队群体协作，以及当需要当下作出决策的时候，开放型的风格就并不是特别有效的了。获得良好传播管理效果的关键，还是需要灵活运用不同的传播风格。然而，不管是自然而然习惯性地采取封闭型、盲目型、隐秘型或开放型的传播风格，还是根据与特定的个人或群体打交道的需要，有意地选用上述相关传播类型，其效果会完全不一样。如此看来，一个组织的氛围与管理者的素质是密切相关的。有效的领导者需要较强的能力来完成工作。领导者对工作要有宏大的胸怀和宽广的愿景，并有意愿和能力与下属沟通交流，关心员工，尊重他人，还要善于开发他人的潜力，帮助他人充分发挥出自己的潜力。因此，有效的领导者不应该是独裁主义者,他要与别人分享权力,或者善于分权、授权。有效的领导者还要具有幽默感或者生活的乐趣,善于运用符号化的音容笑貌鼓舞员工一起工作,而不能整天板着脸或者哭丧着脸。

2.组织传播氛围中的微笑

任何组织传播管理都是从特定的管理文化出发,以特定的组织文化情感把握经营管理的一种艺术。或者说,是通过使命与责任意识来解决问题的一种范式。经营管理现场面临的现实问题,取决于管理者以什么样的情感去把握,并聚焦于情感背后的直觉意识。在管理者及其员工个体使命意识的觉醒中,人可以依靠直觉,驾驭丰富的情感,透视管理现实,进入一种自由的、无穷尽的创造之中。这里的逻辑是,个体使命意识的觉醒,推动一个个使命意识的形成,责任意识或担当意识也就可能跟着涌现。管理者与员工整体生命意识的觉醒与群体力量的凝聚与释放,就构成了一个公司或组织的整体文化氛围。因此,文化氛围在一个企业或者其他任何组织中,都是一个有机的整体,它们不是支离破碎的,而是上下贯通左右串联、密切联系又随机而变的。这种文化氛围是一种充满着生命活力的文化氛围,能够激发与提升每个现场管理者与员工的使命意识和责任意识。

组织中的文化氛围是会传染的,当人们分享组织氛围中的欢快、喜乐的情感线索,最终分享这种愉悦的感受与心情的时候,人们的大脑就会启动开放式循环系统。最近几年这一观点得到了大量研究的支持。事实上,组织内部中人与人之间有无数的"情感线路"保持着敏感而密切的联系,这些"情感线路"会从各种人际关系中搜集微妙的线索。① 因此,在某种意义上,组织内部人们的情感是相互依赖的。人们会根据自己所观察到的他人的情感,来决定并随机调整自己的情绪;并且通过这种情绪把自己的意图传达给别人,影响他人的情感,从而达到更加顺畅的交流和互动。比如,如果组织内部人际关系中出现恐惧的心情,传达的可能是一种需要镇静、躲避或者防御的信号;人们的开心

---

① 参见[美]理查德·伯亚斯、安妮·麦基:《和谐领导》,李超平译,商务印书馆2008年版,第22页。

与欢乐,则暗示着分享好运的机会,或是希望建立及保持良好关系的愿望。人们的身体也会以微妙或者明显的肢体语言,呼应人际关系中的情感与情绪,诸如面部表情、语言声调、手势站姿等之类,虽然稍纵即逝,但却是难以躲过他人敏锐眼睛,并且能够影响他人行为的重要的情感信号。即使是那些更微妙的线索,比如说细微的脸部表情,或者身体姿态的某些细节,更是难以控制的,也是我们对他人的真实情绪反应的强有力的信号。身体语言往往透露内心真相,即便是在我们内心不打算这样表现的时候,细微的情感变化早已悄悄地把你的内心真实感受传达了出来。事实上,即使在完全没有言语交流的情况下,人们也能感知到弥漫在组织内部人际关系中的文化氛围。

微笑的组织文化氛围与传统管理有着全然不同的人际关系模式。当今社会,不管是政府公共部门,还是企业公司等各类组织形式,包括那些结构再造的扁平化组织形式,都是按照科层体制建立起来的金字塔形组织。它们都建立在对员工实施有形的和无形强制性的管理,进而演化成一系列统治与监控体系。韦伯(Max.Weber)曾尖锐地把它描述为一个"铁笼",在这样的组织形式中,只有"缺乏精神的专家,缺乏心灵的感觉论者"①。因此,虽然随着时间的推移,当代的组织体制已经比以往各个时代具有更高的文明水平,但是,韦伯认为它发展得越是完善,就越可能导致"非人化"。因为,组织合理化本身就是一种带有强制性的统治模式。组织结构内部越来越详尽的规章制度,会让员工受到越来越多的权力约束,越来越受到过程本身的支配。因此,组织中的经营管理,实际上是让员工待在铁笼里的一种舞蹈。在这里面,工作就是一种痛苦的坚持。而微笑的组织氛围则致力于建立在组织中的个人使命意识觉醒的基础之上,强调对喜悦与心灵画面的追求。在这里,工作是一种快乐的享受,是一种快乐和喜悦的循环。

图4-2展示了两种重要的管理范式。右侧代表了传统的科层官僚体系的组织管理范式。在这种模式中,最基本的立足点是:人是复杂的,也是自私的,人们为了生存而追求个人利益的企图,需要有一套胡萝卜加大棒的方式来

---

① Max Weber, *The Protestant Ethic and the Spirit of Capitalism*, translated by Talcott Parsons, with a foreword by R. H. Tawney, London: G. Allen & Unwin, 1930, pp.181-182.

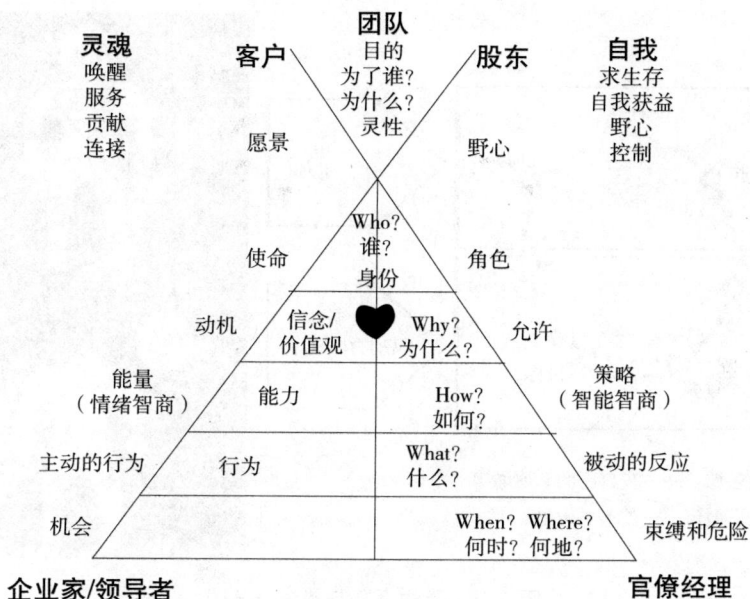

图 4-2　传统管理与微笑的组织氛围范式比较①

管理和规范。在受约束和特殊的环境中,人们会作出被动性的反应。在被允许的境况内,作出有利于自己的选择,从而完成自己的角色任务。这种由恐惧、束缚、约束和博弈的企图等方面内容组成的循环,学者王育琨称之为"畏惧循环"。图 4-2 左侧标示的,则是由微笑的文化组织氛围创造的喜悦循环。这里的人性假设是整体性的,人的才智俱足,是富有生命力和创造性的。因此,组织最重要的任务,是通过建构一种微笑愉悦的场域,唤醒每一个管理者与员工的生命意识,在强烈而明确的使命意识与责任意识的指引下,将自己奉献给组织,从而造就组织整体的生命力。因此,从个体使命意识的觉醒,到驾驭组织群体中的丰富情感,洞穿事实,实事求是,是一个具体、丰富而生动活泼的生命过程,其中贯穿着一整套的微笑文化的创建思想和方法。上善若水,才能创造与宇宙大地相连接的喜悦与大爱,在微笑愉悦的文化辅佐下,才会像流水奔腾一样不惧任何阻碍,形成一波接一波的创新,滋润每个员工的心田,创

① 参见王育琨:《带着爱去工作》,江苏人民出版社 2011 年版,第 278—287 页。

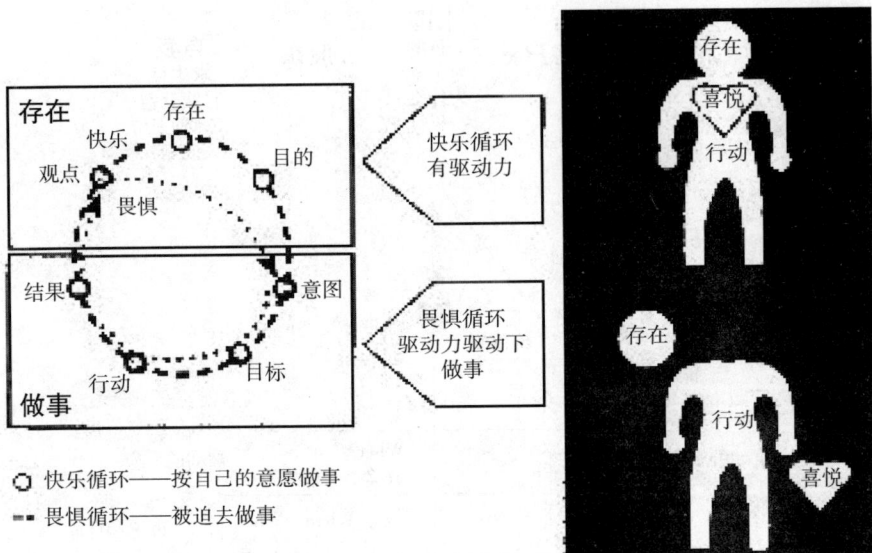

图 4-3　喜悦循环与畏惧循环图

造出无尽的财富。

郑振佑(Paul Jeong)则用一个更为直观的图表示了喜悦循环与紧张而畏惧循环的含义(如图 4-3 所示)。请注意图 4-3 右边那个没有头的小人像,它把喜悦扔在了一边,已经没有了头脑,却仍然在盲目行动。就像中国农村过年过节时杀鸡,常见被剁了头的鸡还在地上拼命扑腾着翅膀。在紧张而恐惧文化氛围的循环圈里盲目行动的人,他们整天忙于事务,精神高度紧张,自身思想全然没有觉醒。

汉字结构中的"忙"字非常耐人寻味。"忙"="忄"+"亡",其含义是心已经死了,人却还在拼命奔波,这种"忙",犹如无头扑腾的公鸡,即是处在紧张甚至是恐惧循环中的人。而在微笑愉悦的喜悦文化氛围中的循环,是在个人存在意识与责任意识觉醒的基础上,人们按照自己的觉悟与意愿率性做事的循环,也就是生命力与创造力旺盛的循环。这种喜悦循环的核心在于,善于觉知自心,善于觉知自己的身份,觉知自己的自由意志和生命力。组织中的管理者与员工一旦到了这样一种境界,就没有任何消极的东西可以影响他。他可以平静地直面任何艰苦的或者危难的问题,他不是去简单地与人与事搏斗打仕,而是用聪明和智慧去享受转化它及应用它的这个过程。

在某种意义上,组织管理者与员工的主人翁意识觉醒,是当今组织传播领域需要解决的重要问题。主人翁意识具有非常广阔的内涵。有什么具体办法,让这种主人翁意识觉醒呢? 关键在于建设一种能够让管理者与员工的自主创造性得到有效发挥的微笑愉悦的文化氛围,建立一种既有个人意志张扬,又相互支持理解的创造性的文化氛围。任何组织中的每个人都具有独特的整体性,每个管理者都是才智俱足的,每个员工都是富有创造性的,只不过因为受着各种各样消极情绪的左右,遮住了视野、堵塞了道路。

罗伯特·伦格尔(Robert H.Lengel)和理查德·达夫特(Richard L.Daft)在20世纪80年代末,提出过一个媒介丰裕度的传播学模型。他们认为:"富有的传播方式,总是面对面的,通常还是一对一的。"①该模型证实,某些领导人传送某种特定信息时,在选择传播媒介方面,总是比别的领导人更聪明。这充分说明,领导者的思想所能达到的境界,是其组织传播影响力所达到的范围。这种境界是通过人与人对话的方式,提出强有力的问题,不断唤醒人们的使命意识与责任意识,使人打开视野,用无所畏惧的意识去驾驭情绪,破解事实难题,激发与释放潜能的过程。② 重要的是,所有这些方面也正是构建微笑的组织氛围所需要的技术和艺术。构建微笑的组织氛围的核心,并不是体制和权力的重新划分,而是从上到下个体主人意识和责任意识的觉醒。在这个过程中,领导方式起到了关键作用。

二、微笑传播建构自我组织象征

现代社会心理学研究中的象征互动主义之父乔治·H.米德(George

---

① Daft, R.L.,& Lengel, R.H,(1984),Information Richness:A New Approach to Managerial Information Processing and Organizational Design. In B. M. Staw & L. L. Cummings(Eds.), *Research in Organizational Behavior*(*V*01.6,*pp*.191-233),Greenwich, CT:JAI Press.
② 参见胡河宁:《组织中的人际传播:权力游戏与政治知觉》,《新闻与传播研究》2008 年第3 期。

Herbert Mead)认为,人的意识可以表现为"心灵"和"自我",这两者都与人的有机生命一样,在组织的互动生活中不断演化。"心灵通过交流产生,而不是交流通过心灵产生"。同时,自我也必须用社会过程和交流来说明,必须在不同个体心灵之间的接触过程成为可能之前,把个体引入该过程的一种本质联系之中。因此,单独的个体不是自我;只有当它在社会经验背景中发展了心灵,它才成为一个自我。① 也就是说,无论是人的"心灵"还是"自我",只有在同他人的交流与传播过程中,才能真正地存在并呈现出来。因此,人的心灵和自我的意义,都是在组织生活经验的不断积累过程中形成和发展的。而组织经验的基本内容,是在人与人之间的关系中所建构的意义网络。

1. 微笑传播的象征性互动理论

人类是唯一能把思想转化成言语的物种:用言语进行思考,创造出象征性的符号,并用语言来交流经验。人们在使用言语时往往意识不到它的存在,更不会去意识到非语言表情的存在。人类其实是一直以各种具有象征性的微笑等脸部表情,以及肢体动作等非语言形式进行相互交谈。通过这些形式,把那些隐藏的和没有成形的内容进行命名后传达出来,从而把自我带到与环境、与他人、与自身的关系中来呈现。由此,在成人生活中,语言和非语言是想当然的一部分,我们很难认识到它的复杂性以及学习过程的复杂性。但是,对语言获得的思考会提出一些问题。例如,雅各布森(Jakobson)把语言放进象征主义的领域进行研究,或者说研究语言中的符号和象征。在他看来,语言不仅仅是意义的承载者,在另一个层面也是符号和象征,从这些象征中人们就可以解释意义。② 因此,语言和非语言不仅仅是一种认知技能,还是一种包括想象和情感在内的创造性能力。人类发展和语言使用的历史观点,整体反映了人们的感受和思考的能力,这样就把象征的形成与识别能力联系了起来,也把象征的形成与创造力和想象力联结了起来。

---

① 参见[美]乔治·H.米德:《心灵、自我与社会》,赵月瑟译,上海译文出版社1992年版,第44页。
② 参见[英]T.巴顿、N.威廉姆斯:《言语与象征》,丁亚平、赵静译,北京大学医学出版社2008年版,第6页。

在组织传播途径的广泛性方面,人类是独特的。与大多数其他动物不同,人的脸部构造由许多肌肉组成,其存在的唯一目的似乎是传达表情。比如微笑,它不会妨碍人们吃饭、跑步或者远望近看。也就是说,它并没有实用的功效。它的基本功能似乎就是交流,通过脸部肌肉,就能控制人们的微笑表情。

人的脸部肌肉并不是黏附在骨骼上的,而是互相黏附在一起形成一个复杂的整体结构。这种结构使肌肉能够活动而不会影响骨骼。然而,婴儿虽然也可以控制自己的脸部表情,但他并不能以同样方式控制其他肌肉,这种脸部表情能力部分是进化的结果。在灵长类动物中,要理解超出一般社会展示的任何事情,阅读脸部的表情必定存在许多个体的差异性。观察者必须了解被观察对象,并理解某个脸部活动变化对这个观察对象的特定意义。"没有任何概念化的信息不能通过语言来传递的。然而,许多情感性的语言可以不通过语言就能够传递。"[1]正因为人脸是独特的,如何理解脸部表情与躯体语言的自然指南又无处可觅,所以现实生活中,可能会很难理解某人的目光一瞥,对某个特定的个体意味着什么。因此,西方曾有学者描述了注视某个人的脸部表情,从中发现这些更替变化是如何提供海量信息的。他因此感叹,这些信息甚至可以和学习一门第二语言相媲美。[2]

人们的脸部表情表明他们的心情和情绪。比如,不管我们在什么地方,即使不懂当地语言,我们也能够看出别人是否高兴:如果高兴,他们脸颊的肌肉会将嘴角牵动起来,眼角的皮肤会皱起来。显然,他们是在快乐地微笑;而如果人们是悲伤、恐惧、愤怒、厌恶和惊奇的话,也能产生出相应独特的脸部表情,全世界到处都一样。事实上,表情的普遍性,表明它们已经深深地烙刻在人类身上。因为每个人生下来就会。因此,先天失明的人也具有和我们一样的脸部表情,根本不用去学习高兴的时候该怎样微笑。

人的脸部表情的普遍性还在于它能够告诉人们许多信息。遗憾的是,由于人脸部表情在非语言交流中占据着主导的地位,因而,人们有时候会故意用

---

① ［英］T.巴顿、N.威廉姆斯:《言语与象征》,丁亚平、赵静译,北京大学医学出版社 2008 年版,第 93—94 页。
② 参见［英］T.巴顿、N.威廉姆斯:《言语与象征》,丁亚平、赵静译,北京大学医学出版社 2008 年版,第 93—94 页。

它来掩饰自己的真实情感。当然,这种情况有时候是由表情规则引起的,即在特定的场合需要作出合适表情的文化规范。为了遵循这些规则,至少需要四种方式用来调节我们的感绪表达:第一,需要加强表情,夸张地表现出我们体验的是比实际情况更为强烈的感情。比如,如果打开一份你只是略微喜欢的礼物,当赠予者在场时,你要显得比实际情况更开心。第二,有时候需要将表情最小化,试图显得没有实际情况那样动感情。比如,由于社会文化要求"男儿有泪不轻弹",男人会克制着不表现出内心的伤感。第三,需要将表情中性化,并由之掩盖掉我们的真实情感。玩牌高手就是这样不暴露自己拿到牌时的真实情绪。最后,需要伪装我们的表情,代之以完全不同的感情流露。当另外一名平时不怎么样的员工赢得了微笑服务之星的桂冠的时候,屈居亚军的员工仍然需要表现得很兴奋、激动时,那么,几乎可以肯定她或他是在掩饰真实的感情。

不过,即使人们试图控制自己的表情,仍掩盖不住真相。首先,伪装的表情在细微之处和真实的表情有所不同。比如,当假装微笑的时候,人们很容易牵动嘴角,但较难做到自然地皱起眼角的皮肤;结果,在细心的观察者眼中,真实或虚假微笑的不同之处一目了然。其次,尽管我们努力了,但内在感情的真实闪现,即微表情在短暂失控的时候会显露无遗。比如眼神方面,常言道,眼睛是人们心灵的窗户。研究表明,眼睛具有许多特有的交流功能,透过眼神或眼色,可以透视出人的内心世界,其传播沟通的功能大致包括以下四点:(1)专注作用。眼神能够反映出一个人的注意力及兴趣程度。一般来说,瞳孔的大小变化,能够精确地反映一个人的兴趣和对他人的态度。例如,当兴趣很大、很强烈的时候,瞳孔会放大;而当无兴趣或者兴趣减少时,瞳孔就会收缩。(2)说服作用。眼睛在说服性的信息传播与沟通中能起到非常重要的作用。在传播与沟通中,劝说者要使人感到真诚可信,必须与被劝说者保持眼神的接触。为了避免可信性的显著下降,劝说者不能用欺骗的眼神经常向下瞄视或者眼光离开被劝说者。过度眨眼或眼皮频繁地颤动,都会让对方生疑。(3)亲和作用。目光在建立、保持以及终止组织内部的人际交往方面扮演着很重要的角色。长时间地盯着某个人看,是一种对此人感兴趣的标志。不仅表明你对对方很感兴趣,还表明你允许对方获得关于你的信息。因此,目光举止在组织传播的信息交流方面,比其他任何一种非语言交流都显得重要。
(4)强力作用。人的目光举止不仅可以折射出其地位的高低,还能有效地反映出其领导的潜力。有学者对某军校警官的目光举止进行了一项有趣的研究。研究显示,低级别的警官明显比高级别的警官谦逊,同时也证实那些看上去总是谨小慎微的学员,一般只能获得较低级别的领导职务。① 事实上,实权在握的人,看上去其目光通常很有力。这些人常以有力的目光注视着自己的部下,控制着他们的情绪。相反,那些回避甚至总是低着头不敢正视对方的目光,一般被看作为软弱屈从的象征。通常,这类人往往能力不强,不具备领导才能。这些结论对聘用和使用人才具有一定的参考意义。

在有组织背景的沟通传播过程中,通过眼睛凝视对方的行为也是很常见的。凝视,一般指目光接触的方向和时间长度,这是非常有影响力的一种行为。比如,注视某人意味着有沟通兴趣,这能够决定两个陌生人是否会开始交谈。当陌生人花时间凝视彼此的眼睛时,比他们在一起却眼望着别处更可能使彼此互相喜欢。注视显然能够交流感情和简单的兴趣。但它也能够传递出主导性方面的信息。在普通的交往中,人们倾听的时候,往往平均有60%的时间会凝视着讲话者,通常会比讲话的时候更多地注视他们的交谈对象。不过,有权威、有地位的人会偏离这些常规。与一般的人相比,他们在讲话的时候会更多地注视别人,在倾听的时候却较少地注视别人。研究人员用视觉主导比率总结了这些模式,将"注视—讲话"(即讲话者注视听者的时间所占的比重)与"注视—倾听"(即倾听者注视说者的时间所占的比重)相比较发现,权威高的凝视模式将典型的40/60比率正好调过来,成为60/40。②

布鲁默(Herbert Blumer)曾经在行动和组织角色的主体对于自身、他人、组织关系和周围环境,以及行为的理解和诠释的基础上,论述了组织象征性互动行为的复杂性。他认为,人类组织应当被看成是由行动着的人构成的,组织生活应当被看成是由人们的行动所构成。所以,各种组织生活和组织传播活动,不过是人们在其中发现其自身情境的表现。在布鲁默看来,要对

① 参见崔佳颖:《组织的管理沟通》,中国发展出版社2007年版,第38页。
② 参见[美]莎伦·布雷姆等:《亲密关系》,郭辉等译,人民邮电出版社2005年版,第119页。

行动发生于其中的组织进行研究，就必须深入研究组织中的象征性互动。也就是说，组织是象征性互动的产物，也是它的条件和基础。① 查尔斯·霍顿·库利（Charles Horton Cooley）则认为，社会组织中，任何一种领导者存在的前提，都必须能够唤醒人们心中的思想和意象："在个人生存的各个特殊阶段，个体精力、激情以及他对人类生活的某些趋向，都隐藏在他的内心深处。无论是他自己还是别人都无法测度，但是它们却是以往社会组织生活的全部精髓。这类成分的存在，使人产生一种要生存、要去感知、要去行动的朦胧要求。然而，倘若没有放松和引导这一本能倾向的外来刺激，他就无法使自己的需求得到满足，或者他起码会处于一个不正常的状态，他的内心贮存着易燃的因素，只有碰上适当的火花，它们才能释放出来。而这个火花通常就是某个人的暗示，某种能释放生命力、把骚动着的生命能量转化为力量的激发因素。"② 在某种意义上，"重要人物的一句话，一个隐喻，一个眼神或一种音质，都会在人们心中引起丰富的思想和感觉。而在这之前，我们心中甚至除了冷漠之外，一无所有。"③库利相信人类有一种前进的本能，即内在需要方向的能量，并"对其他人具有一种复杂的，既具有历史性又充满戏剧感的吸引力"。④ 因此，组织的领导者如何满足员工的这种需求，并以一种吸引人的方式有效地运用权力，就显得非常重要。领导者的力量取决于他在员工心中产生的唤醒他人感觉、思想和行动印象的效能。从这个意义上说，对领导者而言，其造成的镜中自我的印象，与接受印象的人们之间存在着一种潜在的力量。

戴尔·卡内基（Dale Carnegie）是最早将组织传播象征性技巧与管理成效相联系的理论家和实践者之一。他从社会学及心理学的角度，阐述了"怎么赢得朋友和影响他人"的方法。比如，通过认真倾听、对他人言语陈述的问题表现出兴趣、让别人对自己有信心等。尽管他的写作对象主要不是管理者，但他向管理者传递的言语信息是非常清晰的。他认为，要使员工对组织忠诚，不

---

① 参见高宣扬：《当代社会理论》，中国人民大学出版社 2005 年版，第 431 页。
② ［美］查尔斯·霍顿·库利：《人类本性与社会秩序》，包凡一、王源译，华夏出版社 1999 年版，第 225 页。
③ ［美］查尔斯·霍顿·库利：《社会过程》，洪小良译，华夏出版社 2000 年版，第 13 页。
④ ［美］查尔斯·霍顿·库利：《社会过程》，洪小良译，华夏出版社 2000 年版，第 99 页。

能只靠经济激励的手段,更不能依赖管理者手中的职权,应该主要靠运用组织传播中的象征性言语沟通技巧。这种观点对那些认为管理者可以通过激励手段"买到"员工忠诚的人来说,无疑是个非常好的启发。① 因为,象征性的言语传播技巧是有效做好经营管理的计划、领导、组织、控制,以实现既定目标的关键所在。作为管理者,在计划、领导、组织、控制的重要过程中,真正做好传播沟通工作并非易事。对管理者所传达言语信息的正确理解,既取决于言语信息发送者如何编码及采取什么手段传递,更取决于言语信息接收者是否正确理解及怎么对信息进行解码阐释。如果是与一群人传播沟通,这个过程将会更加复杂,因为每个人对于同一言语信息都会有各种不同的理解及阐释。在传播沟通过程中,所有象征性符号,包括话语以及表情、手势等言语信号,共同组成了信息;接受者如何理解,则取决于这些象征符号所指向的共同意义或构架。虽然在发送信息的时候,管理者自己头脑中对这些符号可能已经非常清楚。但是,如果接收信息的人对这些符号赋予了不同的含义,那么这些信息就会被误解。象征性符号的含义对不同人来说,见解可能各异,而且随着不同阶段的经历变化,相同的人在不同时期对这些符号的理解也会不同。因此,传播沟通的过程变得更加复杂。

2. 微笑在组织传播中的象征性意义

组织传播中的象征性意义存在于组织的权力结构之中。事实上,任何组织都存在权力结构,否则就非同寻常了。因此,所有研究组织传播的学者们都认为,在传播与沟通交流中存在权力问题。而且,组织传播中的权力有可能被误用。也就是说,组织中的交流本身,往往会变成权力的展示而不是沟通的渠道和工具。同时,也有众多的研究案例说明,组织传播中领导者与员工之间的关系,是促进组织发展的不可分割的一部分。在交流过程中,如果善于运用微笑的语言与非言语手段,就能促进更多的领导者与员工之间倾听对方的话语。反之,无论是员工的附和,他们对自己反移情的关注,还是离开了特定的听者

---

① 参见[美]杰拉尔丁.E.海因斯:《管理沟通策略与应用》,贾佳、许勉君译,北京大学出版社 2006 年版,第 7 页。

和说话者,都会难以说出能够听明白的语言。从组织发展的角度讲,管理者与员工双方都存在于他们个人和组织文化的标准规范之中,而微笑的交流与对话及其象征性互动,必然发生在权力结构以及个人和组织文化的规范之中。①

如欲透彻认识这种象征性,在某种意义上,主要取决于领导者的工作方法。

目前,大多数关于领导方法的书籍都是重复老的领导理论,侧重在"领导是什么"的理论层面上。微笑文化研究中的领导理论,则依据符合当今社会许多不确定性形势的新的领导理论,它也告诉人们"做什么"和"为什么这样做"。

那么,微笑能够赋予领导者力量吗? 我们并不认为单纯的微笑会胜过管理的行动或者言辞。但是我们相信,善于运用与微笑相关的象征性情感色彩的符号或行为触及员工的深度知觉,清楚地描绘领导者和机构对目标作出的承诺,将会比单纯的行动更有力量。

领导者处理问题时最重要的手段就是运用语言,包括各种表情语言。微笑理论中的领导建立在这样一些相关的概念基础上:领导者的身份就是管理者,领导者就是对价值的管理。社会上流行的概念以为,管理就是"控制",或者"权力在别人之上"。然而,人的身份是不能控制的,包括组织的身份。在今天复杂的市场经济中,领导者实际上唯一能做的事就是影响现状,也许仅仅是把它搅动一下,也许连现状也影响不了。我们能够影响的只有我们自己的感官:我们是谁? 这就对大多数业界领导者提出一个自相矛盾的问题:"我是负责人,而你告诉我说我负不了责?"为了解释领导的这种自相矛盾性,微笑理论根据领导者如何改善经营管理等方面的内容,围绕着更好的沟通与交流,建立了一种创新的论点。

其实,所有的交流都是在试图创建一个关于符号和象征的联合词汇表的过程。② 组织中的领导者,每时每刻都在交流。即使是静静地坐着,领导者也

---

① 参见[英]T.巴顿、N.威廉姆斯:《言语与象征》,丁亚平、赵静译,北京大学医学出版社2008年版,第128页。

② 参见[英]T.巴顿、N.威廉姆斯:《言语与象征》,丁亚平、赵静译,北京大学医学出版社2008年版,第106页。

在和周围的人交流。我们走路的方式也在向别人传达着某种信息。包括我们微笑、就座以及休息的方式,都是在向周围的人传递信息。做任何事情都存在着交流。比如,会议上如果有人说,"就这样吧,我不会再说什么了。"他在交流。其中的信息是一种愤怒,或者隐含着其他什么消极的情绪。或许他觉得自己已经停止了交流,但事实上他在很大声地与别人交流。显然这不是语言交流,而是非语言交流的一种表现形式。非常有意思的是,在交流的过程中,我们所使用的非语言交流要比语言交流重要 2—7 倍。当我们能够更为熟练地交流的时候,我们就一定是一个优秀的非语言交流者。正如非语言研究的先驱者瑞依·伯德威斯特尔(Ray Birdwhistell)所说的,在一次普通的两人谈话中,语言要素所携带的关于情感的交际内涵低于 35%。而与微笑相关的非语言部分带来的内容则超过 65%。① 在一个说服性的交流情境中,我们所说的话的价值大约占所有信息的 15%;包括语气、频率、音调、音量以及重音在内的声音暗示,大约占 35%;生理因素,包括面部表情、姿态、身体动作以及眼神接触所占比率大概为 50%。现实生活中,人们并不可能准确地测算出这三者的比率,但也从一方面说明领导的微笑表情为什么是一种艺术的原因。

微笑表情与其他的非言语沟通可分为身体表达、环境表达和发出声音。身体表达方式主要由外表、面部表情和眼神交流、手势、定向、姿态以及触摸所构成。环境表达方式则包括领导者的装饰和布置其办公室或工作场所以及办公桌摆放的方式,发出的声音包括微笑、愤慨、哭泣、叹息以及所发声音的音调与音质。领导者的微笑表情首要和最基本的前提是它的存在。事实上,每个人与他人相遇时总会涉及采取何种情感态度进行沟通的问题,而微笑沟通是即时性的,它可以表明一个领导者真实的感情和态度。

对一个管理者而言,在言谈和文字中随意地表露出敌对性的情感是不合适的。尽管这些敌对性的情感在非言语沟通中凭借姿态、手势和面部表情表露出来则较为容易和广泛地得到认可。事实上,大多数有经验的管理者密切关注的不仅是人们说话的内容,还有人们说话的方式。对是否微笑的表情行

---

① 参见[美]亚伦·皮斯、芭芭拉·皮斯:《身体语言密码》,王甜甜、黄佼译,中国城市出版社 2007 年版,第 3 页。

为加以分析,将会使管理者得到有关他们想要进一步探究的感情及态度的蛛丝马迹。而且,微笑的沟通方式具有相互关联性,它会极大地影响别人如何看待自己的方式。所以,微笑沟通方式具有组织传播方面的影响力。管理者的微笑沟通技能,将会使他们得以判断自己想要与他人建立何种关系。当管理者与下属会面时,他既可以选择微笑着与下属握手,也可以选择板着面孔甚至不点头,避免与其进行身体的接触。这种表情奠定了这样会见的基调,并且确立了开展传播沟通的氛围。当然最为合适的行为是确立一种积极的关系,使得管理者和团队能为了企业最好的利益而共同努力。当然,在处理危机、解决严重问题的时候,则应该确立一种严肃的氛围,与下属握手时表露出严肃神情,有助于下属形成事态严重的印象。无论是领导者还是管理者,粗鲁的态度总是不足取的。

除了帮助领导者确定与他人形成关系类型以外,与微笑相关的表情沟通还有第二个功能。领导者可以传达那些他们没有办法,或者不愿在谈话和文字中直接传达的情感。比如,一位领导者正与下属商谈一件严重的问题,该领导者采用了一种严肃的神情和果断的手势,来传达他对该行为的受挫感。领导者一边将手势上扬一边说道:"我已经想尽了一切办法来帮助你们解决这个问题。"这样的手势与语言,会强化该领导者的观点,即领导者是唯一能帮助下属解决问题的人。①

领导者的能力,从根本上说是一种界定他人的能力。尽管独裁的领导者经常向其下属"兜售"、"告诉"甚至是强加一个现实。但是,具备民主作风的领导人,往往会以一种理解他人的心态来处理问题。他们会以一种更加微妙和象征性的方式来施加影响。比如,舍得花时间倾听、总结、概括并引导别人所说的话,利用一些意象、观念和价值,来帮助相关人员更好地把握所面对的情形。② 然而,在对某些特定情形的意义和描述进行管理时,有的领导者尽管是微笑着的,但实际上却是采用一种含蓄的象征性的权力形式,它对人们如何感知企业现实,以及由此作出的行为施加决定性的影响。成功的领导者会意

---

① 参见[美]罗纳德·W.瑞博:《学校管理者的人际关系》,中国轻工业出版社2006年版,第189页。

② 参见[加拿大]加雷斯·摩根:《组织》,金马译,清华大学出版社2005年版,第147页。

识到,通过使用微笑情感性的影响力,更容易唤起企业经营管理过程中的意象威力,他们会很自觉地注意使用表情以及相关的言行,对员工施加潜移默化的影响。

领导者承担着构建和谐人际关系和工作氛围的职责,肩负着企业发展的重任。一般而言,领导者在企业运作过程中,表现出来的喜、怒、哀、乐,并不仅仅是代表自己个人的情感,而是已经升华的一种企业行为。领导者要通过自己的言行传达给员工信息,比如对企业发展的信心、对员工个人工作的肯定、对战胜经营中困难和问题的乐观、对员工生活的关心等,使员工切身感受到领导者的积极态度。这样,领导者真诚而自信的微笑,表达的是企业走向和谐的通行证。领导者的微笑,就是一种潜在的人格魅力,传递出和善、友好的信息,也昭示了对生命的热忱和对工作的热爱。对职工而言,领导者的微笑是一种亲近,能够让员工精神愉悦;领导者的微笑是一种赞扬,能够鼓励员工把工作做得更好;领导者的微笑更是一种自信,能够引导员工勇敢地面对一切困难并最终战胜困难。

如果把微笑定位在对组织传播意义理解的催化剂,那么,组织传播的个性能被控制和管理吗?从根本上说,虽然很难控制它,但却可以去积极地影响它。作为影响机制,组织领导者与参与者之间的微笑等非语言行为,可以发挥重要作用。包括微笑在内的非言语传播与沟通,是领导者个性背后社会构筑过程的重要介质和方法,是共同创造的一种促进和谐氛围、增强对企业了解的文化手段。微笑传播本身被视为复杂的适应系统,具有自我组织因素,要有效地构建和谐的经营管理氛围,其最好的办法就是善于运用与微笑有关的语言或非言语沟通。实际上,有经验的高层领导者,往往善于通过自己的微笑表情所传达的象征性行为,来驾驭个人和组织的个性概念。

三、微笑传播融洽组织关系

在文化人类学看来,关系作为一种文化现象,区别着不同地区、不同时期、不同组织的文化特征,它标志着人类在何处及如何相互合作、相互迁就、相互和合,以及在何处又如何相互分离、相互尊重、相互放任。① 传播学则认为,关系是人类交互的过程,关系是一系列对话,意味着包括谈话在内的多种类型的互动式交流过程。

1. 组织传播中的关系问题

组织传播中的关系,既包括组织内部上下之间的关系和横向的平行关系,涵盖了企业动机、态度以及企业组织设计、绩效、文化、资源配置等方面,还包括建构在组织层次上的对外关系,但主要还是人与所在组织的关系。因为,各种关系的本质,最终还是发生在组织内部的关系互动基础之上的。组织与人的关系,一般是根据以下的关键假设构建起来的:其一,组织的存在是为了满足人的需求,而人的存在并非仅仅是为了满足组织的需求。其二,人与组织相互依存,组织需求思想、活力和技能;而人则需求事业、薪水和机会。当人与组织之间不能很好地相互适应时,其中一方或者双方就会遭受损失。因此,组织的各种关系,既是一个相对独立的系统,又是一个浑然一体、相互蕴涵的合作系统。② 正如塞缪尔·P.亨廷顿(Samuel Phillips Huntington)转引迪·托克维尔所说:"在统治人类社会的法则中,有一条最明确清晰的法则:如果人们想保持其文明或希望变得文明的话,那么,他们必须提高并改善处理相互关系的艺术。"③亚历山大·温特(Alexander Wendt)认为:"许多社会科学传统的中心前提,如文化心理学和认知人类学、认知社会学、后结构主义、维特根斯坦社会心理学、符号互动论、结构化理论、族性方法论等。这些学术传统之间有很大不同,但是它们都假定个体施动者在很大程度上,是由相互之间的关系建构而成的。"④显然,人际关系是渗透在组织传播中复杂多样的事与事之间、人与人之间多维面整合的重要内容。

中国古代的人际关系学说,奠基于夏、商、周三代,形成于春秋战国诸子百

---

① 参见董雅丽、杨魁:《关系文化与关系营销》,中国社会科学出版社 2006 年版,第 8 页。
② 参见胡河宁:《组织传播理论研究的方法与视角》,《新闻与传播研究》2007 年第 1 期。
③ [美]塞缪尔·P.亨廷顿:《变化中的政治秩序》,王冠华等译,三联书店 1989 年版,第 4 页。
④ [美]亚历山大·温特:《国际政治的社会理论》,秦亚青译,上海人民出版社 2008 年版,第 168 页。

家汪洋恣肆时期。比如，老子提出"慈"、"不争"、"少私寡欲"等反自我中心的观点。他们认为，在复杂的人际关系中，如果执着于自我，缺少对他人的同情与理解，他就不但无法爱别人，也无从爱自己。墨家的人际关系理论是"兼爱"，主张爱人如己，即"视人之国若视其国，视人之家若视其家，视人之身若视其身"。墨家还把"兼相爱"与"交相利"结合起来，强调"爱人"不能离开利人，只有尽力地做有利于他人的事，才是真正的"爱人"。法家的人际关系思想表现在很多方面。其中一个十分重要的前提，就是对人性自私的判断。中国传统文化中对人际关系影响较大的理论有《周易》的"守持中道、得位为正"、儒家"仁"、"礼"、"和"等理论。①

"仁"是儒家人际关系中的重要内容。"仁"强调人们在组织人际交往中，要体现出仁爱之心，并将其视为做人最基本的准则。② 仁的直接意义是"二人"，这一语义结构意味深长。仁的更古写法为"忈"，似乎表达的是千心所共有的人性，或共同认可的人性原则。也可以理解为对人性的普遍意识，即仁是人的普遍要求。③ 可以想象，二人关系的人性要求，其实就是众人关系中人性要求的最基本模式，因为二人关系是最基本的人际关系。在二人关系中，另一个人必定是自己的存在条件以及生活意义的条件，失去另一个人只剩下自己的生活，不但没有意义而且几乎不能生存。因此，二人模式也是发展和谐关系的最优模式。在二人面对面的关系中，另一个人就不再是形同路人的"他"，

---

① 重视人际关系是最具特色的中国文化传统。中国人是居于各种人际关系之中的，其中最主要的是五伦关系，即父子关系、夫妻关系、朋友关系、长幼关系和君臣关系。实际上，如果人际关系仅仅是在这一层面定义的话，西方人和中国人就没有什么区别，因为他们也是生活在各种人际关系之中的。问题在于，中国人的人际关系有其深刻而明确的伦理含义，如为父要慈、为子要孝、为君要仁、为臣要忠、为夫要义、为妻要从、为长要惠、为幼要顺、为友要信等。因此，中国人的人际关系就是一些重要的、基本的伦理道德关系，从而提供人们活动的游戏规则。当一个人处于任何一种人际关系时，客观上就已经确定了他自己在这种人际关系中的位置以及他应尽的责任和义务。（参见胡河宁、孟海华、饶睿：《中国古代人际传播思想中的关系假设》，《安徽史学》2006 年第 3 期；王辉：《组织中的领导行为》，北京大学出版社 2008 年版，第 187 页。）
② 参见胡河宁、孟海华、饶睿：《中国古代人际传播思想中的关系假设》，《安徽史学》2006年第 3 期。
③ 从千心变化而为仁，关于其中的理由似乎并无确切记载，但从《论语》讲"仁"达 109 次之多以及孔子的学生不断问仁，至少可以说明孔子对仁的用法包含有新的含义，所以需要不断解释。

而变成了与我息息相关的"你"。因此二人模式是个"我与你"的亲密关系模式,其中人与人之间的互相尊重和关心成为无条件的。① 正是基于二人模式的条件,孔子才能够说出"己所不欲,勿施于人"(《论语·颜渊》)、"己欲立而立人,己欲达而达人"(《论语·雍也》)这样的道德完美主义原则。

"礼"则充分表达了心灵的实践原则。礼的精神实质是人际关系的互惠性,所谓:"礼尚往来,往而不来,非礼也;来而不往,亦非礼也"(《礼记·曲礼上》)。这种中国式的互惠性,虽然也包括经济意义上的互惠,但似乎更强调心灵之间的互惠,即心灵的互相尊重和应答。这种关系是无法计算的,只能凭人的直觉感知。② 因此,经济上的互惠能够带来利益,心灵的互惠则产生幸福。所以,心灵互惠是更加深刻的互惠。由礼所规定的社会关系被认为是最优的,自愿原则是其中一个重要原则。这个原则虽然一直没有被充分表述,但它是明显存在的。如《礼记》所说:"同则相亲,异则相敬……礼者殊事,合敬者也,乐者异文,合爱者也。"(《礼记·乐记》)又曰:"礼,闻取于人,不闻取人,礼,闻来学,不闻往教。"(《礼记·曲礼上》)等待别人来学,与强加于人显然是完全不同的原则。③

"和"的本意是一个由对立达到统一的过程。"和"被引申到社会生活中的人际关系领域,则被解释成"和谐"、"和合"、"揖让"、"融合"等,反映了人的重要德行和态度。任何关系只有求得和谐才有价值。在天人关系方面,"和"的主导思想是天人协调;在人际关系方面,"和"强调"和为贵",注重人己物我之间的和谐共处。在"和为贵"思想的影响下,中国古代对于人与人之间、组织与组织之间、自然界与人类社会之间的传播交往等方面,既倡导"和"的态度,更强调以"和"为理想境界和最高追求。可以说,"和"这种状态,是古代中国关于自然、人类社会以及二者之间传播交往的美好设想。孟子特别强调:"天时不如地利,地利不如人和……威天下不以兵革之利。得道者多助,失道者寡助。寡助之至,亲戚畔之;多助之至,天下顺之"(《孟子·公孙丑下》)。这里的"人和",指组织

---

① 参见赵汀阳:《天下体系》,江苏教育出版社 2005 年版,第 81 页。
② 参见[美]理查德·刘易斯:《文化驱动世界》,李家真译,外语教学与研究出版社 2007 年版,第 138 页。
③ 参见赵汀阳:《天下体系》,江苏教育出版社 2005 年版,第 83 页。

各阶层人际之间传播交往的协调和融洽。孟子在这里把"人和"提到决定事业成败的高度,具有深刻的洞察力和高明的预见性。

现代社会组织则是人的群体活动的形式和框架,是一个行政系统中权威的和惯常的人际关系结构。[①] 任何时候,只要人以群体的形式出现,就包含着人际关系问题。因此,西方许多社会科学传统的中心前提,如文化心理学和认知人类学、认知社会学、后结构主义、维特根斯坦社会心理学、符号互动论、结构化理论、族性方法论等。这些学术传统之间有很大不同,但是它们都假定个体施动者在很大程度上是由相互之间的关系建构而成的。[②]

法国学者米歇尔·克罗齐耶(Michel Crozier)认为,组织关系中的传播与互动,宛如一种游戏,游戏中的每一个人都与他人相互依存。"一方若要获取胜利,或要保全自己的地位,就必须考虑到另一方可能作出的诸种反应。社会生活加诸于我们身上的这类游戏,有其自身的规则,这些规则独立于我们而存在。这类游戏受到我们无法直接接触的诸种机制的管制、指导、修正,并由这类机制加以维系。这些游戏是诸种系统的底层结构,我们在这类结构之中,来安排组织诸种活动,这类结构包括最为宏大的、最为复杂的系统,即整个社会。"[③]随着组织环境复杂性的演变,我们生活在一个人际关系激增的中心地带。我们的社会所呈现出来的一切组织形式,都具有一种共享的特征:合作伙伴成倍增多,游戏的复杂程度日益加剧。这类特征是一种趋势的产物,并且呈现出进一步加剧的趋势。从某种意义上说,这种趋势导致组织中的人际关系出现巨大差异,组织系统运行模式发生巨大变化。英国学者查尔斯·汉迪(C.Handy)在明尼波利斯一个野外的雕刻公园看到一座铜铸的"空雨衣"时,马上联想到空雨衣正是变革时代组织关系传播中无法摆脱的悖谬的象征。[④]

---

① 参见彭和平等编译:《国外公共行政理论精选》,中共中央党校出版社 1997 年版,第 188 页。

② 参见[美]亚历山大·温特:《国际政治的社会理论》,秦亚青译,上海人民出版社 2008 年版,第 168 页。

③ 参见[法]米歇尔·克罗齐耶:《法令不能改变社会》,张月译,上海人民出版社 2008 年版,第 2 页。

④ 参见[英]查尔斯·汉迪:《空雨衣——变革时代的商务哲学》,江慧琴、赵晓译,华夏出版社 2000 年版,第 217 页。

当组织或个人整天忙忙碌碌、失去自我、忘记自己本来的角色,只把自己当作是社会进步的必要元素、无名无姓的工作角色、政府报告中的统计数字时,无论是组织还是个人实际上已经变成了纯粹的工作机器,除了工作外生命不再有别的含义。因此,组织中的个人就容易迷失自我,迷失最本质的东西。组织中的人际关系和人际之间的情感,极有可能沦为"空雨衣"。克罗齐耶因此提出:"我们的使命在于,创建一种新型的规则与管理模式,使之能够取代传统的模式。更为重要的是,要培植一种新的行动的能力,而不是去选择那些本身无比美妙的目标。"①虽然,"我们不能凭借恢复传统价值的努力,来抵消巴别塔效应。我们必须运用其他的模式进行实验,以此来管理我们的组织机构与整个社会"②。

2. 微笑融洽组织中的人际关系

1926 年,洛克菲勒基金会为哈佛大学工业心理委员会提供了一项连续 5 年、每年 10 万美元的资助项目,这些研究后来被称为霍桑实验。实验注重研究现实的工作情况:人们如何在工厂里工作?人们在实际工作中关心什么?什么因素能激励人们进行工作?影响人们精神和生产力的因素是什么?研究发现,人们到工厂来工作,并不是仅仅带着一双手来,而是揣着一颗活跃的"心"而来的。如果管理者能主动与员工交流,让员工人尽其才,他们就会取得更大的成绩,创造更高的生产力。因此,研究者呼吁,不要再把员工仅仅当成机器的一部分,而要把他们看作是有自己的愿望和需要的有感情的生物。③因为,当管理者把整个企业的分工进行了彻底合理化以后,引起企业骚动的推测完全是分工以外的其他因素—企业内部的各种关系。从此,组织中的人际关系问题逐渐进入人们关注的视野。

一个多世纪过去了,我们正清楚地感受到了一个靠金钱就能使员工更卖

---

① [法]米歇尔·克罗齐耶:《法令不能改变社会》,张月译,上海人民出版社 2008 年版,第 10 页。

② [法]米歇尔·克罗齐耶:《法令不能改变社会》,张月译,上海人民出版社 2008 年版,第 23 页。

③ 参见胡河宁:《组织传播学——结构与关系的象征性互动》,北京大学出版社 2010 年版,第 42—43 页。

力地工作的旧世界逐渐逝去,一个重视员工情感和心灵感受的新世界正悄然走近。如今可以肯定的是,工作中的自主性、发展自我的机会、自己的成绩得到承认和赞扬等,可以使员工的积极性、劳动乐趣和职业道德得到很大提高。也就是说,企业内部的和谐关系与个人的成就感,比工资和薪水更能提高员工的积极性和工作热情。20世纪末在德国学者的一次调查中,9000名德国大学生被问到他们首次择业中"很重要"的关注是什么。结果表明,钱只是很次要的因素,工作乐趣、良好的企业环境、有意义的工作、提高素质的机会、选择的自由和独立发展的可能性才是大学生更想要的。① 21世纪以来,国内众多学者运用实证研究方法对中国企业价值观维度进行了有益的探索,按照埃德加·沙因提出的外部适应和内部整合两大功能价值,对这些研究成果进行分类,得到了表4-1这份统计资料。② 资料表明,在企业外部适应维度,员工最感兴趣而且越来越感兴趣的是企业的顾客导向战略和创新目标,而在企业内部整合维度方面,关系和谐、员工发展与企业文化认同出现的频率很高,其次才是福利和金钱。

表4-1　中国企业文化维度

研究者	研究主题	外部适应维度	内部整合维度	资料来源
忻榕等 2002	中国国有企业文化	顾客导向、结果导向、实用主义、创新、未来导向	和谐、贡献、员工发展、领导行为、奖酬导向	忻榕、徐淑英:《国有企业的企业文化:对其维度和影响的归纳性分析》,载于《中国企业管理的前沿研究》,北京大学出版社2004年版。
魏钧等 2004	传统文化与企业价值观	客户导向、创新精神、社会责任、变中求胜、争创一流	遵守制度、内部和谐、平衡兼顾	魏钧、张德:《中国传统文化影响下的个人与组织契合度研究》,《管理科学学报》2006年第6期。

---

① 参见[德]迪特·赫尔伯斯特:《内部交流》,葛平竹、王草译,中国劳动社会保障出版社2002年版,第50页。
② 参见王长斌:《谈中国企业价值观维度及其来源》,《商业时代》2012年第12期。

续表

研究者	研究主题	外部适应维度	内部整合维度	资料来源
孙海法等 2004	中国民营企业文化	顾客导向、诚信为本、社会责任、持续发展、变革创新、追求卓越、求真务实	团队协作、奉献精神、重视人才、文化认同、要求一致	孙海法、戴水文、童丽:《民营企业组织文化价值观的维度》,《中山大学学报》(社会科学版)2004 年第 3 期。
刘理晖等 2007	中国国有企业文化构成	客户—自我、竞争—合作、学习—经验、长期—短期、创新—保守、结果—过程、开放—封闭、道德—利益	集体—个人、制度—领导权威、关系—工作、员工成长—员工工具	刘理晖、张德:《组织文化度量:本土模型的构建与实证研究》,《南开管理评论》2007 年第 2 期。
周毅 2007	中国企业文化结构	客户导向、社会责任、学习和创新、使命与愿景	规范管理、团队合作、员工导向、组织认同	周毅:《中国企业文化要素与绩效关系研究》,暨南大学博士论文 2007 年。
戴化勇等 2010	中国企业文化维度	社会责任、学习与创新、目标与愿景、客户导向	团队合作、组织认同、规范管理、员工导向	戴化勇、鲍升华、陈金波:《中国企业文化的测量与评价》,《统计与决策》2010 年第 17 期。
王长斌 2010	山东企业文化维度	客户导向、追求卓越、创新变革、快速竞争、社会责任、诚信共赢	团结实干、仁爱亲善、道德自律、负重自强、制度控制	王长斌:《企业文化区域性及其形成机制研究》,经济管理出版社 2010 年版。
徐尚昆 2011	企业文化的本土分析	组织学习、创新变革、顾客导向、诚信、战略/目标、社会责任	投入/贡献、团队精神、员工导向、领导、协调沟通、核心价值观	徐尚昆:《组织文化与员工行为》,中国社会科学出版社 2011 年版。

　　另外,现代社会是一个工作节奏日益加快、生活压力与日俱增的世界,是一个既没有笑,又没有眼泪,更没有感情的世界。中国社科院政治学研究所曾针对基层公务员价值观、心理健康、幸福感、工作倦怠感和角色压力等方面的问题,先后在黑龙江、山西、山东、安徽、浙江、福建、湖北、陕西、湖南、云南 10 个省份,对当地县处级以下(含县处级)公务员进行问卷调查,调查规模累计 2482 人次。其中"工作倦怠"意指个人在工作过程中所表现出来的身心疲惫、工作投入低、不良的服务态度和人际关系等状态。其实,它是任何类型的职业

群体都可能隐含的职业症状。调查发现,79.89%的基层公务员或多或少存在有轻度工作倦怠的现象,而表现出重度工作倦怠的基层公务员比例占6.40%。① 这个调查数据是很惊人的。试想,一群身心疲惫、工作投入低、服务态度和人际关系都不在理想状态的公务人员,相当于一群不会笑、不会哭的人,又怎能给予社会上的他人以可靠可信的关怀与承诺呢?

管理是一种实践艺术,它必须针对现实存在的问题和矛盾给予及时的回应,它需要管理者开动脑筋去思考,并以恰当的方式使问题得以解决。200 多年来,管理学研究一直将重心放在分析外在因素和技术推理上。随着社会技术的发展,管理人性化的一面逐渐凸显出来。管理学家开始从传播学中汲取养分,将目光转向精神、情感以及直觉等方面的沟通交流,以此推动组织内部人际关系的改变。

科学研究表明,加强工作中的传播交流能够使工作本身更加令人舒心。一般来说,组织中的传播交流是一个形成信息的过程,它引起人们对信息本身和信息发布者作出反应。作为一种过程,组织中传播交流所涉及的是把当前的交流与先前的交流进行关联。这种关联是通过信息的发布者及时处理信息的方式进行的,而信息接收者自然而然地通过活跃于自己个性中的心理结构对所过滤的信息进行关联。与那些怀有消极人生观的人相比,思想积极的人会以迥然不同的方式对信息进行诠释。所以很难想象会有完全不受干扰的信息。形成的信息也许就是事实、概念、思想或影像,它构成了交流的内容,而风格用于讲述故事、叙述某一事件、描述某种行为或提出一个问题。反应总是个人化的,因为它涉及对信息的诠释以及对信息发布者本人的评价。② 当然,组织中这种交流的目的,在于引导人们的态度。态度是后天形成的对某个人(如上司、老板或员工)或某个事物(如一家企业)的长期不变的看法和姿态。态度有褒的,有贬的,也有中立的。③ 有效的交流能够对态度进行引导。如果

① 参见郑建君:《中国基层公务员心理状况调查报告》,《光明日报》2013 年 1 月 22 日。
② 参见[美]罗纳德·W.瑞博:《学校管理者的人际关系》,中国轻工业出版社 2006 年版,第 155 页。
③ 参见[德]迪特·赫尔伯斯特:《内部交流》,葛平竹、王草译,中国劳动社会保障出版社2002 年版,第 16 页。

老板与某位员工谈心,这名员工就能更理解自己的工作,也会更喜欢它,并且会更加心甘情愿地干自己的工作。如果员工与老板交流,他就能让老板理解他的工作,也能使老板对他的能力产生信任。① 而在这种交流互动过程中,能够用发自内心鼓励的、赞美的或者是谦虚的微笑,创造出一种相互理解的环境,就可以更有效地将员工的情绪调动起来,使之转化为一种激情。所以,微笑管理从本质上讲,就是创造体谅、创造理解,以此激发出员工的热情,并将这一热情转化为能量,以此将员工的潜能充分释放出来,使之发出灿烂的光芒。微笑管理正是通过营造出一个宽松的文化氛围,让组织中的每一个人都精诚团结,不断开创出新的业绩。

　　行为生物学家西尔维亚·卡多索(Silvia Cardoso)对于微笑有深入的研究。她认为,微笑是社会的润滑剂,微笑传递着快乐和有关社会关系的信息,而且微笑是可以超越管理层级限制的。她甚至认为,在所有文化中,"社会统治者,从老板到部落酋长,都使用微笑来控制他们的部下"②。微笑如此强大,能造成如此有利的结果,部分原因是由于它会通过多种途径影响我们身边的人。正如有学者所说的:"脸部有着全身上下唯一用来打动他人而非运动自己的骨骼肌。"③当有人微笑的时候,微笑的接收者往往受到积极的影响:或是郁闷的心情烟消云散;或是歉意被人接受;或是动摇的自信心得到支持;或是一笔交易一锤定音;或是相互吸引的两人彼此确定情意;或是一份贡献得到承认;抑或是在座的各位都可以松一口气了。虽然微笑的恬静美好广为人知,但是在融洽组织内部的人际关系方面,一个微笑远不仅是一个简单、令人愉快的面部表情而已,它经常发挥着团结彼此、化解矛盾的角色,尽量这方面的作用常常被人低估。因此,在微笑传播过程中,组织的领导者在沟通交流方面所付出的努力,和他们对微笑重要性的理解是成正比的。人们越是重视微笑传播,也就越能有效动员组织内部的充满活力的资源。在

---

① 参见[德]迪特·赫尔伯斯特:《内部交流》,葛平竹、王草译,中国劳动社会保障出版社2002年版,第16页。

② [美]理查德·韦斯特、林恩·H.特纳:《传播学理论导引》,刘海龙译,中国人民大学出版社2007年版,第68页。

③ [美]拉夫朗斯:《微笑背后的心理学》,路通译,中国轻工业出版社2014年版,第2页。

一个冲突泛滥、消极与报复占主导的情形下，一个人可能会通过刻意地微笑，改变气氛，甚至改变事情的结果。甚至，"激辩过程中的微笑也许可以产生和解的可能性"①。

当然，微笑传播在融洽组织关系处理方面，是一个社会渗透的过程（如图4-4所示）。我们都知道，组织中的人际关系发展是一个系统的、循序渐进的过程，人们是否保持一定关系的决定也不是迅速作出的。当然，并不是所有的关系都要经过这些过程。②

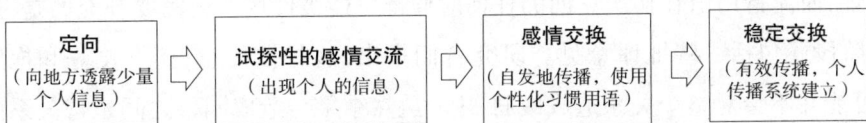

定向 （向地方透露少量 个人信息）	试探性的感情交流 （出现个人的信息）	感情交换 （自发地传播，使用 个性化习惯用语）	稳定交换 （有效传播，个人 传播系统建立）

图4-4　社会渗透的过程理论

社会渗透理论可以在组织传播的上下级关系、客户关系、医患关系中加以应用（如图4-4所示）。关系互动的第一个阶段叫作定向阶段。当发生在组织内部的时候，只有少量的个人信息会透露给他人。在这个阶段，评论一般都是非常表面化的客套性的陈词滥调。人们一般按照社会组织可以接受的方式行动，非常谨慎地不去破坏任何社会期望。此外，在定向阶段个人会愉快地微笑，对人十分礼貌。第二阶段是试探性的感情交换阶段。随着个性逐渐充分展现，组织中的自我会进一步暴露在他人面前，过去属于私人的现在成为公共的。这个阶段也包括语言行为和非语言行为。人们会使用一些表现关系特殊性的流行短语。这时的传播沟通具有一定的自发性，因为人们更加放松，也不太担心自己会无意中说出令人觉得遗憾的话。此外，传播中会出现更多的情感接触和表达，比如面部更多的微笑表情。然而，组织中的许多关系往往就停留在这个阶段，不再前进。第三阶段是感情交换阶段，包括那些更加"自由和随意"的互动，因为这一阶段的沟通经常是自发的，决策速度很快，经常不必

---

① ［美］拉夫朗斯：《微笑背后的心理学》，路通译，中国轻工业出版社2014年版，第193页。
② 参见［美］理查德·韦斯特、林恩·H.特纳：《传播学理论导引》，刘海龙译，中国人民大学出版社2007年版，第196页。

通盘考虑对整个关系的影响。情感交换阶段对彼此将承担更多义务,互动中双方的感觉也会更好一些。这一阶段包括各种微妙的关系,这使其十分独特:同事间的一个微笑,可能会代替"我理解"这句话,而同事之间的一个注视眼神,也可能会被理解为"我们先忙完手边的任务,等会儿再讨论这个问题"。我们还可以发现个人会更多地使用个性化的习惯用语,这是一种通过个人化的单词、短语或行为表达关系的方法。同事之间的这些习惯用语,不同于在试探性的情感交换阶段里谈到的流行短语,因为习惯用语是更加牢固的关系的表现,而流行用语在初次见面的任何时候都可能被使用。还需要补充的是,这一阶段还包括一些批评意见。研究者们指出,这些批评意见、不友好和抱怨"可能并不会对整个关系造成威胁"①。虽然结果会造成同事之间亲密关系的破裂,但是大多数人还不至于如此脆弱。第四个也是最后一个阶段是稳定交换阶段。组织传播过程中,只有极少数的关系才能达到这一步。稳定交换阶段指的是由高度的自发性和关系的独特性导致的自由地表达自己的想法、感觉和行为。在这一阶段,双方达成高度的亲密感和一致性的默契。也就是说,人们的行为有时会不约而同,双方都能够比较准确地评价和预测对方的行为。社会渗透理论认为,在这一阶段极少产生对传播意义的错误理解。原因十分简单:交流双方都具有无数的机会来澄清之前不清楚的地方,并且开始建立属于个人的传播系统。只有这样,才会导致高效率的传播行为。在稳定交换阶段,意义十分清晰,不会发生误解。

总之,微笑是一个人内心真诚的表露,它不花费什么,却可以在组织中创造许多成果。它可以丰富那些接受的人,而又不使给予的人变得贫瘠。它在一刹那间产生,却给人留下永恒的记忆。因此,微笑是组织内部人际交往的魔力开关,只要你轻轻一笑,就胜过千言万语。在某种意义上,组织与人一样,作为一个有机体,同样有着生老病死。如何让我们的组织在激烈的竞争中生存下来,答案只有一个,便是组织内部上下左右的共同努力,组织的成功取决于组织中的每一个人。即使是在组织面临最困难的时刻,积极的态度可以联络

---

① [美]理查德·韦斯特、林恩·H.特纳:《传播学理论导引》,刘海龙译,中国人民大学出版社2007年版,第196页。

更多的社会纽带,真诚的微笑可以激发员工内在的潜能,并有效地将员工最大限度释放出的创造力整合在一起,形成组织合力,从而推动组织不断向着健康的方向发展。

第五章 安徽省"微笑高速"的企业文化建设

在人类文明高度发达的今天,高速公路作为文明发展程度的重要标志,既是经济生产和社会生活的基础设施,也是舆论影响和文化交流的重要场所和通道。高速公路管理过程中产生的先进的精神文化,包括思想、道德、价值观念、人际关系、精神风貌以及与此相适应的组织和活动,它是当代社会文化与高速公路管理实践相结合的产物,是建立在高速公路管理理论与实践之上的新的管理哲学、管理思想、管理观念,是一种思想导向和精神力量,是高速公路管理单位的精神财富和灵魂支柱。

近年来,安徽省高速公路控股集团总公司(以下简称"安徽高速")党委奉行"重道笃行,通达致远"的核心价值观,秉承传统文化创新及高速文化传承,积极开展行业文明创建活动,实施规范化管理,倡导文明优质服务。安徽高速扎实开展"微笑服务、温馨交通"活动,通过"一笑、二礼、三心、四创"的方式,精心打造"微笑高速"品牌,焕发了员工队伍的精神风貌,提高了收费岗位的工作效率,营造了文明和谐的收费环境,增强了企业的凝聚力和向心力,促进了企业文化建设,展示安徽高速的良好窗口形象,为全省交通行业形象和安徽形象的提升作出了积极贡献。体现了安徽高速企业文化建设的价值与意义。

一、安徽省创建"微笑高速"文化概况

很多人对高速公路收费站的印象是:冷冰冰的收费人员正襟危坐,理所当

118

然地向你收费,认为贷款修路,收费还贷,天经地义。司乘人员却认为,高速公路是公共基础设施,应该免费,或者少收费,于是把收费员看作眼中钉。此外,围绕着车的类型、是否超载、是否属于应该免费的绿色通道车辆等一系列问题,收费员和司乘人员时而发生争吵,甚至出现一些司乘人员殴打和辱骂收费员的恶性事件。这些事情从小的方面说,增加了企业经营管理的难度和成本,影响了高速公路企业形象;从大的方面说,也产生一些社会矛盾和问题。

面对这种局面,安徽省高速公路控股集团有限公司(以下简称"安徽高速")勇于创新、大胆实践,不断探索提高一线服务质量的方式方法,从使用文明用语到提倡委屈服务,再到形成一整套微笑服务的规范体系,服务理念不断升华,服务水平不断提升,创出了"微笑高速"的品牌形象,对交通行业文明服务水平的提升起到了示范带动作用。

2007年12月,安徽高速所属合肥管理处启动了"使用文明用语,展示微笑服务"劳动竞赛活动。"比一比!看一看!谁的笑容最灿烂?谁的声音最悦耳?谁的动作最规范?"活动伊始,道口收费这一单纯机械的工作忽然变得不同于以往了。"微笑攻势"的效果出乎所有人的预料,进出省城合肥的司乘人员很快就感觉到了高速公路收费站耳目一新的微笑服务方式。那些挂着甜美亲切笑容的收费员,她们特别用心服务,显得分外美丽,由此产生了巨大的磁场,温暖感化着过往司乘人员。从此,收费窗口争执少了、投诉少了、矛盾少了,社会满意度直线上升。

2008年10月,安徽高速在总结合肥管理处使用文明用语的劳动竞赛经验的基础上,正式试点开展"微笑高速"服务,达到了良好的社会效果:"安徽人真热情",南来北往的人们这样称赞。"看到你们的微笑,我一下子就觉得不再困了",驾乘人员由衷表示。"一路走来都是灿烂的笑容,让我感到如沐春风,如沐春雨",过往旅客如此评说。2009年年初,安徽高速在试点成功的基础上,将"微笑服务"全面推广到所辖各收费所和服务区,全面创建"微笑高速"的企业文化。

安徽高速的企业文化手册这样写道:"作为公路交通服务型企业,公司的本质和内涵就是为社会提供安全、便捷、舒适的交通服务。我们要通过微笑服务实现服务客户、服务民生、服务社会的坚定信念,促进社会和谐。微笑服务蕴含着我们对以人为本的深刻理解,微笑服务不仅是一种服务行为,更是一种待人以诚、与人为善、对人关爱的博爱情怀。我们通过微笑的无声力量,让行色匆匆的司乘人员拥有一段温馨的旅程,让来自东西南北的物流和人流和谐畅通。我们用微笑服务万千人家,用真诚传递人间温情,让大爱薪火相传,促进社会和谐发展。"他们正是用微笑演绎着"关爱社会、关爱客户"的真诚服务,让温馨铺满千里高速。对安徽高速来说,开展微笑服务、促进社会和谐,不仅体现着企业的精、气、神,也是企业文化最富活力的部分,"用心微笑,真诚服务"的服务理念引领着企业更好地服务社会、勇担社会责任,在树立安徽高速企业良好形象的同时,也创建了全国交通运输系统的一块金字招牌。目前,"微笑服务,温馨交通"活动已经成为安徽省行业精神文明创建的标杆。不仅如此,"微笑服务"也逐渐走向全国,成为全国交通运输系统倾力打造的交通运输的十大文化品牌之一。

"微笑服务"经历了由先期试点到面上推广、由总结摸索到探索创新的一系列发展过程。如今,"微笑服务"成了安徽高速的代名词,一面金字招牌,受到了社会的广泛关注和称赞。近两年,兄弟省份的同行们和其他行业纷纷来到安徽高速所辖的十七个公路管理处和各所属企业参观学习。中央主流媒体《人民日报》、《新华每日电讯》、《工人日报》、新华网等也纷纷撰文报道微笑服务工作的开展。在 2009 年召开的中国中部投资贸易博览会期间,安徽高速的微笑服务受到国家部委和中部各省份的各级领导和各方客商高度评价和广泛赞誉。会后有人向安徽省省长说,来到安徽合肥,第一个展示新安徽、新合肥的就是你们高速公路收费道口的微笑服务。省长感慨地说:"没想到开这样一个会议,受表扬最多的还是省高速集团的高速公路收费站。"

2009 年 11 月 21 日,交通运输部在合肥召开文化建设示范单位座谈会,安徽开展的"微笑服务、温馨交通"得到了交通运输部的盛赞,也赢得了其他省市交通部门的高度评价。

2009 年 10 月 27 日,在安徽省委八届十二次全会上,时任省委书记称赞"微笑服务"开展得好,他说:"省高速集团开展的'微笑服务',不仅树立了企业良好形象,还展示了安徽人的良好精神风貌。微笑是一种无声的交流,能拉近距离,让人感到亲切和温暖。这是工作方法问题,也是工作作风问题。"

2010 年 1 月 11 日,安徽省省长专程赶赴包河大道收费站实地考察微笑服务,在充分肯定微笑服务的同时,提出要"深化内涵,发自内心,讲求实效,快捷畅通",切实把高速公路打造成运营高效、文明有序的快速通道。

2010年9月18日,5年一度的全国交通运输系统精神文明建设大会在合肥隆重召开。会议期间,交通部领导率代表团参观考察安徽高速合肥管理处金寨路、包河大道收费所,对"微笑服务,温馨交通"活动给予了高度评价,勉励大家把"微笑服务,温馨交通"活动深入持久地开展下去,把微笑服务的文明创建成果推向全国交通运输行业。

2010年,安徽高速集团获得全国交通运输行业文明单位光荣称号,合肥管理处获得全国交通运输行业文明示范窗口光荣称号,合肥管理处包河大道所收费员张楠楠因出色的服务被评为"全国用户满意服务明星"。

微笑是心灵的钥匙,是沟通和谐与传递温馨祝福的桥梁。在飞跃天堑、车流不息的安徽高速大动脉上,收费站俨如一个个温馨驿站,当风尘仆仆、脸上写满疲惫的驾驶员踩下刹车,三尺收费亭内,工作人员绽开的是一个个温馨甜美的笑靥。"朱唇未启笑先闻",这花一样的笑容,将芬芳和友爱传递,将疲惫与烦恼驱散,将温馨铺满千里高速,彰显出"重道笃行"的安徽高速集团的服务理念——用心微笑,真诚服务。安徽高速公路以灿烂的微笑、温馨的问候、人性化的服务,给广大司乘人员留下了美好印象,历经岁月洗礼而愈见夺目光华,安徽高速集团"微笑服务"先行于行业而享誉于中华大地。

安徽高速坚持以"高速先行,引领安徽崛起;微笑服务,促进社会和谐"为使命,这既是企业存在的价值和意义,更是企业终极责任的集中反映,这也决定了日常行动的基本职责和核心内容。这就要求公司坚持推进微笑服务,建立微笑服务长效机制。将微笑服务的理念从一线向全员扩展,使全体员工深刻领会微笑服务精髓,笑对客户和同事、笑对工作和生活,使微笑服务内化为全员的日常修养,外化为企业的形象和竞争力,推动企业持续健康发展。

二、微笑传播与高速企业文化价值观

企业文化是一种思想活动,是对美和高尚情感的接受,是企业全体员工对各种结果的一种共同感受,是企业群体在长期生产经营中形成的一种信念和不懈追求,是企业基于自身具有的性质、宗旨、时代要求和发展走向,经过长期精心培育而逐步形成的企业价值观念的外化。它往往是用简洁明了的语言,表现出企业在一切行为和观念中的主导意识、价值取向。塑造企业精神,要有鲜明的个性,应产生于、存在于、体现于本企业的生产经营中,共享的企业文化能够使全体员工采取集体的共同的行动。

1. 企业文化的概念

文化的概念有着悠久的历史。人类学家最早通过"文化"这一概念来研究不同群体、部落、种族或民族之间的差异。之后,社会学家将"文化"的概念运用到更专业的范围,如研究正式运作组织内部的行为及其思维模式。他们的研究假设是:每个组织或者机构通常都具有明确的身份特点,并通过组织所属成员的思想、行为和规范模式等方面显现出来。文化这个概念有助于研究者理解这些不同的模式,了解它们的深刻含义,探讨它们是如何形成的,以及如何影响人们的行为方式。其实,还有更多的学者都介入了文化问题的研究。由于不同学科的研究视角各有不同,这就造成了文化概念有很多定义。比如,有的学者认为文化是一个价值网,我们所有人都在其驾驭之下;有的则认为文化的定义很简单,就是我们"行诸事所围绕的核心"①;也有学者将其定义为使团体紧密相连的共有信仰和价值观②。

埃德加·沙因(Edgar Schein)是西方组织文化学派的先锋人物。早在 20 世纪 60 年代,沙因就致力于组织理论的研究。当时,他注意的中心是组织中的专业化和社会化问题。这一时期,他研究过大学毕业生的岗前培训、职业变化中个体与组织需要等方面的关系问题。这些研究课题虽然当时还没有完全明确打上组织文化的印记,但它却是通向后来组织文化研究的重要环节。沙因认为,文化是组织在学习解决外部调适与内部整合问题时,所创造发现或发

---

① [美]特伦斯·迪尔、肯特·D.彼德森:《校长在塑造校园文化中的角色》,王亦兵译,中国青年出版社 2006 年版,第 13 页。

② 参见[美]特伦斯·迪尔、肯特·D.彼德森:《校长在塑造校园文化中的角色》,王亦兵译,中国青年出版社 2006 年版,第 12 页。

展出来的一套基本假设模式。他说:"文化可以被定义为:在解决它的外部适应和内部整合问题的过程中,基于团体习得的共享的基本假设的一套模式。这套模式运行良好,非常有效。因此,它被作为对相关问题的正确的认识、思维和情感方式授予新来者。"①"如果团体没有共享的假设,那么会有这种情况,即新成员与老成员的互动将成为一个更富创造性的文化创建过程。而一旦有了共享假设,文化就会通过不断传授给新成员一直流传并存在下来。就这一点而言,文化是一个社会控制的机制,是明确地操纵员工以某种特定方式认识、思维和情感的基础。"②当然,任何文化模式都不是一朝一夕发展起来的。比如在企业,它是通过领导者、员工以及关键人群通过创新、推广、培养或改造基本规范、价值观、信仰和假设而逐渐形成的。因此,企业文化是员工与管理人员通过共同努力,在日常管理、危机处理和取得成绩的过程中,逐渐创立起来的传统和仪式的复杂模式。成熟的文化模式具有高度的持久性,对人们的行为会产生重要的影响,并能塑造人们的思维、行为和感觉方式。从沙因的论述中,我们可以体会到文化的至关重要性,因为它是强大的、潜伏的并且经常是无意识的一组力量,它不仅决定了个人和集体的行为、感知方式、思维模式和价值观,还决定了企业发展的目标、战略和运营模式。因此,它也决定了安徽高速微笑文化建设的意义。

2. 高速公路企业与文化建设

1988年10月31日,上海至嘉定长度为18.5公里高速公路的建成通车,标志着我国内地有了自己的高速公路。此后,全国高速公路建设有了突飞猛进的发展,目前总里程位居世界第二位。曾经在国人眼里很遥远、很陌生的高速公路,经过20多年的建设已经异军突起,成为人们客运出行和物流货运的首选方式。随着国民经济的快速发展与人民物质生活水平的逐步提高,高速公路越来越显示出它对国家、区域经济发展以及社会公众出行的重要作用,高

---

① [美]埃德加·沙因:《组织文化与领导力》,马宏宇等译,中国人民大学出版社2011年版,第13页。

② [美]埃德加·沙因:《组织文化与领导力》,马宏宇等译,中国人民大学出版社2011年版,第14页。

速公路的建设和发展也成了衡量国家经济发展水平的风向标。

目前,我国高速公路的管理者,既有国家事业单位、国有企业,也有合资公司和上市公司等多种管理形式。无论哪种管理形式,其管理宗旨都是把充分发挥高速公路的服务功能,最大限度地为国家、区域经济发展,以及社会公众出行提供优质文明的服务,最终实现高速公路的社会效益和经济效益为己任。众多高速公路运营管理者们都意识到,要实现高速公路社会效益与经济效益的最大化,其首当其冲的任务就是要不断锤炼队伍,提升高速公路现代化运营管理水平。而如何提高运营管理水平,又成了每一个高速公路管理者都在深思的问题。

从人类文明发展历史看,道路是人类文明发展的重要基础,它既是生产生活的必备设施,也是文化形成与传播的重要场所和通道。在信息传播高度发达的今天,高速公路是现代化交通设施,同样也是现代化的文化传播的重要通道。以高速公路本身及以其为依托的各种媒体资源,在现代传播中占有重要地位。开发运用得当的话,高速公路的交通设施和路域空间就可以成为文化传播的载体,为国家建设和区域经济发展创造巨大财富。

以往人们对于高速公路建设与管理的研究,仅仅将高速公路视为一种交通设施,很少从文化传播的渠道进行深入分析。由此导致了"高速公路建设得很快,很宏大,很洋气,但遗憾的是其文化含量少,管理方式落后,管理手段粗暴,路、桥、站、场处处可见的都是一些缺美感少创意的广告牌子"[1],这无疑既会损害地方形象,更会影响社会与经济的持续发展。随着交通事业日新月异的发展,尤其是国家高速公路网的不断完善,各地纷纷借助高速公路展现地方经济特色文化,促进地域经济、文化及旅游业的发展,呈现出了丰富多彩的路域文化特色[2],并逐步提出路域文化的概念。高速公路的路域文化,既是一种具有特殊内涵和表现手段的文化,也是人们凭借特定路段内的交通活动与交通资源,进行文化创造与传承的精神财富的总和。显然,高速公路的路域文化建设应当融入整个地方形象建设机制和交通安全建设之中,加以统筹考虑。

---

[1] 张荣学、亓名杰:《论城市形象建设》,《城市问题》1996 年第 15 期。
[2] 参见曹胜斌、李磊、刘庆法:《高速公路路域文化探析》,《长安大学学报》(社会科学版)2006 年第 2 期。

　　在新中国成立以后的很长一段时间,中国企业并没有建立属于自己的有特性的企业文化。如果有,那也只有不过是政治文化或社会一般文化在企业中的翻版和复制。改革开放以来,尤其是 20 世纪 90 年代以后,随着市场经济观念及西方管理思想进入中国,数不胜数的企业管理理念纷至沓来。不管是自愿还是被迫的,大大小小的企业都在接受这些物质的和精神的产品所带来的思想改造。企业文化这样一种前所未有的文化现象,开始进入企业家的生活与思维空间。在某种意义上,我们的改革开放,其实就是在接受一种前所未有的新文化、新思想的熏陶。因为隐含在文化概念中更深一层的定义,指的就是当代企业以经济活动为主的一切活动的物质与精神的某种积淀。既然是一种积淀,文化就必然地包含了一个历时性的时间概念。也就是说,任何文化都有一个逐步孕育、形成和发展的过程。因此,如果有某个企业才创立了一年半载,它的企业文化就声称如何如何好的时候,人们完全可以大胆地站出来说:"我根本不相信"。因为,如果没有经过一定时间量上的慢慢积淀,文化这种特殊的精神性的"物质"既不可能形成,也是不可能确定的。之所以人们常说"一夜可以造就出若干个百万富翁,三代人却很难培养出一个贵族"[1],是因为文化是一种积淀,富翁与贵族有着完全不同的文化内涵。文化通过时间的积淀,形成的是一种心理的认同与知识的共享,其中的认同感是人们所以能够聚合在一起的前提条件。因此,企业文化是企业内部大多数人对一种文化观念的认同,包括理念上的认同、心理上的赞许、道德上的共识、行为规范上的自觉遵守,所有这些都需要时间。如果没有一定的时间来建立和产生共识,如果没有一定的时间让企业中的多数人在磨合中真正形成共识,就很难对企业文化达到普遍认同。在当今改革进入攻坚阶段、社会种种矛盾复杂多变的情况下尤其如此。何况,认同感本身是个双向的概念。作为个体,要认同别人,存在一个学习和了解进而相互理解的过程;要让别人认同自己,也存在一个思考和推销策略的过程。有了相互的认同才有可能产生共识。在现实的企业经营与管理过程中,不要说在企业理念上、行为规范上和职业道德上的共识,即便是对"概念"本身的共识,它所产生的文化意义也是非常巨大的和重要的。

_____

① 郭梓林:《企业游戏》,三联书店 2000 年版,第 131 页。

　　企业文化建设本身也是个见仁见智的过程。境界高者振振有词,深信其有;初入道者人云亦云,似是而非。因此,有人认为:企业文化如狗肉,助强不助弱。身体好的人吃了狗肉有益于健康;而身体本身虚弱的人,其身体的某些部位可能完全不适应狗肉的特性,吃了以后身体状况可能会更差。这种说法可能极端了一些,却也自有其朴素的道理所在。也有人认为:企业文化是表面文章,是一种招牌。正因为把它当成表面文章,许多企业就请"枪手"来写文化;既然是一种招牌,也就可以委托公关咨询公司来做。学者刘志迎的调查发现,安徽省的一些企业在提炼企业文化过程中,就存在这样的情况。甚至一些企业在所谓的企业文化咨询专家的"忽悠"之下,走上了两种极端。其一是把企业文化全盘"西化"。这些企业以为"西方的东西都是好东西",在制定企业文化的过程中,对西方企业的一些文化现象照搬照抄、盲目推崇,有的甚至一点都不改,全盘西化。之所以会出现这种情况,与目前国内管理咨询行业有很大的关系。据了解,目前不少所谓的管理咨询大师们,往往抓住国内企业家对国外企业文化的崇拜心理,在没有经过详细论证的前提下,将国外企业的文化概念简单修改之后就拿到国内来忽悠。其二是将企业文化全盘"古化"。一些安徽省的企业将中国古代哲学思想与自己的企业文化勉强地绑在一起,所要达到的目的有的仅仅是为了体现企业家国学根底的虚假深厚,以及自己企业文化的历史渊源。① 这类企业在打造中国古代思想元素的借口之下,忽视了自己企业真正需要的战略、流程、人力资源等企业真实情况。专家们指出,安徽省的企业不应该泛泛地与中国古代哲学简单地联系起来,古代的哲学思想只能作为现代企业文化咨询过程中,分析地域文化的一个参照体系。制定出的企业文化是否合理有效的关键,还是要看它是否符合企业发展的实际。

　　尽管对什么是企业文化见仁见智,但国内学者和企业家们比较一致的看法是:杰出而成功的企业,都应有强大有力的企业文化。正如迪尔(Terrence E.Deal)与肯尼迪(Allan Kennedy)在其合著的《公司文化:公司生活的礼节和仪式》一书中所阐述的,每一个公司,事实上每一个组织,都有一种文化,这种

---

① 参见刘志迎:《有"文"无"化"的兵——安徽企业文化需要升级》,《江淮晨报》2006 年 4 月 25 日。

文化有力地影响着整个组织,甚至组织中的每一件事。因此,企业文化"对在该公司里工作的人们来说,是一种含义深远的价值观、神话、英雄人物的标志的凝聚"①。这就是说,每个企业都有其独特的文化。这种文化中包含有整套的社会习俗,有独特的道德观念,有复杂的人际关系,有非理性的约束和制裁,有根据这一切制订的道德规范,等等。企业文化中还包含着博弈,有优雅的战争,有凝聚力很强的团队,有一整套精心设计出来的仪式和典礼。这里有多年养成的传统,革新者始终跃跃欲试,因循守旧者也永远在不断地向革新者宣战。每个企业的领导者、管理者和员工总能确切地感受到他们的企业有一种无法言说的特殊之处,这种特殊之处具有重大的影响力,但又不容易说得清楚到底是什么在影响他们。这种转瞬即逝、理所应当的东西,通常并不为人们所重视,探讨改善企业文化方法的时候也不会对它进行专门的讨论。几十年来,人们常用诸如"风气"、"印象"、"感觉"之类的概念来描述这种强大而普遍,但又是看不见摸不着的影响力。这其实就是我们要讨论的企业文化。"企业文化"这一概念能准确抓住这种影响力的本质,能够帮助企业领导者更好地理解企业里存在的那些不成文的规则、传统、规范和期望;文化渗透在企业的方方面面:人们的办事风格、决策方式、谈论的话题以及避免谈论的那些话题、他们是否会乐于寻求同事的帮助,以及管理者对自己的工作的态度、员工对待顾客的态度等。

总之,在企业日常工作生活的层面之下,流动着的是思想和行动的潜流。这股情感和习俗的暗流始终活跃在企业里,将企业内部所有人及其行为和观念都拖入未明说的既定目标之中。这种看不见、人人都认为理所当然的信念和预期,赋予人们的言行以意义,决定着人们如何应对复杂的日常事务。潜藏在企业结构内的这种深层的文化,由稳定的、深层的社会含义构成,通过符号性语言和表达性行为反映和传达出来,并且通过时间的媒介塑造着人们的信仰和行为。"安徽高速"正是充分认识到高速公路不仅具备交通运输功能,还能够传播其所经过地区的经济、文化、地理信息的功能,重视在高速公路管理

---

① [美]特伦斯·迪尔、艾伦·肯尼迪:《企业文化》,李原、孙健敏译,中国人民大学出版社2008年版,第17页。

127

与服务中的文化传播功能,通过微笑服务,使安徽省境内的高速公路既成为经济交通运输通道,更成为地方文化传播走廊。微笑服务既反映了安徽高速的整体形象,同时也增强了安徽高速内部管理的凝聚力量。

3.安徽高速的微笑文化建设实践

文化是一个集体在其整个历史中所习得的所有共享的、被视为理所当然的假设的总和。它是集体成功发展所遗留下来的资产。它概括了文化假设产生影响的领域,不仅涉及组织内部的工作方式,更重要的是,它还包括组织如何根据各种环境来审视自我。沙因认为,组织文化可以区分为:(1)显而易见的组织结构和流程;(2)战略、目标、哲学;(3)视为理所当然的无意识信念、理解、思维和感觉三个层次。[①]

根据沙因的文化分层理论,我们可以把"微笑高速"文化创建活动中的微笑表情视为安徽高速组织文化的第一层次,它作为高速企业创造与推广的文化符号,构成了安徽高速企业的物质与社会环境。在这一层次上,人们可以看到微笑成为高速员工持久的公开行为,同时也作为安徽高速企业的书面宣传品,成为各收费站台、高速的各服务窗口、宣传橱窗标志性的设计技术和书面语言。这些微笑行动和各式各样的宣传作品,既作为安徽高速微笑文化的一种有意识的思想活动,贯穿了对服务工作的美与高尚情感的一种接受,奠定了安徽高速企业文化起步的基础。而微笑传播的企业文化,则像哲学和艺术一样,将他们引向深奥高远之境。[②]

当然,安徽高速微笑服务的关键在于需要弄清楚:微笑服务的意义是什么? 它们与企业发展之间是如何联系的? 它反映了何种更深层的模式? 这就涉及组织文化的第二层次,即对价值问题的理解。在某种意义上,所有企业文化最终都会反映企业的基本价值,即追问与"是什么"相区别的"应当是什么"的感觉。当一个企业面对新的任务或者问题展开争论的时候,首先要解决的就是关于价值的定位问题。中国企业文化的缔造者往往是企业的最高领导

---

① [美]埃德加·H.沙因:《企业文化生存指南》,郝继涛译,机械工业出版社2004年版,第23页。

② [英]怀特海:《教育的目的》,徐汝舟译,三联书店2002年版,第1页。

者,他对企业面对的真实性和如何处理企业面临的问题具有悟性,且会依据这种悟性提出确信的解决办法。这时的领导者,他会确信已提出的解决办法是基于一种企业事实的信念和原则。但是,对于员工来说,往往只有当分享到解决问题的成功结果时,才会达到这种确信的程度。比如,在一个新建的高速公路服务区里,如果它的销售额开始下降时,经理就会说:我们必须改善服务态度,增加为司乘人员服务的种类。因为他相信,改善服务态度,增加为司乘人员服务的种类,总是能够促进销售业绩提升的。员工们在这以前往往没有经历过这类情况,人们会同意作为领导价值的说法:"当服务区的营业额遇到麻烦时,就应该改善服务态度,增加为司乘人员服务的种类。"这时,领导者的提议不会遇到其他价值的疑问、争论和挑战。如果问题解决了,员工看到了成功,就会渐渐地出现由企业价值转变为员工信念,并且最后成为企业文化假设的过程。一旦发生这一过程,并且只要这种解决问题的方法继续起作用,就会出现更大意义上的"正确",从而在全体员工的头脑中形成精确的图像。这时,企业员工就会趋向于忘掉以往对这种价值判断的怀疑、争论。这样,价值就开始成为理所当然的并逐渐为企业所接受的信念和假设,它超出一般的思想意识之外,成为习惯,久而久之,就会成为完全是无意识的和自动的价值观念。当然,并不是所有的价值都能顺利实现这种转换的,因为基于某种给定价值的解决方法在运用的时候可能是不稳定的。一方面,只有那些切实得到经营与管理实践证明并且一直稳定地被运用来解决经营管理过程中问题的价值,才可能转变为企业文化假设;另一方面,那些在经营管理环境中很难控制的因素或审美的物质的价值,可能无法得到完全的检验,而通过经营管理实践的证实取得一致性的可能仍然是存在的,但不会是自动的。所谓借助于经营与管理实践加以证明,是说那些关于企业内部应当如何运用权力、相互联系、区分美丑等的价值,是能够通过减少不确定性的管理实践来得到证明的。了解并掌握一定的信念和假设作为基础,对于保持员工的积极性与凝聚力来说是非常有必要的。

组织文化的第三个层次是企业的基本假设。当解决问题的方法在管理实践中反复运用后,就会成为理所当然的习惯了。最初仅仅是为一种价值所支持的假设,渐渐地就被当作是真实的和值得依赖的。我们也逐渐相信企业本来就应该如此管理的。在某种意义上,基本假设与占统治地位的价值是不同的。那些占统治地位的管理价值,反映的是若干基本选择中管理者所愿意选择的解决方案。这些选择在文化中是随处可见的,企业中的管理者包括员工都能够依据这些占统治地位的价值去指导自己的行动。正如西方广为流传的一个故事中所说的,一个心理学家来到修建中的教堂工地,问所遇到的第一位工人:"请问您在做什么?"这个工人没好气地回答:"你没看到吗?在做什么?我正在用这个重得要命锤子,敲碎这些该死的石头。"心理学家又问碰到的第二位工人:"请问您在干什么?"第二位工人回答说:"为什么呢?为了每天50美元的工资。"心理学家随后又问第三位工人:"您在做什么?"第三位工人眼中闪烁着喜悦,兴奋地说:"我正在参与兴建这座华丽的在教堂。每当想到建成后会有无数的人来到这里,领受上帝的博爱,我的心里就激动不已。"据说,后来第一位工人因为始终有消极情绪、经常出错而丢了工作;第二位工人依然每天在那里搬砖;第三位工人则成为了著名的建筑师。① 这就是潜藏于内心的基本假设与价值在发挥作用。

在沙因的企业文化理论中,这种无意识的基本假设常常涉及文化的一些基本的方面。按照沙因的理论,在一定意义上人们想界定的并且已经变成理所当然的基本假设,在一个企业的文化构建中一般是不会变动的。事实上,一种基本假设如果被一个企业所牢牢掌握,企业的员工就会发现,他们的行为若想寻找其他的理论依据是不可思议的。当然,这类基本假设是比较难以确定的。如果研究者非常细心地审查一个企业的人造品及其价值,研究者就能够推断出企业的基本假设。有时候,通过交谈也可以将两种文化模式连接起来,基本假设通常就会被带到表层上来。做这项工作时,应当特别地细致耐心。因为,不是人们不愿将他们的基本假设带到表层上来,而是他们把这些假设看成是不假思索、理所当然的了。如果刻意地将基本假设表层化,企业文化的模型突然变得非常清晰的时候,人们就会真正理解我们一直在做什么和为什么要那样做。② 企业文化中的这种潜在的、实际上对企业经营与管理行为起指

① 参见[美]E.马克·汉森:《教育管理与组织行为》,冯大鸣译,上海教育出版社2005年版,第48页。
② 参见朱国云:《组织理论》,南京大学出版社1997年版,第354页。

导作用的假设,能告诉企业员工怎样观察、思考和感受事物。当它们内化于员工的内心以后,产生出来的力量是无法估量的。安徽高速的一位"微笑之星"就有这样的深切体会。她说:最初我也不知道微笑服务的奥秘,是一次工作的经历让我明白了其中的道理。"我刚刚被调到收费站台时,作为一名普通的收费员,我的工作简单得不能再简单,每天的任务就是微笑着跟司乘人员打招呼、收费。很单纯却也很无聊,时间一长,总觉得工作没意思。有一次,在车辆通过的间隙,我为自己倒了杯开水,刚好进来一辆大货车,师傅看到我倒水,就问我还有没有开水?我给他倒一杯,货车师傅非常感动,再三表示感谢。洋溢在师傅脸上那种真诚与激动,我永远都无法忘怀。从那之后,我每天上班都要多拎几瓶开水,后来还准备了一些常用药品之类的东西。这些因偶然启发而做的事情,没想到却收到了意外的效果。"这位微笑之星认为,个人的行动代表着公司的行为,这么做拉近了公司与司乘人员之间的关系,增强了司乘人员对收费站口的亲信度,为微笑服务增加了一些实际的内容。司乘人员亲信度的增加,为公司创造了非常好的社会声誉。同时,个人的行为为公司带来了如此好的影响,因此个人也得到了公司的表彰、加薪和提升。"我开始喜欢收费工作,并主动寻找为司乘人员服务的方式方法。由此我的工作就特别充实。这件事情让我明白了工作职责的含义,每一件看似简单的工作其实并不简单,它的背后隐藏着很多东西,这些东西不是你能看到的,而是你在工作中亲身体验的。如果只停留在工作职责的表面去完成工作,就不会体会到工作所带来的真正快乐。"①由此可见,在工作中,有了文化价值的支撑,员工就会主动多承担一份责任,就会多投入一份对工作的热忱。承担的越多,就越能证明自己价值之所在,这样不仅不会辜负别人,也不会辜负自己。因为工作越多就越能满足更多人的需要,从而证明了自己对别人的存在意义。当一个人找到了自己工作意义的时候,就找到了工作的方向,也就领悟到了工作意义之所在,再投入工作的时候,就懂得不再是为工作而工作,而是为享受工作而工作的道理。一个人干工作不仅仅是为了钱、为了生存,还应该是为了寻找实现个体价值的一种选择,而选择责任则是完善和成熟个体的一双翅膀。

---

① 安徽省高速公路控股集团总公司文明建设办公室:《微笑服务简报》2011 年第 12 期。

企业掌握着社会进步的方向。但是,对于绩效显著的众多企业的研究表明,尽管有些企业取得了巨大的进步,但是这只是一小部分,企业自身仍然非常脆弱。① 任何一个企业组织都有自己的生命,组织生命独立于组织的个体成员而存在。不过,组织也是始终在不断变化的,这是因为组织是由人构成的,而人们会由于自己的价值观、信仰、态度、感情和观念的变化而不断发生改变。由于组织内部人员的不断变化,以及来往于组织的人员的不断变化,使得组织既有可能经历相对短期的文化变革,也有可能经历较长时期的文化变革。但是不管怎么说,文化都是组织内在的固有的属性,它为组织创造了一种氛围,使其能与其他具有相似目标的组织区分开来。② 从这个意义说,企业文化是企业组织通过教育和示范传授给全体员工知识、价值,或其他影响员工行为的因素的过程。在这里,文化是一种演进的过程,这个过程实际上包含两项内容:一项是企业管理者对增长着的知识和演变的价值的不断阐释;另一项是企业管理者与员工中的一部分人将自己的知识和价值观念复制给另一部分人。在这个过程中,阐释的目的是为了复制,复制的前提是阐释。因此,企业文化既是一个关于企业自身的制度知识和价值观念不断阐释的过程,也是将这种阐释在企业内部不断进行复制的过程。③ 在开展"微笑服务"过程中,安徽高速上下形成了这样的共识:充分认识到开展微笑服务对建设和谐社会的重要意义,它是提升企业服务质量和发展水平的需要,也是展示交通系统形象的有效手段和方式。在交通硬件条件得到根本改善,"走得了"的问题基本解决的新形势下,加强软件建设、开展微笑服务、建设和谐交通,使广大人民群众"走得好、走得满意、走得快乐",是高速公路人面临的新的历史使命。

4.安徽高速微笑服务制度文化的本质

十年树木,百年树人,安徽高速微笑传播文化的本质是"树人",塑造人的

---

① 参见[法]米歇尔·克罗齐耶:《企业在倾听》,格致出版社、上海人民出版社 2009 年版,"导言"。
② 参见[美]罗纳德·W.瑞博:《学校管理者的人际关系》,中国轻工业出版社 2006 年版,第 163 页。
③ 参见郭梓林:《企业游戏》,三联书店 2000 年版,第 123 页。

品质,缔造人的灵魂。所以企业文化理应是百年大计、一脉相承的。强烈的企业凝聚力和认同感,是心往一处想、劲往一处使,是赞美,是爱。爱的企业文化,体现在三个方面的互动:一是企业爱护员工,表现在企业关心员工的健康、生活、成长,让员工分享企业发展的成果;二是员工爱企业,体现在员工对企业忠诚、爱岗敬业方面;三是员工和企业共同爱社会,积极履行企业社会公民的职责。

人是文化的创造者,也是文化的产物。而文化既是产品也是过程。企业文化在员工共同体中的传播具有十分重要的作用和意义。它是促进企业群体和团队积极文化形成和发展的基础,也是企业诸多文化功能实现的基础。灿烂的微笑,完美地诠释了安徽高速的服务追求——服务人民,奉献社会,以人为本,营造和谐的文化价值理念。虽然一般的微笑人人都会,但高水准的行业文明服务所需要的微笑,却体现了企业礼仪教养、素质训练和知识修养的综合提升,凝结着安徽高速人的心血与汗水。在安徽高速收费窗口的员工中,为了达到笑露"八颗牙"的最佳效果,收费员口衔筷子长时间练习,有时练到口水直流、面部肌肉抽搐;训练标准站姿时,他们靠墙或两人背靠背夹着纸条进行训练,一站就是几个小时。虽然训练很辛苦,但没有一个人放弃。当班期间条件有限,他们就回宿舍、回家咬着筷子对着镜子练微笑,训练怎样的笑最能打动人,如何在短暂的时间内妙用肢体语言向过往司乘人员展示最好、最美的形象。真可谓岗上一分钟、岗下十年功,内化于心终外化于形。安徽高速的微笑服务,呈现的并不是单一职业化的笑脸,而是一种积极的情感,是内在气质的外化,是高速员工积极人生态度的表现,是他们充盈的内心世界真实、自然地流露。而这种发自内心的微笑,源自员工们对工作发自内心的热爱。包河大道收费所收费员洪薛君在谈到微笑服务的时候骄傲地说:"我为身穿这身制服而感到美丽,就像天使一样,它抖擞精神而不张扬,充实内心而不繁琐,神圣骄傲而不媚俗。它带给我无尽的美丽和快乐,让我们发出真诚的微笑,装点高速这蜿蜒长龙的美丽。"这话语极贴切地阐述了"我微笑,我快乐,我美丽"的工作态度,这也正是安徽高速广大员工共同的感受和信念。

在 2011 年 8 月 20 日举行的安徽高速党代会上,董事长兼党委书记周仁强提出,要把微笑服务理念融入为社会服务、为基层服务、为员工服务的各项工作中去,形成立体服务的工作格局,这要作为公司贯彻胡锦涛总书记强调的"以人为本、执政为民"执政理念在高速企业经营管理中的具体体现。周仁强提出,公司要用真诚服务社会的实际行动,不断打造、精心呵护"微笑服务、温馨高速"这一服务品牌。因此,需要进一步提高服务基层的意识,想基层所想,解基层所难,微笑面对基层,热情服务基层,做到思想上尊重员工、感情上贴近员工、工作上为了员工,构建和谐的劳动关系,形成干部员工上下齐心、共谋发展的良好氛围。

窗口收费员是高速行业员工队伍的主体,是高速事业的力量之源、发展之本。安徽高速切实为员工办实事,积极营造"机关服务一线、一线服务司乘"的氛围,尽力保障员工在收费上班乃至下班以后的休息期间,都能感受到公司良好的人文环境,确保员工心情愉快、精力旺盛。因此,总公司要求各管理处努力做到严格管理与温暖关爱"两手抓、两手硬",这是抓微笑服务工作的治策之本。比如:为了让员工在收费所工作期间享有优越于家庭的住宿条件,住得舒适,他们分期分批扩建各收费所的员工公寓楼,改善员工住宿条件,保证员工住的是有空调、有彩电、有独立卫生间和 24 小时热水的"标准间"。为了让员工在收费所期间吃得好,不差于家庭的伙食标准,总公司创造条件支持各收费所办好食堂,各收费所也纷纷开展"食堂特色美食"和"庭院经济"活动。

微笑服务活动开展以来,安徽高速所属的管理处积极筹措资金,更换改造了收费亭内的座椅,安装了专用搭手,统一为各收费所按班组购置了蒸汽电熨斗,为女员工购置了头饰发兜。夏季在座椅上增配竹质坐垫,冬季在桌底增配电取暖器。在收费岗亭内张贴卡通微笑招贴画,在工作台上设立微笑服务镜,在收费所门厅悬挂微笑服务橱窗,制作全处员工参与的文明礼仪微笑服务宣传画册,既解决了员工开展微笑服务的一些实际困难,也有力营造了浓厚氛围。针对一线员工年龄轻、可塑性强的特点,通过收费所党小组、工会小组、团支部等组织,深入推进"特色班组"建设,积极开展学文明、强素质、比贡献的活动。如把微笑服务引入青年文明号创建活动、组织开展微笑服务情景剧表演、举办践行微笑服务的经验体会郊游演讲比赛、创建收费人员微笑服务博客、微博等。各收费所还每逢节假日都因地制宜地组织员工开展形式多样、丰富多彩、贴近员工、全员参与的自娱自乐活动。并且积极支持员工通过自学参加公务员、事业单位、第二学历考试,积极向民航、银行及相关企事业单位输送微笑之星人才,帮助员工寻求广泛的个人发展空间。总公司积极创造了宽松和谐的工作氛围和温馨舒适的生活环境,营造员工"我要笑"、"从心里笑"的微笑环境,放松了员工的心境,增进了员工之间的友谊,也展示了一线收费员工的风采。

三、安徽高速微笑传播文化的影响

微笑高速品牌创建活动对于安徽高速的机关工作作风产生了极大的影响,促进了机关人员工作态度的转变。以前,时常听见基层单位反映机关有些部门"门难进、脸难看、事难办",个别干部把基层员工不放在眼里。其中比较典型的是,在微笑服务刚开展的时候,各管理处更多地是要求收费人员对司乘人员微笑,却忽视了内部员工之间的微笑。所以常常听到收费人员反映,单位内部的汽车驾驶人员在路过收费道口的时候,往往对自己员工的微笑置之不顾,甚至不屑理睬。还有一些机关人员下收费站检查工作时,往往居高临下、指手画脚、态度冷漠。这些现象显然与全面深入推广微笑服务不相适应。为此,安徽高速规定,将微笑服务向机关延伸,在机关内部范围内全面推行微笑服务,以此形成微笑服务活动的强大合力。为促进机关树立为一线服务的工作意识,强化机关真正落实为一线服务的承诺,总公司还修订了目标管理考核办法,将机关对基层收费一线微笑服务的内容纳入考核范围,切实监督机关部门的工作行为。[①]

从企业与社会的关系来说,微笑高速作为一种文明服务,对社会产生了巨大的感染力和影响力。马丁·克里杰在《礼仪的品质》中区分了与公民社会有关的两种条件。其一是公民社会得以存在的最低条件是"社会联系有可能,并确实独立于国家权力"。其二是公民社会健康运作和不断发展的条件

---

① 参见安徽省高速公路控股集团有限公司文件:《关于印发〈安徽省高速公路控股集团有限公司企业文化管理——制度文化建设实施计划〉的通知》,皖高路办[2011]29号。

是"礼仪"、"社会信任"和"法治"。"礼仪"创造的宽容和社会信任,可以为不同利益的竞争以及"在陌生人中建立一种非弱肉强食性的关系"提供了可能。因此,"礼仪"是一种有别于"忠诚"的社会维系力量,依靠的不是忠心、义气和奉献,而是"在社会决策时坚持对话",是"治理多元,保护独立和坚持宽容"。从这个意义上说,安徽高速的微笑服务既是一种表情,又是一种美好的肢体语言,更是企业履行社会责任的一种崇高的礼仪。当企业牢固树立"收费员为司乘人员服务,管理机关为收费一线服务,领导为群众服务"的思想,当管理者、收费员乃至司乘人员都处于微笑的交流互动之中的时候,我们就是在用微笑表达情感、用微笑传播友谊、用微笑传播文明礼仪、用微笑构建和谐高速。因此,微笑高速表达了现代国有大型企业对群体价值认同的接受和参与,更是大型国有企业实践民主、促进公民社会发展的生动体现。正是因为安徽高速积极深化微笑的内涵,使得微笑的魅力得以提升;延伸微笑的外延,使得微笑的魅力得以扩展。通达以内,致远于外,"微笑服务"使安徽高速获得了通达的企业氛围,在更高、更远的路上,健康、长久、持续的发展,"微笑服务"也在更广阔的天地展现着温馨与和谐的魅力。

安徽高速的"微笑服务"品牌,对同行和其他行业产生了"微笑冲击波",成为各个服务行业争相学习的榜样。几年来,前来参观、学习的窗口服务单位络绎不绝,邮电、银行、公交、医院等窗口单位及各省(区)市高速公路同行纷纷到安徽高速所属路段学习微笑服务。安徽高速所属管理处的微笑服务宣讲团也先后多次应邀前往各地服务窗口单位,进行微笑服务展示与礼仪培训,向社会各行各业传播微笑服务的种子,为推进和谐社会建设作出了积极贡献。

安徽高速的微笑服务在成长蔓延,并且在安徽全省交通行业绚烂绽放。安徽省交通厅专门发文要求全省交通系统学习安徽高速微笑服务的经验,推进交通由传统产业的管理模式向现代服务业转型,提高全省交通行业乃至全社会的和谐度。2009年9月,安徽省交通运输行业发起的"微笑服务、温馨交通"活动正式启动。该活动分两个阶段进行:第一阶段计划用1年左右的时间,在全省公路收费、政务窗口全面推开,并在高速公路服务区、重点城市汽运总公司、汽车客运站、出租汽车公司、旅游码头进行试点;第二阶段是争取用2—3年的时间,把全省交通行业所有窗口单位打造成为文明和谐的服务窗口。如今,安徽全省推广的"微笑服务、温馨交通"活动,得到了全行业干部职工的衷心拥护,无论在高速公路,还是机场码头;无论在出租车上,还是汽车驾校,都能看到一张张笑脸,向全国各地来客展示安徽笑迎八方的真诚,在社会各界和行业内外产生了强烈反响和普遍赞誉。不少外地客商来皖考察投资环境,被安徽省交通行业尤其是安徽高速的微笑服务深深打动,从而下定决心来皖投资的事例数不胜数。交通运输部也将"微笑服务、温馨交通"列为交通运输行业十大文化品牌之一,"微笑服务"成了安徽形象的一个响亮品牌。

安徽高速的"微笑服务"为何反响如此巨大?"在于它解决了以往交通系统重建设、轻管理、重建设、轻服务的一大通病。"安徽省交通运输厅厅长梅劲在深入开展"微笑服务,温馨交通"创建活动座谈会上这样说道:"这也反映了人民群众需要更加温馨、更加舒适、更加安全的高速公路服务。"

创建品牌不易,维护品牌更难。如何将"微笑服务,温馨高速"这面红旗举得更高、更艳? 安徽高速在先行一步的同时,勇敢地将责任和使命担当在身上,落实长效工作措施,深入推进微笑服务开展。他们采取的措施:一是狠抓认识提高,从"高速先行,引领安徽崛起;微笑服务,促进社会和谐"的企业使命、公司形象、品牌支撑的高度,继续深化对微笑服务重大意义和重要作用的认识;二是狠抓组织领导,进一步明确领导机制。他们采取集团公司领导按路段包干负责,每人分管两个以上路段,负责督导检查分管路段、服务区的微笑服务工作,进一步调动各级管理人员和一线收费人员的主观能动性,巩固、发展、提高集团公司微笑服务品牌形象;三是狠抓督促检查,增强考核实效;四是狠抓责任落实,做到绩效考核挂钩;五是狠抓活动推动,营造微笑服务常常讲、处处比、时时做的环境氛围;六是狠抓鼓舞激励,让敬业奉献的员工在微笑服务中真正得到实惠,充分调动广大员工开展微笑服务的积极性。

"千淘万漉虽辛苦,吹尽狂沙始到金。"安徽高速人在筚路蓝缕、玉汝于成的漫漫长路上,用辛勤汗水与恒久的努力,铸就了微笑服务的"金字招牌"。他们将微笑服务的内涵外延不断深化扩展,将温馨与畅达铺满千里高速,遍洒文明春风于徽山皖水的同时,为推动行业发展、促进社会和谐作出了卓越贡献。

第六章　如家酒店微笑服务的情感体验

当今企业处于激烈的全球竞争之中，只有那些能够满足顾客个性化需求者，才有可能持续生存。过去，顾客满意度的决定因素是价格，只要自己的产品价格比竞争对手低，顾客就会购买你的产品或服务。自20世纪后半期以来，产品的质量与新颖甚至个性化的创新服务，也成为市场竞争力的决定性因素。产品和服务必须拥有较高的质量，并能服务于特定的细分市场，使自己的产品或服务与竞争者明显区别，以及积极履行社会责任，尽力满足顾客的个性化需求，正变得越来越重要。而无论是质量还是灵活性和创新，都与企业员工的责任心与敬业合作精神密不可分。[1]

同时，现代企业体现了人类团体意向的合理化内涵，这些内涵是以不同的结构布局为特征的。这种企业内部结构布局会对企业进程的运作效果产生影响。企业结构布局影响企业文化创新，企业的文化创新又反过来影响企业的结构布局。作为中国经济型连锁酒店第一品牌的如家酒店集团（以下简称"如家酒店"）在推行微笑服务过程中，积极利用企业文化建设资源，发掘企业结构调整的优势，使微笑服务渗透到企业经营管理的途径与过程中去，成为服务型企业微笑文化传播的典范。

---

[1]　参见［英］苏·纽厄尔：《构建健康组织》，周祖城、杨卉译，机械工业出版社2004年版，第1页。

一、微笑是服务型企业的立足之本

企业大致可以分成两类:一类是生产型企业,它们主要提供规模化生产的标准产品;另一类是服务型企业,指的是致力于满足每一位顾客个体需求的企业。这两种企业截然不同,前者由生产能力驱动,后者由顾客的需求驱动。从组织传播学的角度,服务型企业是介于私人生活与公共生活之间一种媒体,它们是一个社会之能够成为一个公民社会的中间环节。它既是顾客以个体自身需要满足为目的的个体活动,也是一种公共性的、集体性的活动。在这种活动过程中,人们彼此进行思想的、文化的、情感的,以及经济和政治的交流。因此,迈克尔·塔什曼(Michael L)说:"服务型企业掌握着社会进步的方向。"[①]

1. 服务型企业之宗旨

美国联邦快递公司(FedEx)着眼于人、服务与利润,即使是运送一件微不足道的包裹,联邦快递公司向员工传达的信号是,这些包裹本身比获得更多的利润更加重要。因此,该公司在航空包裹运送业中的竞争优势不是价格,相反,它给顾客一种广泛共有的概念是:绝对、无条件地在一夜之内送达。[②] 这种可靠性的信念,体现了联邦快递公司与其竞争对手的差别。像联邦快递这类公司现在很多。这些企业着眼于质量、顾客服务、合作、对个人的尊重、创新等价值观。他们把这些理念作为具有普遍吸引力的主题,这些理念能使人们感觉到,企业通过它们的价值观可以达到更高的目标。这些价值观呈现出它们自身的生命力,指导着人们如何思考,如何采取行动,如何相互交往。虽然,市场占有率、投资回报率、业绩预算比是评价短期绩效的有效而重要的标准,然而主导着人们的行为、并且综合在一起形成的企业文化价值观和规范,才是

---

① [法]米歇尔·克罗齐耶:《企业在倾听》,孙沛东译,格致出版社、上海人民出版社 2009 年版,"导论",第 1 页。

② 参见[美]迈克尔·塔什曼、查尔斯·瑞利三世:《创新制胜》,孙连勇、李东贤、夏建甄译,清华大学出版社、哈佛商学院出版社 1998 年版,第 91 页。

决定长期战略能否成功最为关键的因素之一。

在重视客户利益方面,日本的服务型企业一直做得比较成功。当西方企业还在为产品质量问题激烈竞争的时候,日本的服务型企业已经把"让客户满意"作为企业管理的首要目标了。日本日用化妆品龙头企业花王公司在年度报告中曾经这么写道:"顾客的信赖,是'花王'最珍贵的资产。'花王'之所以独特,就在于我们的首要目标既非利润也非竞争定位,而是通过实用、创新,及时推出符合市场需求的产品,增加顾客满意度。对顾客的承诺,将持续主导我们的一切企业决策。"①由此可见,重视客户利益,让客户满意,是保证客户忠诚度的最有效的方法。拥有了客户的忠诚度,不仅可以从老客户身上持续性低成本地赢得利益,还可以通过消费者之间的口耳相传,大量发展潜在新客户的销售业绩。从这个角度来说,优秀的企业文化,是有效地建立与客户之间良好情感联络的关键因素。

企业通过员工的微笑服务,传递给客户美好的感觉,可以影响客户的下意识选择。麦当劳迎合情感消费的做法就很值得我们借鉴。据说麦当劳为了进入中国市场,进行了长达8年的市场调查。调查发现,中国人的口味嗜好形成于4—7岁之间。因此,他们的营销方案就锁定在这个年龄阶段的人群,无论是店堂设计,还是食品包装,无不体现了迎合这个年龄层次消费者的视觉美感。现在,我们经常可以在街头看到这样的情景:孩子拽着父母的手嚷着要吃麦当劳,要跟麦当劳叔叔照相,这些小消费者消费的并不是汉堡包、油炸鸡本身,而是期望在麦当劳的营销氛围里得到心灵的快乐与满足。这与麦当劳建立在客户心目中的深厚感情,与"麦当劳叔叔"亲切的微笑,与店堂中热情和周到的服务是息息相关的。因此,以顾客为中心,通过热情的微笑服务,关注顾客的个性需求、重视顾客的利益、细致耐心地满足顾客的情感消费,是目前服务型企业适应消费个性化时代要求的文化创新建设的迫切需要。

显然,在所有行业中,让顾客满意是最重要的。企业的每一个员工,都需要竭尽全力争取越来越多的忠实客户。那么,顾客们到底期望什么?需要怎样做才能赢得顾客的支持呢?美国盖洛普公司曾经调查访问了10亿多的顾

---

① 张庆杰:《服务主导型企业的企业文化建设》,《河北企业》2002年第4期。

客,他们发现,有四种期望在不同行业和不同背景的消费者中异常相似。① 这四种期望是分级递升的,也就是说,唯有低层次的期望被满足后,消费者才会转而关注高层次的期望。在最低的第一层,消费者期待的是准确,他们期待饭店能够按时提供他们预订的那间客房;期待银行报表能够准确反映他们的收支情况;外出用餐时,期望服务员能尽快端上他们所点的菜肴。如果一家公司在准确服务上持续不合格,那么无论员工态度多么友好,顾客都会纷纷离去。第二个层次是便捷。顾客期待他们喜欢的连锁旅店在很多城市都有不同地点供他们选择,期待银行在他们需要办理业务的时候开门营业,并打开足够的服务窗口来减少排队等待的时间;他们期待自己喜欢的餐馆就在附近,有足够的车位,有机灵的服务员时刻留意顾客"需要帮助"的眼神。任何公司如果能提供更为便捷的服务,自然就能增加愿意尝试的顾客数量。这两层的要求应该是比较容易满足的,因为它们都能通过技术或具体步骤加以解决。但是,这两个层面的需求即使满足了,至多是防止客户不满意。因为准确和便捷虽然是至关重要的要求,可是对于服务型企业来说,仅仅准确和便捷是不够的。从潜在顾客到热情拥护者,只走完一半旅程。服务型企业若要消除顾客潜在的不满,并且试图将一个偶然而至的顾客变成最热心的拥护者,就必须考虑下面两个能让顾客产生积极的满意期待的感觉,这就是第三个层面,顾客期待的一种伙伴关系。他们希望你能够倾听和回应他们的意见,让他们觉得你和他是一家人。其实,许多服务型企业早就意识到这种伙伴关系的重要性。这就是为什么沃尔玛把笑容可掬的老头、老太们安排在门口,迎接顾客并记住他们的姓名;这就是为什么航空公司建立 VIP 乘客俱乐部,并为他们提供特殊服务。无论是服务型企业,还是制造业或者包装加工业,大部分公司都意识到,如果一名顾客感到已经被理解、被关心,那他就朝真正满意与真心拥护又迈进了一步。第四个层面,所涉及的顾客的最高期待是"咨询"。顾客对帮助他们学到新东西的公司或组织的感情会最深。伙伴与咨询是顾客期望的最高层次。如果你能长期满足这两个期望,你就会成功地把潜在的客户转化为最积极的支

---

① 参见[美]马库斯·白金汉、柯特·科夫曼:《首先打破一切常规》,鲍世修等译,中国青年出版社 2002 年版,第 150—156 页。

持者。但是,对于服务型企业来说,问题在于如何满足这些高层次的期望? 盖洛普公司提供的答案认为,伙伴关系是在现实世界中建立的。它就掌握在员工手中。只有在员工做到有求必应的时候,顾客才会产生一种伙伴感。所以,为了满足这一期望,企业必须让一线员工能够根据每个顾客的特点,恰到好处地待人接物。但是,企业又不可能把这种能力写成规章制度,因为强求员工实施规定的步骤,只能防止顾客产生不满。如果企业的目标是使客户满意和培育支持者,那么,仅仅要求员工照章办事是不能保证目标实现的。相反,必须选拔具有倾听和教学才干的员工,然后要求他们刻意追求明确的情感结果。这虽不容易做到,但它的优势在于,一旦成功地做到这一点,就永远不会输给别人。

顾客需求的四层次理论说明,随着社会消费观念的更新改变,企业的个性化服务理念也越来越深入人心,消费者们普遍期待有创新的服务项目和周到完善的服务质量。当然,企业所面对的带有挑剔眼光的顾客会越来越多,要求也会越来越高。作为服务的提供者,企业员工与顾客之间保持着直接接触,而服务型企业内部的不可分离性和易变性,使得服务过程与服务质量也变得越来越难以控制。对于顾客抱怨问题的解决,以及服务过程中突发事件的处理,都要求企业员工能够迅捷反应、妥善处置。因此,服务企业需要在建立健全规章制度的基础上,形成顾客就是上帝,一切为顾客服务,一切保证顾客满意的行为准则和价值观念。通过对服务文化的不断创新,形成规范员工行为的最高准则。

2. 服务型企业的情感体验

企业文化是一种情感文化。情感文化是由企业员工的职业情感、兴趣情感、共同利益情感、信誉情感等方面构成,其中以职业情感为首要。所谓职业情感,主要指人们的工作态度、所进行的职业活动与职业道德要求,以及与所处的职业情境相符合的责任情感。这种职业情感是后天形成的,生根发芽于特定的职业劳动,受职业角色所规定。人们只有对自己所从事的职业道德价值有了清晰的认识,才可能产生相适合的职业情感。对于所有职业来说,都应该具备社会所规定的最一般的职业情感,如责任感、自尊感、忠诚感,等等。但是,不同的职业角色具有不同的职业情感。职业情感社会化的内容,通常涉及价值观、角色定位、人格分析、压力调适、和谐沟通、危机关怀等多个层面。职业情感是作为一种工作的潜在情感动力而起作用的。工作情感侧重于组织内部的情感状况、员工自身的工作情感感受,职业情感则是组织及其职业对员工的情感契约与要求。①

微笑传播创造了新一种情感文化。由不同员工个体职业情感共同构成的企业的情感文化,可以形成员工在不同类型的情境中,让顾客真切达到体验企业情感文化的一系列复杂观念。这种文化从情感意识对基本服务行为的态度、感受和情绪及其反应,都给予了一定范围的确认或者限制。在员工个体发展过程中,他们所遇到的服务工作中的榜样和警示事件,将使他们脑海里的情感意识更加突出和符号化。通过持续不断地社会濡化式的影响,促使员工个体成功获得与不同行为情境有关的情感认知,这些认知的总和,组成了情感文化最一般形式的意识约定。

按照霍赫希尔德(Arlie Hocllschild)的观点,在任何具体情境中,都有两种基本类型规则。第一种类型是感受规则,它规范个体在特定的情境中如何去正确地感受和体验,如在顾客遇到困难的时候,应感受到需要同情并积极地提供帮助,在欢迎顾客的过程中,应体验到高兴与热烈。这种感受规则可以影响并制约员工的情感强度、情感方向和情感的持续性。第二种类型则是表达规则,它要求在一定情境中,应在什么时候和怎样来正确地表达自己的情感。人们在遵守这些表达规则时,往往会通过一些表情语言与肢体行为,包括改变外在的表现和行为,使其符合规范和期望。例如,通常在邂逅他人时"赔上一张笑脸",因为规则要求人们在遇到他人时应该高兴,等等。感受规则和表达规则反映了情感文化的广泛性,以及情感意识对特定情境行为的某种具体的指导意义。② 另外,服务型企业的劳动分工和权力分布,其实也同样决定着感受规则和表达规则。例如,沃尔玛公司就要求所有员工遇到顾客的时候,必须在3米以内看着顾客的眼睛并与顾客打招呼,同时询问能为他做些什么。这就

---

① 参见郭景萍:《情感社会学》,上海三联书店 2008 年版,第 29 页。
② 参见[美]乔纳森·H.特纳、简·斯戴兹:《情感社会学》,孙俊才、文军译,上海人民出版社 2007 年版,第 30 页。

是沃尔玛著名的"三米微笑原则"。

当然,沃尔玛的微笑是经过专门技术训练的,也是发自内心的。沃尔玛的微笑至少包含两项技术:心理调节技术和肌肉张力训练技术。沃尔玛的管理者认为,微笑必须亲切自然,才会让人产生好感。这首先取决于微笑者有一个好的心情。然而,每个人每天都会遇到一些烦心的事,诸如家庭问题、工作问题、待遇问题,都会让人心情不快。这就需要学习心理调节技术,使自己在工作时间内始终保持心情愉快,尤其不能让内心的不愉快流露到脸上来,给顾客"脸色"看。沃尔玛还认为,人脸上的肌肉张力也会影响微笑效果。大部分人的脸部肌肉张力不够理想,在微笑的时候会显得比较僵硬,这需要经过长期训练才能达到自然的程度。另外,沃尔玛还要求员工在招揽顾客时,必须用柔和悦耳的声音,因为只有柔和悦耳的声音才会对顾客具有吸引力。这也包括两项技术:心理调节技术和语音训练技术。心情不佳,会影响声音的音色与热度,这跟心情影响微笑效果是一个道理。然而,即使在员工心情很好的情况下,员工说话是否就会悦耳动听呢? 其实未必! 大部分人的声音是不够理想的,需要在语音、语调、语态、气息等技术层面加以训练,才能达到动听的程度。①

员工的微笑是可以在技术层面上进行培训的。然而,技术培训不一定能够保证员工笑得真诚,说得亲切。因为,要想为顾客提供满意的服务,首先要解决员工自身的态度问题,否则,勉强从脸上挤出来的微笑会显得非常做作,是无法打动顾客的。

从社会影响的观点来看,态度也是人的心理系统和与之相关的心理表征中最重要的内容。在本质上,态度就是对某一特定目标的评价倾向。② 态度是构成一个人贯穿始终的思维、感觉及其行为模式的一部分。管理者们可以通过技术培训,改变员工们的微笑技巧,但要改变一个人的基本态度却是难上加难的。

态度一般是人们在自身价值观基础之上,对事物的评价和行为的基本倾

---

① 参见萧野编:《沃尔玛的第一堂课》,中国纺织出版社 2009 年版,第 120 页。
② 参见[美]菲利普·津巴多、迈克尔·利佩:《态度改变与社会影响》,邓羽等译,人民邮电出版社 2007 年版,第 27 页。

向。态度主要表现于对外界事物的内在感受、情感和意向等方面的构成要素。一个人的基本态度是其思维过滤器的一部分。不同的态度影响着人们对问题的不同看法。一个人可能怀疑一切，也可能信任别人；可能乐观豁达，也可能不满现状；可能乐于创新，也可能因循守旧。我们很难说其中孰是孰非、谁对谁错。因为其中任何一方面都不会阻止一个人在某个职位上出类拔萃。比如，一个不满于现状的人，由于其心存不满而力图改变现状，才有可能成为一名成功的企业家。而一个惯于怀疑的人，可以事事考虑严谨，甚至事事出格而创新，其工作反而可能十分出色。总之，态度作为一种外显变量，是可以直接反映员工被观察到的情感活动和工作效果的。

态度并没有什么特殊之处。如果态度是贯穿一个人始终的思维、感觉或行为模式，那么态度实际上就是很普通的东西。因为，每个人都有特定的行为模式，每个人也都应该培育其独特的态度组合。著名的盖洛普公司曾与一家大型医疗公司合作，研究过一些世界上最优秀的护士。他们试图发现，是什么因素造就了这些特别优秀的护士？在研究过程中，他们同时安排了一组优秀护士和一组被患者评价一般的护士，让她们分别给相同的 100 位病人做同样的注射。尽管注射程序完全相同，但病人们声称，与一般护士相比，最优秀的护士打针不那么疼。为什么呢？优秀的护士是怎样减轻病人疼痛的？是她们注射时的进针技术特殊吗？还是她们在消毒时手更柔软？或者是使用了特别的棉签？显然都不是。关键的差别，竟然在于针头刺入皮肤前的一瞬间，护士对病人说的话。一般的护士只是轻描淡写地说一句："别害怕，打针没有那么疼的。"说着，手一扬，例行公事地一抖手腕就把针头扎进了病人的肌肉中去。而最优秀的护士做法却不同，她们注射的技术与其他护士一样熟练，但她们在扎针前会细心地作些语言铺垫："准备好了吗？打针会有点疼哟"。她们微笑着实话实说："不过别担心，我会尽量轻一点的。"在这种铺垫过程中，最优秀的护士表现出一种我们称为"体谅"的沟通态度。她们知道打针疼，所以用各自不同的方式对病人明言相告。有趣的是，说实话反而会减轻病人的疼痛感。病人们觉得，站在身边的这个态度和蔼并且微笑的护士，在某种程度上似乎正与他们一起经历打针的过程，护士与他们心心相印。同时，由于事先提醒打针是疼的，病人有了一定的心理准备，这样，当针刺破皮肤时，实际上的感觉并没有想象中的那么疼,病人自然是喜欢这后一种护士的态度。

其实,我们都知道,微笑的交往态度本身并不特别,许多人都具备这种素质,生活中处处都在运用它。但是,具备微笑素质并当上了护士,而且在护士工作中主动展现这种素质的人却是比较特殊的。她们善于体贴病人,乐于分担病人的痛苦。① 研究表明,在素质优秀的护士所具有的诸多才干之中,最突出的就是她们具有一种积极的对患者的反应比较关切的态度。优秀护士善于与病人建立真挚的情感关系,善于用自身情感来安慰病人并控制治疗过程。她们善于换位思考,善于体谅别人,能主动关心他人。因此,当她们看见患者的时候,就会油然激发出关心、体贴及呵护病人的"母爱"。对于病人病情的每一细微的好转,她们都会感到是一种回报与激励,这是她们精神上得到的报酬。对病人的微小反应特别敏感是护士职业需要具备的一种才干,这种才干使那些优秀护士们不会因为其职业的琐碎与辛苦而陷入沮丧,这种才干使她们能够从工作中获得力量和满足。而一般的护士往往会通过与病人保持距离来保护自己,他们对病房里面发生的一切往往会熟视无睹、无动于衷。② 在这一点上进行比较的话,优秀的护士更像是一名艺术家或者钢琴大师。如果我们拿钢琴大师与普通匠人之间进行比较,仅仅从敲击键盘的准确度和速度来衡量,两者之间可能几乎没有任何差异,但是,大师级的人物依赖于他对乐曲的独特理解和情感,就因为这一点的不同,赋予了他弹奏的音乐以动人的魅力,这种感人心魄的声音从琴键上飘逸出来,深深触动听者的心灵。优秀护士就具有与钢琴大师同样的能力,她们运用自己的微笑力,深刻了解并理解病人的情感需要,并以自己独特的方式帮助病人解除痛苦,给病人送去一种愉悦的体验。

由此,我们可以看到,服务型企业的核心价值就是向顾客提供情感服务方面的体验。因此,有人把他们称为情感体验工作者。③ 与其他任何一类劳动

---

① 参见〔美〕马库斯·白金汉、柯特·科夫曼:《首先打破一切常规》,鲍世修等译,中国青年出版社2002年版,第113页。

② 参见〔美〕马库斯·白金汉、柯特·科夫曼:《首先打破一切常规》,鲍世修等译,中国青年出版社2002年版,第184页。

③ 参见汪若涵、朱瑛石:《微笑力》,中信出版社2010年版,第10页。

者不同,服务型企业提供的情感体验,是发生在服务者与被服务者之间的情感交流,它具有交互性。这种情感体验需要准确感知顾客的情绪,并适时调整自己的反应,从而为顾客提供最合时宜的良好感受。体验工作者通过投入情感,为他所从事的重复而琐碎的工作注入灵魂。之所以能够将琐事化为神奇,就是因为情感工作者拥有一种奇妙的体贴对方的微笑服务能力。这种微笑不仅仅是"露出八颗牙齿"的职业能力。就像上述所说的优秀的护士,他们具有一种特殊的"移情"能力。一个拥有微笑力的服务人员,首先具有对这个世界怀有爱意,愿意友善地对待他人,并且乐于为他人解除困扰提供良好服务的理念与能力。因此,他会本能地从顾客的表情、眼神和声音之中,捕捉客人的内心情感,并随即将感知到的情绪转化为自身的情感,把自己置于顾客所处的特定情境之中,精确地理解客人的需求,找到最为妥帖的解决办法。

3. 服务型企业的微笑文化

微笑是人类祖先沟通的原始编码。作为沟通的一种媒介,微笑具有人际交流的感染性,能够唤醒他人同样的或交互微笑的情感,从而强化社会关系联结。在人类进化发展史上,交互感应的社会表情语言,在进化上要早于符号语言。人类从出生之日起,就对脸部变化有着高度的敏感性,因为脸部最容易产生情感沟通的信号。当情感沟通增强了适应性,情感被文化具体化之后,人类在社会关系情境中使用情感的能力也得到了提高。① 实际上,微笑作为人类智慧的基础,也促使情感文化以及较复杂的社会组织形式成为可能。对服务型企业来说,社会文化系统对经营管理行为的影响,远远超过企业基因特征的作用。企业的社会化程度越深,越需要付出大量的时间和精力培养良好的社会关系,从这种良好的社会关系中提取信息的效率也需要提高。微笑服务是企业信息提取的中心机制,因为微笑服务不仅可以作为"协调中心",跨越企业管理技术的多个水平,还能够框定和集中信息,从而以事半功倍的方式提高企业的适应性。

---

① 参见[美]乔纳森·H.特纳、简·斯戴兹:《情感社会学》,孙俊才、文军译,上海人民出版社 2007 年版,第 215 页。

我们社会生活中的大部分秩序和企业的组织形式,都可以通过文化系统的理论来解释。企业对于管理和促进员工以发挥其贡献的一套信仰和规范体系的依赖,往往是通过企业文化的调整和控制系统来进行的,这些控制方式意味着企业文化表现方式的存在。因此,将微笑服务的情感文化,指定为服务型企业管理和控制的基础,也在情理之中。在当今的社会结构中,人与人之间的和谐互动是微观领域的功能单元,微笑则是推动人们积极互动的力量之一。这种微观的积极互动,镶嵌于中观的社会结构发展过程里面,并由此融入社会的宏观结构之中。①

管理学者曾以两种完全不同的方式来诠释组织文化的概念:"或者把它作为一个关键变量,或者作为一个基本隐喻。"②在第一种情景下,文化是组织所拥有的某种事物;在第二种情景下,组织是什么,文化就是什么。服务型企业在经济结构转型过程中,已经成为发展势头最强劲的国家支柱产业。服务型企业和制造业在经营管理方面存在着很大的差别:制造型企业员工面对的是流水线上的机器,需要按照严格既定的生产流程和产品规格,进行着机械式的熟练劳动。经营者则通过规模化、流程化、系统化的管理思想,运作管理几十万甚至上百万人的企业。相比之下,服务型企业的员工,每天打交道的都是来自社会四面八方活生生的、不同性格又心存不同要求的人。人是万物之精灵,是世界上最复杂的动物。每个人都有自己的思想和情感,每个人都有自己的特殊经历和遭遇,也因此,每个人都有自己的个性偏好和个性诉求。③ 如何让我们接触的每个顾客在所有方面都深表满意,这就是服务型企业面临的终极挑战。

服务型企业的微笑服务,既包含了企业文化中的感受规则和表达规则,反映了在较广阔的企业情感意识形态之中,鼓励企业员工应该感受和表达的情感,鼓励企业员工在策略性行为中遵从情感工作的规则。当企业文化强调的

---

① 参见[美]乔纳森·H.特纳、简·斯戴兹:《情感社会学》,孙俊才、文军译,上海人民出版社2007年版,第135页。

② [美]W.理查德·斯格特:《组织理论》,黄洋、李霞、申薇、席侃译,华夏出版社2002年版,第297页。

③ 参见汪若涵、朱瑛石:《微笑力》,中信出版社2010年版,引言。

微笑服务这种微观互动水平上的积极情感被激活,就可以形成企业员工对企业文化结构的承诺。文化在一定程度上具有激活人们相互间情感反应的意义。服务中的微笑表情,则是人与人之间沟通的润滑剂。恰到好处的微笑表情,加之富有幽默感的语言,共同构成了完美的微笑服务艺术。有时候,只是员工给顾客的一个淡淡的微笑,就足以达成人与人之间最重要的情感交流,就能让人们感受到一种激励和鼓舞的力量。所以说,我们不能小看一个浅浅的微笑,在某些人的眼里,可能只是个很微不足道的回报,殊不知,它可以给陌路相逢的顾客带来心理上的极大满足感。当服务型企业员工以真诚、善意和温馨的微笑出现在顾客面前的时候,企业的文化精神伴随着员工们的善良和包容,在不知不觉中感染着顾客,从而形成有节奏的服务宗旨的同步化,以及对服务情境中的共同文化定义以及企业精神认可的欣悦。久而久之,这种微笑服务的文化符号浸润于企业文化的核心内涵之中,必将赋予企业文化符号更多的意义,从而更好地唤醒它们在企业经营管理过程中所意味的情感和愿景。① 微笑服务的文化表征符号在企业利益相关者之间流传,并在员工个体独自内省时激活,其唤醒的情感同时强化着企业群体的文化。因此,微笑服务的企业文化就有可能成为有意义的并赋予企业文化调节行为的力量。

处在信息爆炸时代的背景下,服务型企业面临着日益增长的复杂性和竞争性,企业内外部环境瞬间千变万化,导致企业的竞争优势不仅来自企业规模,更多的是来自企业自身的创新发展能力。因此,服务型企业要想在激烈的市场竞争中取胜,最关键的一点是改善服务态度,提高服务水准。服务态度的好坏与服务水准的高低,直接体现着企业服务的星级档次,影响着企业的经营效益。要想在这方面有根本性的转变,其中最根本和最重要的,就是不断地加强和改善个性化服务,使全体员工尽心尽力地追求至善至美的服务。而文化创新则是服务型企业最需要提升的一种能力。从严格意义上说,没有哪个产业像服务型企业一样需要自由且热情的心灵。每一次体贴周到的服务,都是为一个特定的客人所定制。满足每一个个性化的需求,提供既不冷漠粗鲁,也

---

① 参见[美]乔纳森·H.特纳、简·斯戴兹:《情感社会学》,孙俊才、文军译,上海人民出版社2007年版,第239页。

不屈膝逢迎的舒适服务,需要企业员工丰富的想象力和极强的创造性,只有拥有健全人格和自由心灵的员工才能真正做到。发自内心的微笑,会给人一种亲切、友好的感觉。在服务型企业中,服务人员对顾客的每一次微笑,都会让顾客感到善意、理解和支持。如家酒店将微笑服务作为接待顾客的最重要原则之一,已经成为如家酒店在众多经济快捷型酒店竞争中脱颖而出的重要法宝。

二、如家酒店微笑服务的情感"石子"①

国内经济型酒店已经从群雄纷争时代进入了寡头垄断阶段,如家、汉庭、7天、锦江之星等巨头在竞争中脱颖而出,占据了经济型酒店市场一半以上的份额。中国经济型酒店网最新发布的数据显示,2011 年第 3 季度,如家酒店在中国经济型酒店品牌市场中的占有率最高,已经占据全国经济型酒店市场23.59%;其次是 7 天酒店,占 12.13%的市场份额;汉庭酒店以市场占有率的9.52%位列第三。2011 年 9 月 13 日,《财富》杂志公布了 2011 年全球"100 家增长最快的公司",该榜单的排名依据是各公司过去 3 年的收入、利润增长,以及投资收益等指标,共有 9 家中国公司入选。如家酒店排名第九位,在上榜的服务型行业公司中排名最高,成为全球服务业增长冠军。在日趋激烈的市场竞争中,如家酒店之所以能够占据领先地位,就在于它拥有一种独特的企业力量—"微笑力",并且通过一种独特的企业组织结构—"涟漪型组织"来传递微笑和快乐体验。

服务型企业要在激烈的市场竞争中立足于不败之地,最关键的秘诀是为顾客提供高品质的服务,赢得消费者的信任。如家酒店提出了它们富有特色的微笑服务理念。走进如家酒店的前台,一张张微笑的面孔映入眼帘,一声声诚挚的"您好"消去了旅客的疲惫,微笑服务已成为如家酒店永恒不变的

---

① 本节由项目组成员朱巧燕撰写。主要参考资料:汪若涵、朱瑛石等:《微笑力》,中信出版社 2010 年版;锦坤品牌研究院:《如家模式:从跟谁到领跑——颠覆式商业模式全新大解密》,中国经济出版社 2010 年版。

宗旨。

在如家酒店的服务标准规范里,对微笑的描述是这样的:微笑是各国客人都理解的世界性、欢迎性语言。如家酒店员工在服务过程中应该以发自内心的、真诚的微笑,为旅客提供一种自然的、富有情感的、热情周到的服务。用我们真诚的微笑与旅客开始交谈,表达我们的热情款待和帮助,这是如家酒店提供优质服务的最好方法。凡是到过如家酒店的人,都能发现,在如家酒店的大家庭里,员工们相互见面时也都会热心、真诚、主动地招呼"您好"。在如家酒店里,员工见到客人进来,微笑地打声招呼:"您好!"当您在如家酒店里遇到清洁工阿姨时,她也会主动地和您打招呼:"您好!"这种自然而然的微笑,这种发自内心的真诚的问候,这种融洽自然的气氛,让人觉得舒服、自然、贴切、舒心。

其实,几乎所有的服务型企业,都会强调微笑的重要性,更有许多服务企业把微笑服务奉为圭臬,但并不是每个企业都能真正做到诚心诚意地微笑服务。真正发自内心的微笑像干渴时痛饮清泉,炎夏时拂过凉风,寒冬时感受暖流,使人欣慰和舒服。在面对生活不能承受之重时,需要微笑服务的支持,以减轻劳累,得到放松,增强愉悦;在应对生命不能承受之虚时,更需要微笑服务的支持,以填补心灵的空白,增添生活的色彩。

事与愿违的是,更多的时候,人们看到的仅仅是"露出八颗牙齿"的职业化微笑,甚至是一种皮笑肉不笑的假笑。显然,这种千篇一律应付式的微笑服务是无法让顾客满意的,相反,这种商业化的假笑只会带来顾客的排斥情绪。其根本原因就在于微笑本身应该是一种情感或者情绪,是一种发自内心深处的本性。当微笑服务变成了一种商业工具,试图通过虚假的微笑来赚钱,把一种积极的情绪变成了冷冰冰的商品,这显然扭曲了人的本性。一个人发自内心的微笑往往并不难,然而当要把微笑变成劳动、变成商品,通过这种虚假的微笑履行"顾客是上帝"的服务理念,只能产生负面的结果。当然,对于那些在工作中始终保持职业性微笑的女性来说,这种"微笑面具"压抑了真实的情感,对心理影响也是极大的,甚至造成抑郁、心理疾病和引发其他紊乱的迅速蔓延。

只有自身是快乐的员工,才可能给顾客带来真正的快乐体验和真诚的微笑服务。然而,就像香港凤凰卫视主持人梁文道曾经描绘过的服务业员工的就业状况:"许多服务业基层员工长期不受尊重,被顾客当作牛马使唤,被上司当作不知疲劳的机器,但就是没人认真把他们当人看。"如果一个服务员长期处于被训斥和责骂的工作氛围,再加上糟糕的伙食、无理的克扣甚至被拖欠的工资带来的烦恼,怎么可能展现出发自心灵的微笑呢?

事实上,人们的情绪会通过人的表情、姿态和非语言性表达传达给对方一些信息,在不知不觉中感染到对方,这就是心理学上所说的人的情绪效应。美国洛杉矶大学医学院的心理学家加利·斯梅尔做了一个实验,他让一个乐观开朗的人和一个整天愁眉苦脸、抑郁难解的人待在一个屋子里面,不到半个小时,这个乐观的人竟然也郁郁寡欢起来。加利·斯梅尔随后又做了一系列实验,证明只需要 20 分钟左右的时间,一个人就会受到他人低落情绪的传染。人的敏感性与同情心越强烈,就越容易感染上坏情绪,这种传染的过程往往是在不知不觉中完成的。

情绪的相互传染意味着服务型企业的工作人员必须首先体验到快乐,才能够将令人愉悦的服务体验提供给顾客。优秀的服务型企业总是力图在企业、员工和顾客之间建立良性循环。如家酒店采用的方式是为员工创造快乐的工作环境。它认为服务型企业的真正价值就在于它为顾客提供的服务,而员工是高质量服务的创造者。它希望建立一个良性循环:企业为员工提供快乐的工作环境,快乐的员工创造高品质服务,享受到高品质服务的顾客用他们的钱包回馈企业。

如家酒店总裁孙坚这样解释快乐对于服务型企业的意义:"快乐与人生的宗旨是相符的,人在这个世界上是为快乐而生活的。人与人之间的快乐又是互动的,当你快乐了,你的服务就会更自然,更具有价值;你将获得更多的赞许和荣誉,这些赞许和荣誉又会给你带来更大的快乐。这是一种良性循环,它可以激发员工的潜力。"因此,在如家酒店,快乐是一切工作的起点,员工们对于快乐工作的愉悦体验,会在高品质服务的过程中相互传递。

如家酒店认为,尊重员工是创造快乐工作氛围的基础。人们对于服务型企业员工的印象,往往会被马斯洛的五种需求理论所误导,通常会认为他们没有受过完整的教育,身处社会底层,缺乏改变自己命运的力量。由此而认为,他们对于人的尊严并不是太敏感。按照马斯洛的理论,忙于应付生存需求的人是无暇顾及自己的高层次的尊严需求的。

其实,服务型企业工作人员内心是非常期望得到人们尊重的。他们在乐意为客人创造令人难忘的情感体验的同时,也渴望获得相应的情感回报。这样的情感需求普遍地存在于服务型企业的员工心中,而并不会因为收入的高低、性别和职位的不同造成差异。但现实生活中,并不是每位顾客都愿意给服务型企业的员工以起码的人格尊重,员工在工作中经常会频繁遭遇类似于误解、责骂、侮辱,有时甚至还会发生殴打以及性骚扰之类的事情。总之,服务型企业的工作人员有时遇到的"艰难时刻"多到一般人难以想象的程度。

因此,服务型企业工作人员更需要从他们身处的工作环境中获得情感慰藉和尊严体验,以便能够继续向顾客输出令人愉悦的服务。因为如家酒店对自己员工的尊重,足以平衡员工自身的情感方面的需求。不过,在如家酒店,每一位分店的店长对于"尊重员工"都有自己独特的观点和具体的做法。北京燕莎店和大使馆店店长崔陶认为,要用真心去理解员工:"每个人都是有感情的,即使最冷漠的人,内心也一定有自己脆弱和柔软的那一部分。我们要做的就是把这部分的积极因素激发出来。"她曾经将一位病愈后来上班员工调整到工作量相对较少的岗位,并且提醒这位员工的丈夫关心妻子的情绪和身体。而成都红照壁分店的店长张平则更关注员工职业生涯方面的发展。他认为:"如果你是真心为员工着想,就要为他们的未来考虑,根据他们的个性设计一条适合他们自己发展的职业生涯路线。"当我们采访他的时候,他正在和店里的一位值班经理一道设计着争取成为店长助理的职业生涯路线。广州市白云路分店店长李彧则强调如家的工作氛围。他说:"我们如家酒店在店面整改扩展的时候仍然保留员工餐厅,就是为了在开饭的时候,大家能够相聚在一起,相互打个招呼,大家有一种生活在一个温馨家族之中的美好感觉。"

企业的发展战略是需要有相应的组织结构来支撑的,高效的组织结构,实质上是用最少的资源配置,透过适当的分权来达成公司总体的发展战略。与传统的酒店规模相比,经济型酒店更多的是采用扁平化的组织结构。如家酒店的每一个门店,从店长到最基层的员工只有三个级别:店长作为酒店的最高负责人,构成了酒店组织结构中的第一层级;值班经理、店长助理、客房主管,作为酒店的管理团队,构成了酒店的中层结构;基层员工则处于第三层级。如家酒店在管理上没有复杂的内部流程,要求所有问题都在这三个层级内解决,不再另行专门安排领班和部门经理。

同时,如家酒店也取消了专门的销售部、营运维护部等其他酒店常见的部门。道理很简单,如家酒店认为这些部门不能直接产生经济效益,因此可以尽量缩减,但营运维护和市场营销所具有的职能并不是就此取消了,而是由如家酒店总部负责大客户和呼叫中心的管理。而一些更直接的营销工作,则交给二三线城市的各个酒店自行负责。尽管分工方式有所不同,但门店中的各种职能依然是"麻雀虽小,五脏俱全"。

如家酒店这种"经济型"的组织结构的主要优点是:(1)酒店内部作业流程缩短,信息沟通畅通有效。机构少一层,效率高一级。酒店等级制的金字塔状组织结构,管理学的定律是越往上层其管理难度越大,而管理幅度则越小;(2)管理人员更贴近员工和顾客,能够根据员工和顾客的要求及时调整和改进;(3)在员工工资水平不降、一线员工人数不减的情况下,保持同等薪酬、福利水平,既有利于劳动生产效率增高,又不会影响对客人的服务;(4)由于撤销部分管理岗位,可减少"内耗",减少文秘,减少办公场地租赁和费用;(5)根据哈默(M.Hammer)和钱皮(J.Canpy)的组织再造理论,扁平化的组织结构有利于企业应对多变的市场,能使企业对市场变化作出快速的应变。

如家酒店的每一名员工,上至店长,下至保安,都需要做到一专多能。人人有事做,人浮于事的现象才能得到根除。在如家酒店,每一名员工都不是仅仅负责自己承担的那一部分工作,而是会承担更广范围内的职责,并且公司还提供机会让员工尝试不同岗位的工作。一般来说,经济型酒店的值班经理相当于星级酒店的前厅经理,但是在如家酒店,值班经理所负责的工作还不仅包括前厅的管理工作,他还需要承担一部分销售工作,例如推销嘉宾卡、利用淡季时间拜访酒店周边社区的重要客户、与一些商务客户洽谈和签订合作协议、争取把常客变成会员等,诸如此类的工作都属于前厅经理的职责范围,而公司也向相关的员工提供非常明确的操作方法和技能培训。这样一来,尽管如家酒店的人员编制很少,甚至见不到专职的销售人员,但其市场营销工作却丝毫不受影响。

　　除了管理人员,如家酒店的基层员工同样具备多种技能。许多店面都不设专门的保安,而是由其他岗位人员兼任,又或者保安需要身兼多职,从某种意义上说也不是专职的保安人员;如家酒店的维修工往往通晓多种本领,除了负责水电维护,还懂得电脑维修。技能丰富化的要求不仅仅为公司节约了人手,降低了人力资源成本,而且也为酒店员工,特别是从事操作性工作的基层员工提供了一个更为广阔的职业发展空间。

　　这种的扁平化的组织结构是大多数经济型酒店的选择,在竞争日趋激烈的市场里,如家酒店能够始终保持行业领先地位的奥秘,则在于它拥有其他经济型酒店不具备的结构形式:"涟漪组织"。当一家企业的最高管理者能够以高超的技巧,将服务理念以体验的方式传递给他的下属,他的下属又以同样的方式传递给普通员工时,员工们才会真正成为服务理念的化身,将理念从一个干瘪的概念,变成鲜活的体验奉献给他的顾客。这样的组织,就是涟漪组织。

　　如家酒店在自己的微笑卡片上写了它的服务理念:"把我们快乐的微笑、亲切的问候、热情的服务、真心的关爱,献给每一位宾客和同事。"这样的服务理念在涟漪组织中怎样从概念变为现实呢?

　　(1)投入第一颗石子。在涟漪组织中,企业最高管理者传递的体验就好像投入水中的第一颗石子。由于最高管理者拥有的权力和影响力,他投入的这粒石子在很大程度上决定着全部涟漪的形状。如家酒店总裁孙坚的理念是:"人首先是要被关爱的。"他认为要给予员工更多的关爱,员工的积极性和创造性才会得以体现。"如家酒店那么多员工,每天微笑着打扫卫生,微笑着招呼客人,这群人很不容易,太让人感动了。"这让孙坚坚信,只要激情还在,"没有做不好的事情,没有不能解决的问题。"从入主如家酒店的那一天起,孙坚就一直在试图营造这样一种氛围。孙坚很清楚地记得,他第一天上班时和每一个同事微笑着打招呼时,大家都躲着他,因为他是如家酒店的 CEO,对员工有压力。现在,孙坚的每一次招呼都会得到员工的微笑回应。发自内心的微笑服务,需要有一个良好的氛围。如果内部氛围都很压抑,那么员工在为顾客服务时就不大可能情愿。因此,企业最高管理者创造的体验是建立涟漪组织最为关键的一粒石子,它将这家企业倡导的理念清晰地传达出来;并且因为最高管理者的影响力,它产生的波纹也是最广阔和最深远的。

（2）每位员工都是涟漪创造者。最高管理者投入第一粒石子，但是如果他是组织中唯一一个这样做的人，那么他创造的波纹只能在一个狭小的区域存在，并且很快会消失。在一个真正的涟漪组织中，每一位员工都是重要的涟漪创造者。涟漪组织依赖于所有涟漪的交汇，而不是仅仅始于某一个点的延伸。因此，涟漪组织中的管理者，必须致力于让每一个员工变成涟漪创造者。左东升是北京西北城区总经理，他投入石子的方式，是尽可能宽容地对待员工，但绝不能对服务标准有丝毫的损害。他手下有个值班经理名叫徐建龙，原本在北京清河一家小宾馆工作，那里没有什么服务理念和标准，因此业务能力不太强。徐建龙脾气不太好，认为客人不对的时候，就一定要同客人讲理，有时候语气和情绪就不够好。左东升采取的办法不是简单地批评和指责，而是不停地投入石子，在徐建龙跟客人起冲突的时候，他亲自以店长的身份赔礼道歉，让徐建龙体验到他的做法有悖于如家酒店理念。慢慢地，徐建龙的观念改变了，也成为一个新的涟漪创造者——他将左东升传递给他的体验，化成了自己创造涟漪的石子。"我几乎不批评员工，以表扬为主。发现员工哪里做得好，就会给大家表扬。"

（3）消除涟漪中的阻断点。在涟漪组织中，每个人都是涟漪的一部分：他们从别人创造的涟漪中得到体验，同时又将自己的体验传递给别人。因此，管理者必须及时消除涟漪中的"阻断点"——那些不愿意遵循组织理念的人，并不是一个独立的麻烦，他会制造糟糕的体验，并且不断传递给他周围的人。对于这样的阻断点，最好的办法是在他造成糟糕体验之前就将其清除。如家酒店成都红照壁店曾有一位背离了企业理念的厨师长。如家酒店要求员工餐是两荤一素、一个汤和水果。但是这位厨师长只做一个荤菜、一个素菜，没有水果，汤也很简单。当店长要求他必须改变时，他回答说无法按照要求做，因为进货价格太贵了；店长让他更换供应商，他也拒绝更换。店长就让员工到超市买材料，超市的价格都比他进货价格便宜，这位厨师长对此非常抵触，酒店只好将他淘汰了。

（4）确保石子被准确投入。现在，如家酒店是一个拥有超过700家酒店的庞大组织，在这个组织中有数以千计的管理者。对于如家上海服务支持中心办公室的高层管理人员来说，最大的困难是如何让这数千位处于不同层级的管理者成为合格的涟漪创造者。仅仅凭高管团队，已经没有办法将他们创造的涟漪无一遗漏地传递给这些管理者，他们需要建立一系列机制，以保证每一个人都能够创造涟漪，而不是成为阻隔点。

暗访和总查是确保创造涟漪的石子被准确投入的两个重要机制。每家酒店在一年中会遇到2—4次随机暗访，但没有人知道进行暗访的神秘客人是谁，也不知道他们会在什么时候来到酒店。他们以普通客人的身份入住，按照如家的服务标准对每一项服务打分，然后将分数反馈给如家酒店运营部。暗访是从客人体验的角度对酒店进行考察，总查则是检验如家酒店标准的执行情况。如家酒店运营部有10位负责总查的员工，他们每年有200多天奔波于各地的酒店之间，以确保对所有酒店进行一次总查。总查一家酒店平均需要两天时间，在这两天里，他们要仔细检查酒店的方方面面。

总查人员到如家酒店之前，以普通客人的身份通过电话预订房间，考察从这时就开始了。办理入住手续以后，他们要观察前台服务员办理入住流程是否规范，是否按照标准使用服务用语，服务型企业工作人员是否热情，楼层里员工车有没有按照标准摆放，酒店清洁卫生状况如何等。进入房间以后，总查人员首先要仔细检查房间，除了客人通常会注意到的卫生状况，马桶水箱、垃圾桶、空调过滤网等不容易注意到的地方也要一一查看；之后总查人员才会与店长联系，展开进一步的检查。这些检查包括基础管理的方方面面：安全、卫生、硬件、客用品管理、员工考核等。暗访和总查得分会影响酒店的考核。

涟漪组织是人与制度的结合。制度的设计应当以激发员工内心所求与企业理念相吻合的部分为目标，并全力保证员工沿着正确的方向前进。但是仅依靠制度并不能建立起涟漪组织，还需要无数身处不同层级的员工创造的体验交汇而成。一个涟漪组织经过不停地传递和激荡，把快乐和发自自己内心需要的微笑传递给顾客，传递给社会。

三、如家酒店微笑传播的情感管理价值

当我们还是孩子的时候，就依靠自己的感觉与关注来识别身边那些和我们亲疏远近的各种关系,而能体验到的最亲近的情感就是家庭成员之间的亲情。家庭相对于其他群体而言,可以为个人提供一些更能满足自己成长与发展需要的机会。在从儿童到成年的整个过程中,家庭生活都对我们产生极其重要的影响。① 家庭的熏陶对我们年幼时能够形成什么样的性格、态度有着重要的影响,更对我们走上社会成为何种类型的人有着决定性的作用。

由家庭孕育的情感,可以使我们在职场上因微笑、悲伤、害怕、危险和快乐的经历而联结起来。单是因听到某个笑话而一起开怀大笑的经历,就是一条把我们联结起来的纽带。当某个员工的亲人亡故而我们围在其身边试图帮忙的时候,悲伤也将我们联结了起来。当一项有风险的商业投资要求我们紧密团结、努力工作、克服不可战胜的困难以圆满完成任务的时候,奋起迎接挑战的契机又将我们联结在了一起。我们总是忘不了这些时候,将我们相互联结在一起而抒发出来的情感。在工作中,我们迫切需要源自真诚关系且充满活力的感受,但我们往往不相信拥有这种感受所必然带来的情感的脆弱性。为了获得希望、乐观、激情、热忱等充满生机的力量,我们同样必须接受挫折、失望和害怕。② 然而,我们还是像依赖我们生命中的空气一样依赖家庭、依赖社会,我们与其他人组成了一个个的关系网络,在当前这样一个浮躁的、物质化的世界里,我们作为个人而充满欲望、恐怖和希望。③ 每当这样的时刻,我们又常常在情感上特别眷念"家"的那种感觉和回忆。在这样的时代背景下,如家酒店依靠"家"文化,提振员工的士气和忠诚度;营造"家"一般的文化氛围,为顾客提供宾至如归的美好感受。

1. 如家一样的温暖

如家酒店的微笑服务就是试图通过员工"微笑",创建"如家一样温暖"的企业文化。通过微笑,凝聚员工共同的价值取向,让每一位员工都能理解微笑的意义,拥有微笑服务的本领,为周围的人带来爱与快乐,并由此带给顾客一

---

① 参见[加]大卫·切尔:《家庭生活的社会学》,彭铟旎译,中华书局2005年版,第1页。
② 参见[美]费思·拉尔斯顿:《情感:潜在的动力》,曹珍芬唐译,上海人民出版社1999年版,第129页。
③ 参见[美]赫舍尔:《人是谁》,隗仁莲译,贵州人民出版社1994年版,第55页。

种宾至如归的氛围。也希望每个员工能够像见到家里的父老乡亲、兄弟姐妹一样去尊重顾客、服务顾客,给顾客以家一样的温馨与关爱。这样的员工价值取向,是建立在对企业充分信任的基础之上,建立在对服务工作本质内涵深刻认知的基础之上,建立在对企业文化价值高度认同之上,更是建立在对人与人互动交流相互感化的理念之上的。① 因为,只有当我们尊重和关爱他人时,我们才会从对方那里获得友善的回应,我们也同时获得快乐。这样,我们在服务他人的时候,才不觉得仅仅是单纯地付出,因为我们从对方那里得到了信任和尊重。

优秀的服务型企业总是力图在企业、员工和顾客之间建立良性循环。如家酒店采用的方式是为员工创造快乐的工作环境。如家酒店总裁孙坚是这样解释快乐对于服务型企业的意义的:"快乐是如家文化的一个要素,快乐与人的生命意义相一致。因为,人来到这个世界,就是为快乐而活着的。人与人之间的快乐是相互影响的,就像一朵云推动着另外一朵云,一棵树摇动另外一棵树一样,当我们的员工快乐了,我们的服务就自然态了,这样才有价值。我们才能获得更多的赞许和荣誉。这些赞许和荣誉又给我们带来更大的快乐。这是一种良性循环,它可以激发我们的员工以及我们企业的发展潜力。"②因此,在如家酒店的文化中,快乐工作是一个起点,愉悦的体验通过快乐的微笑,在通往高品质服务的过程中传递并且发扬光大。

与顾客的情感交流是服务型企业的核心价值。从职业素养上说,从事酒店行业的人必须具备迅速与陌生人建立起一种让人感到舒服和亲近关系的能力,唯有如此,才能实现企业的核心价值。对于服务人员来说,真诚是最重要的品质。员工首先要打开自己的心灵,建立情感交流的通道;真诚对待顾客,才可能使情感交流得以发生,才能迅速与素不相识的陌生人搭建起理解的桥梁。由此,在企业管理过程中,如家酒店总结出了微笑服务的理念。他们要求,服务人员必须做到:打开心灵,真诚待人;不轻易承诺,言出必践;视顾客为家人;恪守标准,持续改善;为服务注入灵魂。人需要爱心,有爱心才不会伤害

---

① 参见汪若涵、朱瑛石:《微笑力》,中信出版社 2010 年版,第 170 页。
② 汪若涵、朱瑛石:《微笑力》,中信出版社 2010 年版,第 12 页。

别人,才会尊重别人,才会把事情做好。如家酒店认为,服务型企业更需要有爱心,只有将服务落实在爱心上,重视人类灵魂深处的东西,才可能在企业内部做到职工平等,才可能把发自内心的微笑情感贯穿到服务工作之中,才会使大家都觉得更融洽,才可能让员工将爱落实到服务过程之中。[①]

2. 如家文化的传播

服务型企业的经营过程是一个传播的过程。传播是企业与顾客相互认识和了解的重要中介,企业是在与顾客交流与传播过程中相互建立认知的。不与社会乃至顾客交流的企业当然无法做到对自身的认识,也无法通过顾客对于企业的态度来反观自己。马克思说:"人起初是以别人来反映自己的。名叫彼得的人把自己当做人,只是由于他把名叫保罗的人看做是和自己相同的。因此,对彼得来说,这整个保罗的肉体成为人这个物种的表现形式。"[②]苏联哲学家弗拉季斯拉夫·A.列克托尔斯基认为:"人的认识本质上并不是主体对客体的直接关照。在主体和客体之间,往往存在着一系列的中介环节。作为认识活动的基础,实践本身是社会性和中介性的活动。人的社会传播沟通活动与文化规范,对认识活动有不可忽视的重大影响,它在某种意义上增强了人的反映的中介性。"[③]这说明,无论是企业员工还是企业本身,或者是顾客,都是在传播的关系条件下认识客体的。如家酒店的"为服务注入灵魂"的企业文化理念,就是试图在改变员工主观世界的同时,改变外部的人与人之间的社会关系,通过企业微笑文化的传播,追求和创造一种真、善、美的过程。

对于企业而言,文化是一种复杂且综合性的构成要素。通常,企业文化被描述为一组基本假设。从内容上来看,文化被视为构成企业核心特性中的规范、态度、价值和企业模式。其中最为突出的就是企业成员共享的价值观,也就是一种业已内化的规范性信念。同时,企业文化在决定企业的领导风格、工作氛围、战略制定与业务流程等方面都扮演着关键角色,决定了企业的特征、核心能力以及企业环境,同时也定义了用于衡量这些特征的标准。企业文化

---

① 参见汪若涵、朱瑛石:《微笑力》,中信出版社 2010 年版,"引言"。
② 《马克思恩格斯全集》第 23 卷,人民出版社 1972 年版,第 67 页。
③ 黄楠森主编:《马克思主义哲学史》,高等教育出版社 1988 年版,第 302 页。

是外部适应与内部整合的主要手段,在企业和员工个人两个层面上同时影响企业的运行,进而对企业的经营绩效产生影响。因此,如果文化本身是企业独特有的,那么就是富有价值的、稀缺的以及难以完全模仿的,这样的企业文化会形成企业的核心竞争力的源泉。

价值观是服务型企业经营过程中所推崇的基本信念和遵奉的目标。沙因认为,企业文化是一个社会控制的机制,是明确地操纵员工以某种特定方式认知、思维和情感的基础,它通过员工的心理加工过程发挥出强大的影响力。企业价值观念作为一组基本假设,向我们界定了我们应关注的内容、事物的意义、对正在发生的事物作何情绪反应和在不同的情境中采取哪种行动。一旦我们形成一整套的假设,即形成企业的思想世界或认知地图,就会产生这种感觉,即与那些和我们拥有相同假设的人在一起工作是最舒服的。而如果身处与我们所持假设不同的情境之中的话,我们要么不能理解正在发生的事情,要么会错误地认知和解读他人的行动,产生不自在且易受责难的感觉。基于人类需要获得认知稳定性的前提,对基本假设的任何挑战或者质疑,都会使我们产生焦虑和防御。从这个意义上讲,构成企业文化共享的基本假设,既可以被看作是个体层面的心理认知防御机制,也可以被看作是企业集体层面的心理认知防御机制。它们保证了企业功能的持续运转。当我们考虑变革企业文化的某些方面时,认识到它内在的这些联系是非常重要的,因为改变企业文化与改变个体防御机制的模式一样困难。① 这就是说,价值观是企业全体员工一致赞同的关于企业意义的终极判断,或者说是企业信仰。价值观作为服务型企业文化的核心内容,用于规范企业领导者及员工行为,使全体员工在具体服务的各个环节问题上达成共识,从而大大节省服务成本,提高企业及其员工对顾客需求的反应速度。

服务型企业文化的创建,必须通过顾客至上的价值观来统率和规范全体员工的服务行为。零售企业巨头沃尔玛,在前后两代领导者的倡导下,形成以"尊重、服务、卓越"为核心的企业价值观:一是顾客第一,千方百计保证顾客

---

① 参见[美]埃德加·沙因:《组织文化与领导力》,马宏宇等译,中国人民大学出版社 2011年版,第 24 页。

满意,尽其所能地让顾客感受到,在沃尔玛所有连锁店购物是一种亲切、愉悦的经历;二是与员工一起迈向成功,员工就是企业的合伙人。他们推出了众多的利益共享制度,通过团队精神,激励每一位在沃尔玛上班的员工;三是追求卓越,沃尔玛所有连锁店的员工们共同实现让顾客满意的承诺。每天营业前,沃尔玛的员工们会聚集在一起,通过呼喊著名的"沃尔玛式欢呼"来领悟企业文化精神,体会工作中的快乐。他们还倡导"日落原则",要求全体员工做任何事情,都必须尽心尽力,踏踏实实处理好每个细节。风靡全球的快餐服务企业麦当劳,则以"价值、品质、服务、清洁"作为自己的核心价值观念。这些核心价值观念中的每一项,都是围绕着如何为顾客提供超值服务这一根本目标提出的。由此可见,服务型企业核心价值观,应结合行业特点,以"顾客就是上帝"的服务宗旨来制定。沃尔玛公司以服务精神为主,麦当劳则加入了饮食行业的清洁和价值特征的内容。①

重要而显著的企业文化理念将会引发一系列全新的、完整的洞察,让人们赋予整个企业管理以创新的意义。② 如家酒店倡导的"为服务注入灵魂"的微笑服务文化价值观念,就是他们深刻理解服务型企业的基本特征的结果。说到底,服务业是与人打交道的,而人是千差万别的,虽然人们之间的关系变得越来越疏离,但大多数人在内心深处,始终存在与他人接近和被他人善待的渴望。因此,服务型企业只要将自己的理念渗透到企业和服务人员的灵魂深处,就能够超越心理防线,推进人与人之间的良性互动。

过去我们往往对于服务行业存在一个误解,认为他们从事的是侍候人而低人一等的工作。根据马斯洛(Abraham H. Maslow)的需求理论,忙于应付最低生存需求的人,是无暇顾及自我价值实现的奢望的。因此,他们对于企业的价值理念并不敏感。比如,酒店里最底层的清洁工,也许他们每个人都能偶尔把一间客房打扫干净,但是那些优秀的清洁工是不平凡的。每一天,当他们把客房打扫干净后,都知道第二天屋里又会被到处乱扔的毛巾、洗漱用具和被单弄得不堪入目。即使是那个没完没了地推着巨石上山的西西弗斯,也会对这

---

① 参见刘华群:《服务型企业的文化构建》,《企业改革与管理》2008 年第 12 期。
② 参见[美]埃德加·沙因:《组织文化与领导力》,马宏宇等译,中国人民大学出版社 2011 年版,第 254 页。

样的工作感到厌倦。可是优秀的清洁工从不厌倦,而是越干越带劲。面对沉重的工作负荷,他们毫不退缩。相反,他们还会觉得很过瘾。对他们来说,工作是在考验他们的责任心和创造力,要求他们每天都能取得一些看得见的成效。因此,他们愿意走进自己分管的房间,整理它们、战胜它们,并且从中得到自我实现的满足。美国有一家拥有 15000 多间酒店客房的大型娱乐开发区,素以优质服务扬名全球。公司有 3000 多名负责打扫卫生的清洁工,其中有 8人在这个开发区做得最出色。这 8 名清洁工不仅比其他人更努力工作,还在于他们有自己的追求,他们每个人都有一个努力为客人提供最好服务的价值理念。正是有了这种理念,酒店客房不再是等待完成的杂活儿,而是变成了一个个客人的世界。他们打扫房间时,用客人的眼光审视四周,想象他们的世界应该是什么样子。恰到好处地布置客人的世界,给他们力量和满足。没有人告诉过他们应该这样做,但是由于某种原因,他们内在的服务理念推动他们这么做,并从自己的劳动成果中获得持久的满足。① 从这个意义上说,如家酒店旗帜鲜明地提出"打开心灵,真诚待人"这一企业价值观念,其最吸引人的地方就在于,它将员工指向表层之下的深层次内容,指向那些潜意识水平的、看不见摸不着却确实存在的强大的影响力。"打开心灵,真诚待人"对于如家酒店的所有员工而言,其意义就如同人格或性格之于个体一样,我们可以看到行为的结果,但是我们通常不能看到导致某特定行为的背后驱动力。然而,正如我们的人格和性格指导并约束着我们的行为一样,"打开心灵,真诚待人"同样也通过团体的共有规范指导和约束着如家酒店成员的行为。

3. 如"家"一样地快乐

试图通过打开员工心灵,让员工真诚待人,真正发挥"为服务注入灵魂"这个企业文化价值观念的效用,就势必需要将注意力放到对于员工具有稳定、持久意义所生成的结果方面上来。如家酒店采用的方法,首先是努力为员工创造快乐的工作环境。

---

① 参见[美]马库斯·白金汉、柯特·科夫曼:《首先打破一切常规》,鲍世修等译,中国青年出版社 2002 年版,第 118 页。

人们一般用"快乐"这个概念来表达这种大家都心知肚明的感受,不过这并非是"快乐"概念的唯一含义。比如,当一个人说"我对自己的生活方式和现状感到高兴"的时候,心理学家通常都很乐意以此来推断说这个人是快乐的。问题是,人们有时候会用"快乐"这个概念,来表示他们认为某些事物是有好处的。如果我们都同意只用"快乐"这个概念来指代那种大概能用"令人愉快的"或者"令人享受的"主观情感经验;如果我们都用这个概念来指代能够带来快乐行为的高尚性,或者我们对于某种经验的好处予以认同,那么,"快乐"这一概念就可以用来描述一种经验,也包括带来这种经验的行为。① 也就是说,快乐是一系列善良行动带来的美好高尚的感觉。一般来说,快乐源于良好的心态。学会快乐地工作,就是学会发掘自己蕴藏着的内在活力、热情和巨大的创造力,就是学会享受每一天的幸福。如果说良好的心态是前提,适当的压力是动力,工作业绩是激励,那么快乐的工作就应该是贯穿始终的主旋律。但是,没有好的心情,很难谈得上工作效率与成绩。有时我们感叹平日工作的平淡乏味,觉得我们的工作琐碎繁重,等等。其实,这一切都只缘于自己没有摆正心态。只要我们怀着感恩的心,愉快地投入日常工作之中,努力把工作尽职尽责地做好,那么我们就可以体验到平凡中的精彩、烦恼中的快乐、腐朽中的神奇。就能体会到,原来感觉竟然是如此容易转换。就会发现,只要启迪自己的力量和智慧,转换自己的思维方式,就可以给予自己灵感和快乐的东西。要做到这一切,根本原因只需要拥有一颗感恩的心就可以了。② 正因为如此,如家酒店把"快乐"作为企业文化的一个要素,致力于为员工创造一个快乐的工作环境。他们每周例会上均有讨论帮助员工解决困难的议题,并且特别看重在日常生活中为员工创造快乐工作的"合适的时机"。例如冬天为了让服务员免受寒风之苦,给餐厅安装门帘;寒冷的冬夜不必遵守公司的着装标准,让前台员工穿上大衣;在雪天将旧地毯裁成条铺在地下室的台阶上,防止工程维修员摔倒;为到外地参加服务标准比赛的员工额外申请假期,并让他

---

① 参见[美]丹尼尔·吉尔伯特:《撞上快乐》,张岩、时宏译,中信出版社2007年版,第40页。
② 参见贾扶林、赵士权:《带着感恩的心工作》,中国华侨出版社2011年版,第128页。

们乘坐飞机往返，费用由酒店承担，等等。① 如今，很多企业领导人其实都意识到快乐工作的重要性，也将口号和标语挂到办公室的墙上，但真正能让员工感受到快乐的企业则少之又少。口号挂在墙上，或者在会议上被一再宣读和强调，充其量只是一种知识。对快乐工作的感受是一种情感，人们只能通过体验，而无法经由知识获得它。

　　一般来说，服务人员都愿意为客人创造令人难忘的情感体验，但同时也渴望获得相应的情感回报。这种情感需求是非常正常的，它普遍地存在于各种、各类服务型企业的员工当中。有统计数据表明，在付出额外努力后，多数员工最希望得到顾客的称赞。如果有客人对服务人员说声"谢谢"，服务人员往往心里就会觉得很满足。但是，现实生活中并不是每位顾客都能理解服务人员工作的。因此，服务人员遇到的屈辱和尴尬等"艰难时刻"多得超乎一般人想象。在大部分受访的如家酒店员工中，她们都能举出工作中的不快遭遇：误解、责骂、侮辱，有时候甚至还会受到性骚扰甚至殴打。②

　　在顾客就是上帝的时代，企业对于顾客的不理解或者故意刁难的态度是无法控制的。企业只能努力创造条件，让服务人员从他们身处的环境中获得情感慰藉和尊严体验，以便在委屈的情况下，也能够继续向顾客提供令人愉悦的服务。孙坚认为，企业要主动给服务员创造"润滑剂"。服务型企业的员工是需要从心底为客人付出真诚努力和情感的。在这个过程中，员工不得不适当地克制自己和战胜自己。因此，员工们需要企业为他们提供一个润滑剂，③这种"润滑剂"就是企业对员工的尊重，它可以平衡企业员工的情感需求。在如家酒店，几乎所有受访的员工都希望在自己遭遇不快经历的时候，能够获得同事和店长的情感抚慰。每当员工遇到委屈，都有同事前来安慰，店长也会帮助员工开解。比如曹兰芳与她工作的上海江苏路店有更加深厚的感情："2006 年 10 月我生病做手术，在医院里住了很长时间。那段时间，一直是同事、主管和店长来医院照顾我，所以说江苏路店对我有恩。后来领导也想调我

① 参见汪若涵、朱瑛石：《微笑力》，中信出版社 2010 年版，第 17 页。
② 参见汪若涵、朱瑛石：《微笑力》，中信出版社 2010 年版，第 15—16 页。
③ 参见汪若涵、朱瑛石：《微笑力》，中信出版社 2010 年版，第 16 页。

到其他店做领班或者主管,我都拒绝了。"她现在是酒店的"微笑大使"。①

就存在而言,人是来自社会共同体的存在,同时受到社会共同体的照料,并面向社会共同体而存在。或者说,这种存在意味着它是同社会上的其他人的一种共存,人的实存就是与社会各种人的一种共处。如果他不与别人分享意义,或者如果这意义不与他人共享,他就永远不可能得到自我认知乃至社会认知的满足,也不可能认识到其行动的社会意义。忽视了人的相互依赖及相互关联,便无法抓住做人的核心价值。② 因此,如家酒店强调,做人一定要有爱心,有爱心的人才不会伤害别人,才会时时想到要尊重别人,才会主动热情地把自己的服务工作做好。

一个公司员工的品德是否高尚,员工的素质修养是否提高,最终还是落实在对顾客是否有爱心上方面。如家酒店的企业文化不是跟风喊口号,他们强调的是一些人类灵魂深处的东西,比如,企业内部员工的人格平等问题。在如家酒店内部,他们一贯强调管理者与员工的关系是合作者关系,虽然,从经济关系来说是雇用与被雇用的关系,但这并不影响管理者与员工之间的平等相处。雇用和被雇用关系与人格平等关系并不矛盾,而且都是必须重视的。只有把人格平等的理念贯穿到企业日常工作当中,才会使大家都感觉心情舒畅,相处才会更加融洽。③

企业文化中最神秘的一面,就是它的价值观念是如何形成的? 我们经常发现有些企业领导者用来沟通信念、价值观和假设的机制是无意识的,甚至连他们自己都没有意识到。从严格意义来说,企业文化应该是领导者有意识的、积极主动的一种企业行动。④ 作为如家酒店的掌门人,孙坚始终坚持用一种实业家的眼光观察社会。他说,他特别爱好观察路上行人的姿态表情。他发现国内有80%左右的行人,完全是在紧张地赶路,脸上没有一丝笑容。他将这种现象归结为根深蒂固的中国传统文化。中国人从小所受的教育,包括成

---

① 参见汪若涵、朱瑛石:《微笑力》,中信出版社 2010 年版,第 15—16 页。
② 参见[美]赫舍尔:《人是谁》,隗仁莲译,贵州人民出版社 1994 年版,第 41 页。
③ 参见王育琨:《带着爱去工作》,江苏人民出版社 2011 年版,第 174—179 页。
④ 参见[美]埃德加·沙因:《组织文化与领导力》,马宏宇等译,中国人民大学出版社 2011 年版,第 186 页。

长过程中的耳濡目染,共同培植了国人内心深处的一种焦虑感。因此,中国人的内心是非常紧张的,而不是一种放松的心情。不善于关注他人、尊重他人,对社会缺少爱意也不懂得努力改善它,这已经成为现代人最为缺乏的能力。孙坚认为,人与人之间的关系,其实是一种很简单的关系。他说:"小的时候,祖母经常同我唠叨:'你跟人家要笑笑,跟人家要讲讲。'她的话很朴实,但很说明问题。过去 30 年我们被经济发展迷惑了,社会的价值判断,其实不应该只建立在经济指标之上,而应该回归到人类本身。因此,我们要相信这个世界是美好的。虽然,现实生活中确实还存在很多不美好的事情,但是,我们既然已经降生在这个世界上,如果完全不相信世界还有美好的事情,那么我们的生活就太糟糕了。相互信任能够让我们有一种非常好的心态,让我们拥有关注他人、尊重他人的能力。我们的生活才会因此而更加美好、更加自然。"①百岁老人对儿孙的教诲,潜移默化地影响着孙坚的心灵,赋予了孙坚一颗怜爱的心。在这个充满冷漠和隔阂的世界里,总要有人率先用自己的热忱融化人际关系间的坚冰。如家酒店创建了拥有微笑力的服务型企业,孙坚则是破冰者。

当一家企业的最高管理者能够通过自己的人格魅力,将先进的服务理念以体验的方式,传递给企业的管理层,这些企业管理者又以同样的方式传授给普通员工时,员工们就会真正成为服务理念的化身。企业的文化理念就可以从一个干瘪的概念,变成鲜活的情感体验,奉献在来自四面八方的顾客面前。正如如家酒店微笑卡片上所写明的服务理念:"把我们快乐的微笑、亲切的问候、热情的服务、真心的关爱,奉献给每一位宾客和同事。"②

---

① 汪若涵、朱瑛石:《微笑力》,中信出版社 2010 年版,第 170 页。
② 汪若涵、朱瑛石:《微笑力》,中信出版社 2010 年版,第 73 页。

第七章 "微笑北京"的组织传播策划

人们经常说,世界上有一种永不凋谢的花朵,那就是洋溢在我们脸上的微笑。轰轰烈烈的北京奥运会已经落幕,但是,"微笑北京"的品牌就像北京的名片一样,把亲切美丽的形象,深深留在了外国游客的心中,更留在北京市民和全国人民的心间。"微笑北京"的品牌效应说明,一切社会过程都是社会文化发展的过程,更是一个社会行动的过程。它既离不开社会文化的创新,也离不开社会主体的行动,更离不开社会主体间的行动关系,也必然通过文化的影响与行动的关系过程而得到表现。

一、"微笑北京"主题活动概况

"微笑北京"主题活动是北京奥运志愿服务相关工作,围绕北京奥运会主题开展的不同类别、目标和范围的志愿服务活动的总称。是由党和政府领导、共青团组织协调、公众广泛参与的一项社会运动。是奥运理念、志愿精神、和谐社会观的扬声器与播种机。

2002 年 7 月 13 日,北京申奥成功一周年之际,"青春奥运志愿服务团"成立;2004 年 3 月 4 日,"志愿服务,迎接奥运"等活动启动;2005 年 4 月,北京团市委倡议开展"青春微笑行动"主题志愿服务活动,增进公众对人文奥运的认知与参与;2005 年 6 月 5 日,北京奥运志愿者项目正式启动;2006 年 8 月 8 日,北京奥运会倒计时两周年之际,"微笑北京"主题活动正式启动,海内外多家新闻媒体给予了高度关注,《北京日报》以"微笑是一朵花"为题刊发评论:

微笑是一朵花,她使熟悉的更加熟悉,陌生的不再陌生;她是人类共通的无言之言、无语之语,诉说着彼此间近在咫尺或海角天涯的情谊。

要使奥运精神、志愿服务精神深入人心并内化,进而推动和谐社会、公民社会建设,"微笑北京"主题活动首先要进行全方位、多渠道宣传教育,最大限度地整合利用现有传播资源。北京团市委充分利用奥运倒计时一周年、志愿者日、"五一"节等重要时点,与网站、电视、广播、报纸等媒体全方位合作。与中央电视台、中国教育电视台、北京电视台、中央人民广播电台、北京人民广播电台、《北京日报》、《北京晚报》、《北京青年报》、《新京报》、《法制晚报》等多家媒体合作进行"微笑北京"宣传推广;新浪网、搜狐网、北京共青网、悠视网络电视、青檬网络电视等制作了微笑活动专题网站,开通了"微笑博客"。2006 年 8 月 24 日,新浪网微笑活动专题网页正式推出,网页设有微笑征集活动、博客、最新动态、精彩图片、媒体关注等版块。新浪网首页以"微笑,北京最好的名片"为题对"微笑北京"进行重点推介,全面深入报道奥运志愿服务理念。通过短信平台、移动电视等进行互动交流,及时传递奥运资源信息,提高活动的知晓度、认知度、受欢迎度,调动公众积极参与奥运热情,使微笑真正深入到市民日常生活中去。同时积极进行选题策划,挖掘活动深度,加强公众对"微笑北京"的认同。一方面通过宣传报道"微笑北京"活动中志愿者先进事迹,挖掘平凡人、平凡事中的不平凡的内容进行宣传教育;另一方面积极创作优秀文艺作品,先后推出歌曲"微笑北京"及相关主题的 DV 作品,筹划摄制以奥运志愿者以及相关题材为主的影视作品,营造人文奥运氛围,多角度感染公众,从而提高公众的参与积极性与自发性。

其次要做好重点群体宣传教育,在校学生、当代团员青年的精神风貌是"微笑北京"的精神理念的最充分体现。奥运志愿者的 70% 来自高校,因此学校,尤其高等院校,是微笑传播奥运活动的重要阵地。北京团市委结合实际情况,重点在各级各类学校中开展"微笑北京"主题系列活动,倡导科学健康的生活理念与生活方式,融文明与志愿服务精神于活动中,开展了青春歌会、奥运知识竞赛、互动游戏、服务社会中成长等活动,使奥运精神、志愿服务精神渗透到学生群体中,加深了学生们对人文奥运与人文关怀的理解。同时以"微笑北京"主题活动开展为载体,加强对学生的思想政治教育,引导学生培养奉献、友爱、互助、进步的志愿精神与建设和谐社会的坚定信念。2006 年 12 月 11 日,首都青年学生微笑传递活动启动仪式在北京会议中心举行,469 名北京市学联第十次代表大会的代表参加,与会领导向首都青年学生志愿者代表授旗,正式启动了"首都青年学生微笑传递活动"。活动以"微笑北京,志愿奥运"为主题,团结和带动广大志愿者深入社区、街道、乡镇开展公益实践、志愿服务和文体活动,营造了积极投身奥运的良好氛围。

奥运精神、志愿服务精神与理念的传播除需要宣传教育外,还需要一定形式的活动载体及实践活动,如此才能使受众在实践中有更深刻的认识,才能引起受众的共鸣,也才能使受众通过体验真正实现精神与理念的内化,引领和塑造良好的社会文明风尚。为此,北京团市委采取了多种有效举措:

(1)"微笑北京"本职工作化。在组织实施"微笑北京"主题实践活动中,北京团市委充分发挥青年文明号、青年突击队、青年岗位能手等群体的示范作用,在窗口服务行业中开展"微笑在岗位"活动;以奥运测试赛等重要体育赛事的文明赛场创建工作为落脚点,开展"微笑在赛场"活动,提升赛场内外的文明素质;交通事关奥运会的顺利与成功,开展"微笑在路上"活动,定期组织社会各界的微笑使者、志愿者到市区主要交通路口、站台宣传交通文明。

(2)"微笑北京"项目化。"微笑北京"是一项旨在推广奥运精神、志愿服务精神与理念的系统的社会运动,因此它不是简单的一蹴而就的活动,而是需要以项目化运作方式持续深入开展。北京团市委结合"微笑北京"主题活动开展的需要,积极整合社会资源,陆续推出 700 余项志愿服务公益实践项目,鼓励和动员公众积极参与,先后组织了"北京奥运志愿者宣讲团"、"北京青年健康使者火炬行动"、"到公益机构去"、"三下乡"、"阳光心语活动"、"微笑北京 奥运先锋"首都大学生志愿者风采展示等项目,实现从理念宣传推广到实践体验的项目化推进,搭建了一个志愿服务、奉献奥运的平台,推动奥运志愿者深入到街道、社区、窗口行业开展公益事业,形成全社会共同参与、互助进步的和谐社会氛围,在实践中将奥运、志愿者服务精神升华并内化为自我素质。

(3)"微笑北京"互动。微笑源自内心的温暖和愉悦,它是双向的,需要在互动中才能实现传递与交流。"微笑北京"不仅提倡参与奥运、奉献奥运精神,注重充分保护公众的参与热情,同时建立互动机制,让志愿者温暖他人时,也能感受到被温暖,从而增加奉献的原动力,增强服务他人、奉献社会的决心与勇气,形成关爱、互助的良性循环。2008 年 1 月 1 日,"微笑祝福笺"活动正式启动,近 200 名奥运志愿者代表参加了活动,活动是向北京奥运会志愿者申请人传递新春祝福的一种特殊名片,加强与奥运志愿者申请人互动,在传递祝福中表达对积极参与奥运的谢意。

"微笑北京"主题实践活动立足实际,通过与本职工作联系起来,建立了奥运精神、志愿服务精神与理念传播的实际有效载体;通过项目化推进,实现了传播的有步骤、有计划、有针对性与实效性;通过互动,实现了传播的感染与良性循环。通过以上努力,引导公众、各级各类群体用微笑来表达感情,传递友谊,倡导文明礼仪,推动和谐社会建设,为举办一届有特色、高水平的奥运盛会营造了良好的社会氛围。

奥运会作为一场举世瞩目的体育盛会,其精神与理念的传播离不开文体活动这些载体的支持。北京团市委以公众喜闻乐见的活动形式传播着"微笑北京"理念,以寓教于乐为目标渗透着奥运精神、志愿者精神与理念。

2007 年 2 月 10 日,"歌声与微笑"群众歌咏活动在景山公园正式启动,相继走入三里屯社区、香山公园等地为公众送去了歌声、微笑、快乐。活动得到了著名歌唱家马玉涛、歌手任静、付笛声及广大群众的热情参与,取得了良好的宣传推广效果,在提高奥运参与率方面起到了重要的作用。2007 年 6 月 14 日,"歌声与微笑——唱响奥运 唱响志愿"校园行活动在中国传媒大学举行。首都高校近 1500 名赛会志愿者申请人和大学生代表参加了活动,何炅、桑兰等明星志愿者与同学们共同表达了参与奥运服务、奉献奥运、传递人文奥运的坚定决心。活动先后走进首都各高校,在广大团学青年中起到了很好的宣传教育作用。2007 年 11 月 11 日,"微笑北京 奥运先锋"北京奥运会、残奥会志愿者长跑健身活动在清华大学紫荆操场举行。首都各高校奥运志愿者代表在起跑仪式上发出倡议:"锻炼身体,提高素质,积极准备,奉献奥运!"首都各高校近 3000 名学生代表通过该活动掀起了健身的热潮,并以大学生的示范作用带动全社会增强体质,迎接全民奥运。

为推动"微笑北京"主题活动深入开展,北京奥运会志愿者工作协调小组办公室、北京团市委、北京市志愿者协会经过精心策划，推出了"微笑圈"有形载体，通过直观而又精美外形与精深的奥运精神、志愿者服务精神与理念的完美结合，有力宣传推广了奥运精神、志愿者服务精神与理念。

2007年1月1日凌晨，奥运志愿"微笑圈"正式版发布仪式暨"我们在钟鼓楼传递微笑"大型主题宣传活动在北京钟鼓楼盛大举行。中共北京市委副书记、北京奥运会志愿者工作协调小组组长强卫同志出席仪式并讲话。北京市人大常委会副主任赵凤山，北京市副市长、北京奥运会志愿者工作协调小组副组长赵凤桐，北京市政协副主席唐晓青，北京奥组委副秘书长张志伟，北京团市委书记、北京奥组委志愿者部部长刘剑，北京东城区委书记陈平，东城区委副书记、区长杨艺文等领导同志出席发布仪式。

奥运志愿者"微笑圈"采用了奥运五环颜色，共分为红、黄、黑、蓝、绿五种，每种颜色分别表示一种特殊的意义，且每一个"微笑圈"都有自己一个独立的编码。"微笑圈"的正式含义是，红色代表"微笑·承诺·乐于助人"，黄色代表"微笑·承诺·文明礼仪"，黑色代表"微笑·承诺·诚实守信"，蓝色代表"微笑·承诺·学习进取"，绿色代表"微笑·承诺·保护环境"。

正式版的奥运志愿者"微笑圈"成为奥运志愿者服务和承诺的标志，在微笑与希望中传递了奥运志愿服务精神。奥运志愿"微笑圈"正式版的发布及其含义的揭晓，凝聚了志愿奥运、积极关注和参与微笑活动的社会各界人士（包括志愿者）对建设和谐社会的美好心愿和热切期待。在正式版基础上，奥运志愿者"微笑圈"还结合不同人群发行了少年版、车友版、拉拉队版及国际版，提高了"微笑圈"志愿服务精神传递的针对性。"微笑圈"是一件集思想性、时尚性、多样性于一体的有形宣传品。思想性在于其所提倡的五项承诺，包含了文明市民、人文奥运、和谐社会等多角度内涵，体现了"微笑北京"的理念与构想；时尚性在于其美观大方、不失高雅的外在设计；多样性在于切合青少年群体在社会主义核心价值观念下的思想的多样性。

"微笑圈"体现了志愿者"人人能为，时时能为"的理念，戴上"微笑圈"，实践微笑承诺，参与到奥运中来，就是奥运志愿者。借助于"微笑圈"这一有形载体，极大拓展了志愿服务概念的外延，拓展了服务奥运、奉献奥运的途径，增强了公众"奉献、友爱、互助、进步"的志愿服务意识，鼓励公众从小处着手，从身边事做起,人人参与奥运,有力推动了公民社会的发展。它有效承载了"微笑北京"的主题活动,广泛而又深入地宣传了"微笑北京"的理念。

结合奥运志愿服务的分工不同,北京奥运志愿者在不同场合、不同服务岗位向社会、运动员、观众、国际友人传播了不同的信息,表达了奉献、友爱、互助、进步的志愿服务精神内涵。

10万名赛会志愿者服务于竞赛场馆、非竞赛场馆、独立训练场馆和服务场所的61个业务口、2940多个工作岗位,累计上岗200万余人次,累计服务1600万小时,志愿者每日出勤率始终保持在99.5%以上。他们提供观众服务、交通服务、安全检查、竞赛组织支持、技术支持、医疗服务、语言服务、场馆管理支持、新闻运行支持、体育展示、颁奖礼仪等志愿服务,除要向赛场里的工作人员、运动员提供热情周到的服务,引导赛场里的观众外,更需要坚守岗位,一心服务,心无旁骛,身在其中却不能观看比赛及为中国队员加油助威。通过微笑他们向赛场里的观众、工作人员、运动员传递了"文明、热情、专业、坚守岗位、甘于付出"的精神内涵。

40万名城市志愿者活动在奥运场馆外围及其他城市重点区域设立的城市志愿服务站点,提供信息咨询等城市志愿服务,累计提供志愿服务超过4000万小时,成为国际友人了解中国的一个窗口。通过微笑,他们向社会、运动员、观众传递了"北京特有的城市内涵与东道主的热情友善"精神内涵。

100万名社会志愿者在社区、乡镇、赛场周边公共场所、公交沿线和窗口行业的3万多个岗位,围绕交通秩序维护、城市交通运行、公共场所秩序维护、治安巡逻、医疗卫生、扶残助困、生态环保、公园系统志愿服务、加油站志愿服务、邮政系统志愿服务等10余个领域开展志愿服务,累计服务1.5亿小时,及时发现、合理处置多起敏感突发事件,为"平安奥运"作出了独特贡献。通过微笑,他们向社会公众、国际友人传递了"奉献社会、快乐参与"的精神内涵。

20万名拉拉队志愿者负责调动赛场内的观众与运动员的互动,鼓励赛场内运动员赛出水平、赛出风格。通过微笑他们向观众传递了"热情、文明、超越国界相互激励"的精神内涵。

北京奥运期间,170万名志愿者中有来自世界98个国家和地区的900余名海外志愿者服务北京奥运,其中,海外华侨华人留学生志愿者300余人。通过微笑传播,港澳台志愿者传递了"作为中华儿女的自豪及对和平统一的期盼"的信息,国外志愿者传递了"交流合作、和谐共处、共同发展"的信息。

融"志愿者的微笑是北京最好的名片"理念于奥运志愿服务之中,北京奥运志愿者无私的奉献获得国际社会一致的肯定。他们用微笑夺得一块珍贵的"金牌"——联合国秘书长潘基文授予的"联合国卓越志愿服务组织奖"。不同肤色的运动员、官员、记者用最能表达心语的语言表达着心底的感动:"中国志愿者的微笑是世界上最美丽的微笑。"更值得欣喜的是,奥运志愿者的微笑传播在社会文明、社会管理、形象塑造与传播等方面影响深远。"微笑北京"成为北京奥运会的一大亮点,留给我们一份珍贵的精神遗产。

二、"微笑北京"的组织传播行为体系

2008年举办的北京奥运会,是一个全球多元文化相交汇的大舞台,更是一个跨文化传播的宏大场景。从1999年北京奥申委成立,到2008年奥运会的圆满结束,前后10年,我们经历了"人人盼奥运"的热血沸腾和"人人都是东道主,全民支持办奥运"的喜庆祥和,为我国带来了传播中华民族文化、塑造现代国家形象、提升国家软实力和影响力的历史性机遇。"微笑北京"作为一个有组织的社会体系中的成功案例,通过彰显人的和谐发展,促进不同国家和民族对相互了解、友谊、团结和公平竞争精神的认同,通过"微笑北京"这一具有焦点效应的象征性符号系统,深深打动了世人的心弦,完美地阐释了"绿色奥运,科技奥运,人文奥运"的三大理念,彰显了城市文化的新亮点,提升了北京的国际知名度和影响力,为北京塑造国际化现代大都市的新形象增添了浓墨重彩。

1."微笑北京"的组织传播行为

几千年来,中国人一直追求幸福的生活和内心的宁静,微笑是中国人行为中不可分割的一部分。它是几个世纪以来中国人民所形成的一种姿态,一种行为习惯,一种生活态度。这个民族使微笑成为自己主要的表象特征。源远

流长的中华民族传统文化,培养了炎黄子孙高尚文雅、彬彬有礼的精神风貌,使中国赢得了"礼仪之邦"的美称。如何把微笑这种最明显的"中国智慧",转化为全民参与奥运、办好奥运的表现形式? 通过北京奥运会"微笑北京"的社会文化创新,展现了我国经济社会发展和北京奥运文化建设的成果。因此,"微笑北京"充分体现了中华传统文化和当代奥运文化的结晶,洋溢着深刻的民族文化基础和现代社会文化内涵。

德国社会学家 N.卢曼(Niklas Luhmann)认为:"如果人们把媒介还原为它的本来基质,还原为它的不存在于任何地方的状态,那么,媒介就是由没有联系的、相互独立的事件组成的。"①这种观点也适用于一般化的符号性交往媒介。例如,微笑是由一系列表情行为所组成,幸福是由一种梦幻式的不确定性的感受所组成的。这些现象在各种日常生活中都是相互独立的,一般并不取决于强制可能性所涉及的范围。然而,"微笑北京"则把这些一个个独立的微笑,凝结成了一种现代民族文化的精、气、神。从这个意义上说,"微笑北京"是一次伟大的社会行动。阿尔弗雷德·许茨(Alfred Schutz)说过:"各种社会行动都包含着沟通,而任何一种沟通都必然建立在各种工作性活动的基础之上。"②"微笑北京"是在北京奥组委指导下,由北京团市委具体负责实施的一项组织传播行动。它通过整合、创新、积淀等组织传播过程体现其自身文化价值,并通过奥运文化本土化的创新与改造,将"微笑北京"融入了多元化的奥林匹克文化价值体系,集中体现了组织传播的综合性特点。因此,"微笑北京"是一种开创型的组织传播。它把中国的微笑理念,成功地"嵌入"了奥林匹克文化,借助北京奥运的"焦点效应",实现了与世界各国文化的交流,为国内外公众理解和接受。作为一种提升型的传播,在北京奥运这个宏大主题下,通过人与人、人与社会之间一系列有意义的符号,进行的信息传递、信息接收或信息反馈活动传播活动中,形成了一套完整的思想价值理念体系、组织管理和传播活动的方式方法,引导人们遵守基本道德规范,形成良好的礼仪习惯和文明风尚,从而为新时期的社会管理提供了有益的经验,创造了组织传播的一种典范。

---

① [德]N.卢曼:《社会的经济》,余瑞先、郑伊倩译,人民出版社 2008 年版,第 211 页。
② [奥]阿尔弗雷德·许茨:《社会实在问题》,霍桂桓译,浙江大学出版社 2011 年版,第232 页。

2."微笑北京"的组织传播策划

任何组织传播活动,都是组织者自觉设计的人类沟通行为。所有有意识的组织传播活动都是经过设计的,也是有意图的。各个环节的一系列活动,构成了整个组织传播综合体的组成部分。无论在哪一种情况下,组织传播的决定性的东西,都在于它的意图性和目标性的设计特征。也就是说,组织传播活动的源泉存在于组织者的意识之中。"微笑北京"的组织传播就是一种在北京奥运平台上,建立起来的一系列社会关系的互动过程。"微笑北京"如同一种黏合剂,围绕着北京奥运这一主题,集合了所涉及的一切社会力量,形成了一个庞大的组织传播体系,不断进行着"微笑北京"的信息传递和交流,为北京奥运会的顺利进行提供了良好的市民素质平台。

"微笑北京"主题活动是一项非常庞大的系统工程。从横向方面看,活动的对象既包括奥运志愿者,也包括普通市民;活动的内容既涉及交通、旅游、购物、接待、环保、语言等方面的志愿服务,也涉及社会公众的文明礼仪教育和社会公德的养成,具有长期性和艰巨性。从纵向上分析,"微笑北京"是立体的,既涉及北京奥组委高层决策、各职能部门如何配合,广大志愿者与普通市民如何响应等等。从个体层面上讲,"微笑北京"展现了个体乐于奉献的精神和充满活力的气质;从集体层面上讲,"微笑北京"体现了人与人之间关怀友爱与信任互助的和谐人际关系;从社会层面上讲,"微笑北京"展现了文明健康、和谐融洽的社会生活环境。① 作为这样一个庞大的系统协调方案,"微笑北京"的组织者面临的一个事实是:为适应北京奥运会的复杂挑战,需要全北京市甚至是全国各行各业、各个系统、各个部门之间相互协调。这一点也符合组织传播的命题:组织机构的细分程度越高、涉及的社会部门越多,各社会单元之间的相互协调与沟通就越难,系统的协调整合也就越有必要。"微笑北京"系统性协调方案的概念,主要涉及由各种相互依存的繁杂元素所决定的活动组合,它的目标是解决互为条件的各元素之间存在的问题。相应地,我们也可以把

---

① 参见北京奥运会志愿者工作协调办公室等编著:《微笑北京》,人民出版社 2008 年版,第 110 页。

系统性协调方案,理解成有计划的预先设计系统和紧跟形势变化的临时设计系统。在"微笑北京"的组织过程中,传播理念、传播形式、传播载体和传播过程的多样性,成为系统性协调方案的出发点。

"微笑北京"的提出,是基于北京奥组委提出的"绿色奥运,科技奥运,人文奥运"三大理念基础之上的。"绿色奥运,科技奥运,人文奥运"三大理念本身就是我们中华传统文化的一次伟大传播尝试。"人文奥运"是三大理念的核心,是北京奥组委向全世界提出的具有独特价值和中国特色的创新理念。它涉及精神、文化以及人的本性层面的深刻内涵。在中国这个具有 5000 年文明史、作为世界五大文明古国之中唯一没有中断文明传统的国家,"人文奥运"相对于"绿色奥运"与"科技奥运"更显意义之厚重。由此而来的"同一个世界,同一个梦想"的北京奥运会主题口号,集中体现了蕴涵于奥林匹克精神实质的普遍价值观念,完整地表达了在奥运精神感召下,追求人类美好未来的愿望。所有这些美好的追求都集中地体现在"奉献、友爱、互助、进步"的北京奥运志愿者的精神之中。包括广大志愿者在内的公民都积极地行动起来,用自己的努力诠释着"志愿者的微笑是北京最好的名片"的真实含义,通过高度的参与热情、实践热情和奉献热情,践行着北京奥运会"同一个世界,同一个梦想"的核心观念。北京奥运会志愿者工作总体格局的重要组成部分,就是由"微笑北京"主题活动所构建。"微笑北京"的参与核心是志愿者,志愿者是"微笑北京"主题活动的重要媒介,志愿者精神则是"微笑北京"最重要的传播理念。

志愿者服务是每个文明社会不可或缺的一部分。它是指任何人自愿贡献个人时间和精力,在不追求物质报酬的前提下,利用自己的知识、技能、体能和财富,为推动人类发展、社会进步和社会福利事业而提供服务的活动。从志愿者活动中体现出来的志愿服务精神,是全人类宝贵的精神财富,是高质量的志愿服务的动力源泉。前联合国秘书长科菲·安南在 2001 年国际志愿者年启动仪式上的讲话中指出:志愿精神的核心是服务、团结的理想和共同使这个世界变得更加美好的信念。[①] 志愿精神是志愿者组织的精髓,它

---

① 参见北京奥运会志愿者工作协调办公室等编著:《微笑北京》,人民出版社 2008 年版,第 122 页。

以"奉献、友爱、互助、进步"为核心理念,体现了个人对生命价值、社会和人类的一种积极态度。① 正是由于广大志愿者的无私奉献,微笑北京所产生的文化传播的影响,远远超越了奥运体育赛事传播本身的范畴,它对展示城市形象、体现城市精神、拉动城市经济发展、推动城市软环境建设、增进国际交流,都产生了巨大的推动作用。

3."微笑北京"的组织传播构成

"微笑北京"主题活动的根本出发点,在于提高北京奥运志愿服务工作水平。"微笑北京"的传播过程,是一个错综复杂的组织传播体系,它包括组织传播中常见的内部传播、外部传播、横向传播和纵向传播等各种传播范畴。不难想象,对于这样一个庞大复杂的组织传播体系,在任何一个环节,如果缺少有效的系统协调过程,势必会产生各种复杂问题,造成组织传播在时间、内容和形式上的各种矛盾,从而导致严重后果。而且,在各个环节都可能出现的这些传播问题,都迫切需要进行整合(如图7-1所示)。

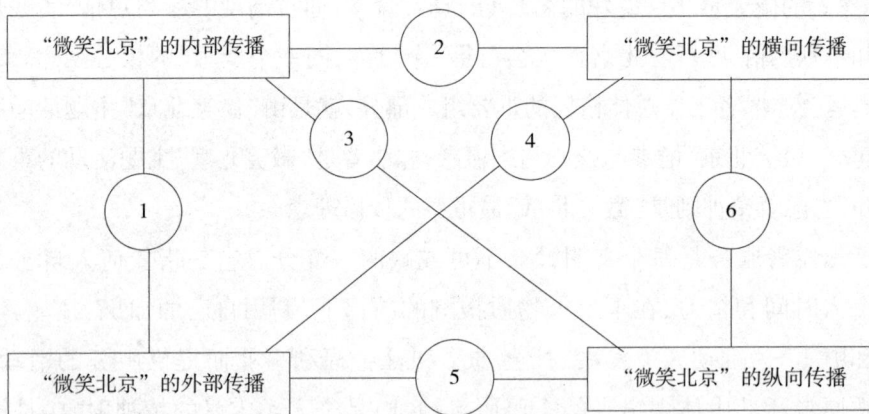

图7-1 微笑北京传播线路图

组织传播线路一:传统的组织传播问题常见于组织外部和内部传播之间,一种可能性是组织者没有向下属介绍已经规划好的传播沟通措施,导致内部

① 参见商文成:《志愿精神:在公民、社会与国家之间》,《中共杭州市委党校学报》2004年第1期。

员工与外部传播的脱节,这样就容易造成外部影响虽然轰轰烈烈,但下属对此全不知情,不了解如此轰轰烈烈的意义所在,从而造成社会成员有很高的期望值而内部人员却无动于衷,社会成员所感受到的微笑态度与其想象中的水准相去甚远,并由此产生不满情绪。

由于志愿者来自社会各界,有着不同的教育水平和服务能力,故而在奥运会开始之前,北京奥组委对志愿者们进行了系统培训与实践演练,志愿者们积极支持与配合并体现出了高度的热情。北京奥运会志愿者的培训包括通用培训、专业培训、场馆培训和岗位培训四个类别。在培训的基础上,奥组委对奥运会志愿者的群体目标管理,是根据筹办奥运会需要设置的、层层递进的目标体系,既不是根据志愿者的个体目标确定的,也不是将个体目标简单相加而成的。因为客观上志愿者的个体目标与志愿者群体目标不是完全一致的,但它们之间的关系是相互作用、相互影响的。志愿者参与的前提是对群体目标的认同,但是有着不同动机的志愿者希望在服务过程中获得个人的满足,而这种满足程度决定着其个体目标与群体目标的一致性程度,进而影响志愿者的服务质量。这种互动关系存在于奥运会整个筹备和举办过程之中。[1] 对此,"微笑北京"的组织者非常注意将志愿者分散的个人目标高度整合,尽可能使之与群体目标达成一致,促使志愿者通过精诚服务、无私奉献,为不同种族、不同国家的人民架起理解与友谊的桥梁,成为人类文明与爱的化身。[2] 从这一角度来看,对志愿者的管理实际上就是对志愿者预期的管理。虽然做好奥运会志愿者工作的直接目标是协助奥运会成功举办,但也要考虑对志愿者需求的满足,从而激发他们更大的工作热情,在服务过程中发挥自身最大的潜能。北京奥组委正是通过"微笑北京"的理念,来凝聚奥运会志愿者的共同理念,由此促成了微笑北京的价值观念、行为准则等意识形态和物质形态,均为志愿者所共同认同。从而创造了北京奥运会志愿者文化具有一般组织文化所不具备的特点:它要向社会公众表达自己对首都文明形象的价值判断,表明自己的立场和态度。这种价值判断和立场态度实际上构成了志愿者组织文化的核心。

---

[1] 参见北京奥运会志愿者工作协调办公室等编著:《微笑北京》,人民出版社 2008 年版,第119 页。

[2] 参见宋玉芳:《奥运会志愿者的特征及其管理特征》,《体育与科学》2004 年第 1 期。

志愿者的行为准则是价值观念的外在反映,反过来又维系并固化了价值观念。

组织传播线路二:在组织内部传播中的横向传播过程是影响组织传播效果的重要方面。

2008 年北京奥运会赛会志愿者总需求约为 7 万人,残奥会赛会志愿者总需求约为 3 万人。赛会期间,还需要数十万城市志愿者在场馆周边区域和北京市主要交通枢纽、商业区、旅游景点等领域,提供交通、旅游、购物、环保、接待、语言等方面的志愿服务。然而,由于中国传统志愿服务精神的缺失和现代奥运服务工作经验的不足,发动广大市民投身志愿服务事业并不是一件轻而易举的事情,倡导志愿者和市民保持"微笑",更是具有开拓性和挑战性的系统工程。显然,在微笑北京的组织内部传播过程中,加强各系统、各部门和单个部门内部的横向协调是必不可少的。如果各部门之间无法沟通或者理解有限,都会出现传播问题。北京奥组委始终把握着"微笑北京"活动的宣传教育主题,通过政府、企业、非政府组织等各种组织的有力引导,通过先进人物的榜样示范,通过和谐、向上的整体氛围的熏陶,用"微笑北京"的精神理念激励广大市民自觉参与到"微笑北京"的各项活动中来,不仅认识到"微笑北京"的引导性,还更注意充分利用"微笑北京"的传递性优势。"微笑北京"在把志愿者的关怀带给社会的同时,运用微笑这种人类通用的无声语言,传递了爱心,传播了文明。这种横向传播使"爱心"和"文明"从一个人身上传到另一个人身上,最终汇聚成一股强大的社会暖流。

组织传播线路三:在组织内部传播中的纵向传播过程是影响组织传播效果的重要方面。

"微笑北京"的内部传播除了进行志愿者管理之外,所涉及的就是整个社会系统,即针对社会各系统之间的传播。如果"微笑北京"与社会系统的衔接处理不好,它们之间的传播内容和形式没有协调好,比如信息发布太迟或覆盖面不够,都会产生传播问题。在"微笑北京"主题活动实际的开展过程中,北京奥组委充分整合宣传资源,高度重视和大力加强媒体报道工作,努力扩大工作的影响面。其中,北京团市委利用奥运会倒计时一周年、残奥会倒计时一周年、志愿者日、五一节庆纪念日等重要时点,开展大型社会宣传活动,积极扩大"微笑北京"的社会影响。他们与报刊、电视、广播、网络等媒体全方位合作,在各大报纸、杂志设立专题宣传版块;在电视台报道"微笑北京"相关活动、播出公益宣传片;在新浪网、搜狐网、共青团网站、青檬网络电台等制作和推出了微笑活动专题网站,开通"微笑博客圈";加大了在北京市路牌和车身广告、地铁公益广告的宣传力度。不断深入挖掘多种宣传形式,对"微笑北京"主题活动进行深入、全面的宣传和推广,构建立体化、全覆盖的宣传网络,扩大活动的社会影响。① 同时,"微笑北京"强调人民群众主体性,始终强调"微笑北京"活动不仅需要北京人民的微笑,更需要的是全国乃至全世界人民的微笑;它不仅仅需要志愿者们的微笑,更需要全国男女老少、各行各业人们的微笑,从而促进了全国人民对于"微笑北京"的广泛参与性,成功调动起全民参与的积极性,激发了全国人民迎接奥运盛会的激情。②

组织传播线路四:在面向全社会的外部传播中做好横向传播需要更大量的协调工作。

"微笑北京"的组织者使用各种与"微笑北京"相关的符号和传播工具,做到内容和观点的协调一致。比如,《北京晚报》曾经开辟专栏,调查了北京人日常生活中存在的一些常见问题,包括随地吐痰、加塞、"规则意识"淡漠、出地铁车门拥挤、过马路心切、出租车宰客、没有说"您好"和"对不起"等文明语言的习惯等现象。这些虽然都是小毛病,却反映了北京形象建设方面的大问题。因此,北京市政府和相关机构把开展市民文明教育作为迎奥运的工作重点:向首都 70%的市民家庭免费赠送《首都市民文明手册》,鼓励市民把微笑带入家庭生活;积极倡导"亲切与微笑"行动,通过各种方式积极促进"微笑北京"在大家身边出现。同时,采取共建"国学社区"和"人文奥运社区",组织专家学者深入社区讲座,入户调查,了解市民最关注什么样的文明礼仪;主办"三分钟"奥运 DV 动画设计大赛,邀请广大市民用摄像机记录、编辑生活中最快乐的画面,引导广大市民从点滴小事做起,倡导给同行的路人一个灿烂的微笑和热情的招呼,在公共场所不大声喧哗,号召市民排队乘车、遵守交通规则,

---

① 参见北京奥运会志愿者工作协调办公室等编著:《微笑北京》,人民出版社 2008 年版,第210 页。

② 参见北京奥运会志愿者工作协调办公室等编著:《微笑北京》,人民出版社 2008 年版,第105 页。

造就了一个善邻怀远、亲人爱人、以和为贵的社会氛围,用微笑参与奥运、迎接奥运等。① 总而言之,以人为本,在充分考虑和尊重普通人民群众的接受能力的前提下,构建立体宣传格局,尊重人民群众的心理特征,充分调动普通群众的共性,努力拓展多种宣传手段和形式,从不同的角度打动人、征服人、鼓舞人。

组织传播线路五:在外部传播中做好纵向传播。

事实上,"微笑北京"的受众可以分为两类。其一,是以北京为之代表的、以中国传统文化为其根本的华人群体;对于国内群体,工作侧重于凝聚人心。传播者通过大量主流媒介活动,对"微笑北京"进行宣传,使得"微笑"这一关键词妇孺皆知。在不断反复、层次递进的过程中,逐渐将"微笑理念"与大多数群众的价值观、利益与见解达成一致,形成民意一体化的共同目标。在这个思想逐渐向心运动的过程中,原来持有不同的意见的人,普遍感受到巨大的社会引领力量,或者说是社会带动力,使得他们逐渐被卷入这个民族思想的旋涡之中,在中心所积聚的能量则逐渐增强,最终在奥运会以及和谐社会建设运动中逐渐释放出来。其二,微笑北京是面对全球的,尤其是对于中国传统文化较为生疏的各国友人的海外群体的传播。微笑北京的组织者通过社会创新扩散模式,将"微笑北京"融入一种以"和谐"为核心的中国文化,融入到了奥运的宣传工作之中,在将"微笑北京"不断向世界推出的过程中,同时也就是在不断地对中国传统文化进行推广,并使得中国优秀文化最终能够为世界所了解、所接受。所以对外而言,这更是一种文化传播的过程。通过这种文化传播活动的进行,世界各国人士积极参与进来,通过口耳相传,一传十、十传百这样的发散式传播,对"微笑北京"的文化扩散产生了事半功倍的效果。

组织传播线路六:横向传播和纵向传播之间的协调。它涉及两个范围:一方面是涉及"微笑北京"方方面面的横向和纵向协调;另一方面是与组织传播有关的横向传播过程和社会各层面之间的协调。"微笑北京"主题活动不是简单的口号,需要有现实性与可操作性。"青春微笑行动"、"微笑生活快乐常有"、"我们在长城传递微笑"等活动,充分体现了组织者对实效性的重视。除

---

① 参见意娜:《北京需要一张微笑的脸》,《新体育》2006 年第 2 期。

了这些大型活动之外,还有大量具有实际价值的志愿者活动。比如,结合普及和宣传奥林匹克精神,积极组织开展以普及奥运知识、传播文明礼仪、宣传志愿服务精神为内容的"微笑"行动,号召青年用微笑表达情感,用微笑传递友谊,用微笑构筑和谐,充实"微笑北京"主题活动的精神;发挥团组织联系青年的优势,动员和组织各个行业的团员青年结合本职工作和日常生活,开展微笑在公共场所、微笑在旅游景点、微笑在奥运工地、微笑在赛场、微笑在社区、微笑在大型活动、微笑在工作岗位等"微笑"活动,拓展"微笑北京"主题活动的内容。①

值得一提的是,奥组委在推行微笑北京的组织传播过程中,创造了许多让人耳目一新的微笑文化传播符号。所谓符号,一般是由起代表作用的象征物和它所象征的"对象",及其引出的象征意义组成的统一体。卡西尔认为,符号有两个方面的内涵:一方面它是意义的载体,是精神外化的呈现;另一方面它具有能被感知的客观形式。符号的建构作用就是在对于符号的知觉与其意义之间建立起联系,并把这种联系呈现于人的意识之中。② 例如,北京奥运会的吉祥物"福娃",分别叫作"贝贝"、"晶晶"、"欢欢"、"迎迎"、"妮妮",它们的读音组成了"北京欢迎你"的谐音。在五个福娃的造型上,分别融入了鱼、大熊猫、藏羚羊、燕子和奥林匹克圣火的意象,色彩分别与奥林匹克五环对应,即:繁荣、欢乐、激情、健康与好运的美好祝愿,不仅具有极强的可视性和亲和力,其象征元素让人们感受到强烈的视觉化、形象化以及生动易懂。

奥运志愿者"微笑圈"采用了奥运五环的颜色,每种颜色的"微笑圈"分别表示一种特殊的含义,每个"微笑圈"内有自己一个独立的编码。接受者可以选取其中一种或几种"微笑圈"佩戴,这种设计充分彰显了以人为本的理念,也是一种承诺微笑、参与奥运、奉献奥运的方式。从 2006 年下半年开始,北京团市委、北京奥组委志愿者部面向社会公开征集,五色"微笑圈"分别代表五种文明承诺,根据收到的社会各界的数百万条建议综合统计,最终确定了五色"微笑圈"不同的含义。"微笑圈"作为"微笑北京"的象征符号,是构成"微笑

---

① 参见北京奥运会志愿者工作协调办公室等编著:《微笑北京》,人民出版社 2008 年版,第107 页。

② 参见[德]恩斯特·卡西尔:《人论》,甘阳译,上海译文出版社 1985 年版,第 32—33 页。

北京"主题活动的重要形象元素。其象征符号不仅具有非常强的实用性和功能性,同时也是传播"微笑北京"志愿服务理念和中国传统文化的重要载体。借助于"微笑圈"这样一个有形载体,极大拓展了志愿服务概念的外延。2007年1月1日,奥运志愿"微笑圈"正式版发布仪式在钟鼓楼辞旧迎新的钟声中盛大举行。从此,奥运志愿"微笑圈"成为奥运志愿者服务和承诺的标志,随奥运志愿服务一起奔向2008年,让志愿服务精神在微笑与希望中传递。①

三、"微笑北京"的奥运传播意义及其影响

"微笑北京"以中华传统文化为积淀,以奥运会为时代契机,以志愿者的服务为核心精神,以和谐社会建设为目标,是新的历史条件下由党和政府领导、共青团组织协调、群众广泛参与的一项有重大影响的社会活动。"微笑北京"主题活动体现了社会发展过程中,不同个体、群体围绕着北京奥运会,在理念上具有坚守,在言行上互相顺应,在较高水平上借助于表意的微笑符号进行积极的交流,从而为北京奥运会的顺利举办奠定了坚实的社会基础。

意义是人们在互动中创造的。只有当人们分享在互动中交换的关于象征符号的共同解释时,意义才存在。因此,意义是一个"社会产物",或者说,意义是"通过人们互动时的定义活动产生和形成的"②。"微笑北京"主题活动意义的产生,始终是以它通过表意的微笑符号所产生的社会经验和过程,这种过程是以微笑传播的行为过程为前提的。正如逻辑学家所说,一个论域总是被暗示为某个背景或范围表意的姿态,或者符号只就那个背景而言或在那个范围之内,才在事实上具有意义。这一论域由一群经历和参与一个共同的社会经验与行为过程的个体构成,在那个过程中,这些姿态或符号对该群体中的所有成员,具有同样的或共同的意义,不管他们是对其他个体作出这些姿态、

① 参见北京奥运会志愿者工作协调办公室等编著:《微笑北京》,人民出版社2008年版,第232页。

② [美]理查德·韦斯特、林恩·H.特纳:《传播理论导引》,刘海龙译,中国人民大学出版社2007年版,第97页。

给出这些符号,还是公开地对其他个体向他们作出的姿态、发出的符号作出反应。因此,一个论域就是一个共同意义或社会意义的系统。[1] 也就是说,"微笑北京"主题活动意义的产生,同时存在于全民办好北京奥运会这一种关系之中,涉及志愿者的所有的主题活动的方方面面。它意味着其主题活动所涉及的对象对这个结果有明确反应,也隐含于主题活动不同阶段之间的关系中,它不仅起源于这种关系,并从这种关系中发展出来。这种起源与发展的表现,都体现在志愿者的微笑表情上。

1. 彰显中华文化

在某种意义上说,重视人际情感,是国人处理人际关系的重要文化基础,它不仅有"感于外而动于中"的情绪感受,还有丰富的情感体验;不仅有经验层次的体验,甚至有超越的体验。因此,在中国,微笑是最明显的"中国智慧"的表现形式之一。[2] 无论谁第一次到中国,都会惊诧于随处可见的笑容以及那种即便素不相识的人之间也能建立起来的融洽关系。比如去餐馆吃饭,中国人好客且喜欢美食。习惯于安静用餐的西方人,总是对中国餐馆的热闹气氛感到惊讶。而中国餐馆里热闹的声音主要是客人们的开心大笑。无论是在新落成的商业中心里,还是在公交车上,甚至是在贫穷落后、人均寿命比城市低30%的偏远乡村的小集市上,到处是热闹的人群,到处是人们开心的笑声。[3]

在超越层面的情感方面,中国的儒、道、释所共有的表现为一种情操、情境、情趣或气象,是一种很高的精神境界,其最高体验就是所谓"乐"。儒家提倡"孔颜之乐",道家提倡"至乐",佛家提倡"极乐",这些都直接指向能够"受用"的精神愉快、精神享受,由此达到"天人合一"的境界。它既是生命存在的最高本体,也是人生价值的根源。只有在生命的最深处进行体验,才能与道同

---

① 参见[美]乔治·H.米德:《心灵、自我与社会》,赵月瑟译,上海译文出版社1992年版,第79—81页。

② 参见[法]若泽·弗雷什:《中国不笑世界会哭》,王忠菊译,人民日报出版社2008年版,第7页。

③ 参见[法]若泽·弗雷什:《中国不笑世界会哭》,王忠菊译,人民日报出版社2008年版,"前言"。

体,实现人的本体存在,这是一个不断净化与纯化情感的过程。① 因此,中国人的微笑,是人们相遇时传达的信号,是一种神奇的社会联系,是向对方发出的邀请,对方也会以笑回应。所以,中国式微笑是一种具有凝聚力的举动,从某种意义上说,微笑可以把索然无味的生活变成可以相互赠予他人的一种美好礼遇。正是靠这种发自内心的微笑,中国人成为世界上最开朗、最乐观的民族,中华民族的文化格局保持连绵不绝5000年,在世界史上独树一帜。"微笑北京"的志愿者的"微笑"就源自中华民族这种发自内心的温暖和愉悦。

由于受到历史传统的影响,不同地区、不同国家、不同民族的文化必然各有千秋。但是,历史与现实、古代与现代、东方与西方是息息相通的。今天的社会是昨天社会的持续,今天的世界是昨天世界的发展,今天的文化是昨天文化的进步。在我们迎接奥运会,欢呼现代文明与文化所取得的巨大成果之时,汲取人类几千年的文化智慧,才能更加自觉地实践"同一个世界,同一个梦想"的追求,这就是"微笑北京"主题活动所包含的深层精神底蕴。它集中体现了奥林匹克精神的实质和普遍价值观:"团结、友谊、进步、和谐、参与和梦想",表达了全世界人民在奥林匹克精神的感召下,追求人类美好未来的共同愿望。尽管人类肤色不同、种族不同、语言不同,但我们共同分享奥林匹克的魅力与欢乐,共同追求着人类的和平理想。我们同属一个世界,我们拥有共同的希望和梦想。这种共同追求,深刻反映了"微笑北京"的核心理念,体现了作为"绿色奥运、科技奥运、人文奥运"的核心和灵魂,特别是人文奥运所蕴涵的和谐价值观。

"天人合一"、"和为贵"是中国人民自古以来对人与自然、人与人和谐关系的理想与追求。建设和谐社会、实现和谐发展,是我们全国人民的梦想和追求。和平进步、和谐发展、和睦相处、合作共赢、和美生活是全世界的共同理想,这也是"微笑北京"主题活动的核心理念。② 总之,"微笑北京"秉持的是中华文化的根脉,展现的是对于文化传承的自觉和促进社会发展的充分自信。

---

① 参见蒙培元:《心灵超越与境界》,人民出版社1998年版,第20页。
② 参见北京奥运会志愿者工作协调办公室等编著:《微笑北京》,人民出版社2008年版,第167页。

这既是全球化时代文化多元发展的需要,更是中华民族文化成熟发展的必由之路。任何社会的文化都是有根的,文化的发展是有迹可循、有脉可承的。只有真正且全面把握中华民族的思维方式、价值标准、审美理想,才能在文化传承创新的基础上走向世界、走向辉煌。

2.提升公民素质

构成现代社会的基本要素是"人",人是社会生活的主体。作为一种高级的情感动物,人具有复杂、敏感的内心世界与丰富的情感世界,人与人之间需要彼此互相协作,需要在物质与精神上彼此相互关爱。人的本质包括人的素质,只有在社会性的交往与生活中才可能获得发展。"微笑北京"的主题活动,不仅仅是一系列精心组织的宏大活动的精彩展现,一次中华文化和世界文化潮流的融会,一次因奥运会而来的心灵感动,更是一次公民素质的升华与洗礼。

"微笑北京"作为2008年北京奥运会的重要组成部分,传递的是一种信息、一种理念、一种文化。一个人的微笑,体现的是一份发自内心的喜悦,一种热爱生活的态度;一群人的微笑,体现的是一种友好和团结,一种幸福与和谐;而全世界的微笑,则体现了人类和平共处、共享幸福生活的愿望,其中涵盖的正是互相了解、友谊、团结与公平竞争的奥运精神。①

"微笑北京"的主题活动在北京甚至在全中国形成一个经久不衰、无所不在的人际交往媒介,它像无数条看不见的涓涓细流,渗透在一切有人群的地方。作为中华民族特有的表达情感的方式,"微笑北京"彰显的是全国人民发自肺腑的愉悦,展现的是人民的全面参与的共建、共享过程,实现了人的素质全面健康发展、人与人之间友好关系的提升、社会和谐团结的氛围等"微笑北京"活动所预期的目标和内涵。

"微笑北京"理念的落脚点放在提升公民个体的文明素质方面。"微笑北京"精神理念的传导与贯彻是否有效、是否成功,重要的就在于这种精神理念

---

① 参见北京奥运会志愿者工作协调办公室等编著:《微笑北京》,人民出版社2008年版,第103页。

是否进入公民的生活尤其是公民的心灵世界。"微笑北京"通过主题实践活动形式的不断创新,活动内容的不断丰富,最大限度地吸引广大人民群众参与其中,让广大公民在活动中认识和体会"微笑北京"的内涵,逐步提升公民的总体文明素养。为此,"微笑北京"主题活动广泛开展了文艺演出、礼仪普及、科普宣传、医疗咨询、外语培训、家庭教育指导等活动,策划了"周末美化环境行动"、北京青年健康使者火炬行动、"微笑携手健康、志愿共筑和谐"等一系列深化"迎奥运、讲文明、树新风"活动的志愿服务行动,拓展了社会公共领域志愿服务项目,推动了和谐健康首善之都的形成。①

公民素质是国家形象的一部分,很难想象,一个公民素质低下的国家会有良好的外界形象。在开展"微笑北京"的主题活动中,北京奥组委在突出"以人为本"理念的同时,强调北京市乃至全国人民都是"微笑北京"的参与主体,树立了人民群众的主体意识,激发了广大人民群众的参与意识和参与精神,同时也体现了人民群众在北京奥运会举办过程中的主人翁地位。

组织传播学理论认为,人们对于组织内部的各种新观念以及组织环境的新变革,有一个非常重要的基本性质,就是具有一种好奇心和求知欲,需要通过互动沟通与交流,求得对事物的了解。人民群众对于"微笑北京"主题活动,同样有一个从陌生到认识,从不熟悉到认可,从自发到自觉的认识过程。因此,在营造浓郁的"微笑北京"氛围的过程中,就"微笑北京"主题活动的主要实现手段而言,宣传是其最重要的途径。通过有效的宣传,切实把握好信息传播的各个环节,最大限度地拓展"微笑北京"主题活动的群众基础和影响面。凡是涉及"微笑北京"主题活动的各领域、各个部门,都要团结一致,倾力为活动提供坚实的物质基础,从政策立法到经费划拨和微笑品牌建构等方面,不断夯实制度基础,通过坚持符合人民群众的审美标准,潜移默化地激励着人民群众的自我认识、自我教育的能力与热情,掀起了全民积极主动响应"微笑北京"倡议的热潮。

"微笑北京"主题活动本身就是爆发思想火花、令人兴奋不已的召唤。在

---

① 参见北京奥运会志愿者工作协调办公室等编著:《微笑北京》,人民出版社2008年版,第219页。

热烈、闪亮的"微笑北京"活动之中,人们通过交流互动与沟通,产生思想碰撞,触发了广大人民群众的思想创造性;通过微笑圈、微笑仪式等等组织传播符号,促使微笑理念渐次在整个社会网络里传播开来。"微笑北京"在举办各类活动的同时,创造了新的社会舆论,开创了新的思想和新的行为规范,在北京奥运会这朵绚丽的现代体育文明之花尚未正式绽放之前,"微笑北京"这朵最早的蓓蕾,已经在北京和全国各地到处绽放出芬芳魅力。通过各种方式,组织者使更多人民群众了解"微笑北京"知识、体会"微笑北京"精神,不断地追求"微笑北京"的目标,积极参与"微笑北京"的活动。据北京市社科院《中国社区发展报告》蓝皮书报告:2005—2006 年之间,北京公民乱扔垃圾和随地吐痰现象的发生率,分别由 9.1%和 8.4%下降到 5.3%和 4.9%;等车拥挤、行人横穿马路、闯红灯等现象也有大幅度下降。① 由此可见,"微笑北京"精神的传播与普及,尤其是"微笑北京"所采取的一系列措施和活动,是城市人文环境建设的重要实践,它不仅提升着城市的人文环境的水准,同时也给广大人民群众带来更多的理性思考,提高了公民的基本素质,促进了城市文明和社会的进步。

3.创造和谐社会氛围

一个高度发展的有组织的人类社会是这样一个社会,个体成员以各种错综复杂的方式在社会中相互联系,享有许多共同的社会利益。另外,由于存在大量的其他利益,人们又有发生相互冲突的可能性。人类社会个体之间的冲突不仅仅有他们各自原始冲动之间的冲突,还包括他们各自的自我或个性之间的冲突。② 组织传播作为一门通过沟通行动实现社会组织整合愿望的学科,它是通过一种协商达到社会组织成员相互理解的过程,也就是组织传播主体间彼此认可的对称性的互动过程。正如哈贝马斯所说:"社会主体从交往行动中产生交往理性,由此达到相互理解的目的。因此,交往行动能够重建一种事实上应该存在的状况,并促进文化、社会和个人作为生活世界的结构因素

---

① 参见袁懋栓:《北京奥运的人文浸润》,《中国人大》,2008 年 8 月 10 日。
② 参见[美]乔治·H.米德:《心灵、自我与社会》,赵月瑟译,上海译文出版社 1992 年版,第 270 页。

与文化再生产、社会统一和社会化的这些过程相适应。"①

让"社会更加和谐"是党的十六大作为全面建设小康社会的重要目标提出来的。胡锦涛同志曾指出,构建社会主义和谐社会,是我们党从全面建设小康社会、开创具有中国特色的社会主义事业新局面的大局出发所提出的一项重大任务。让"社会更加和谐"思想的提出,适应了我国改革发展进入关键时期的客观要求,体现了全国广大人民群众的根本利益和共同愿望。建设社会主义的和谐社会,就是建设一个民主法治、公平正义、诚信友爱、充满活力且和谐相处的社会。它涵盖了人与人的和谐、人与社会的和谐以及人与自然的和谐等多方面的内涵,其核心是人与社会的和谐。这种和谐社会的建构过程,就是组织传播主体间彼此认可的对称性的互动过程,也是社会主体从交往行动中产生交往理性,由此达到相互理解、和谐相处的过程。

和谐社会是由积极情感的传播和奖惩共同构成。社会学家特纳认为:"不再仅仅是积极情感使人类更具有社会性,而且我们可以把情感视为一种推动力。这种力量不仅是人类动机和行为的推动力,而且是社会结构和文化精致化的推动力。"②这种积极的情感文化,"是社会文化承诺的一种重要的推动力量。社会文化通过设置什么是应该发生的、什么是能够发生的期望来影响人们的情感。情感则赋予文化符号以意义和力量,这种意义和力量可以有效调节、引导人们的行为,从而成为整合社会组织的一种新的模式。"③"微笑北京"的主题活动是在我国构建和谐社会的大背景下进行的。它力推的就是通过"微笑"这种积极的情感文化,推动社会的文明与和谐发展。

从本质上看,"微笑北京"主题活动也是"以团结互助为荣"的社会主义荣辱观的生动表现,创造了一种全新的社会价值观念。洋溢在志愿者脸上的真诚微笑,不仅蕴涵着整个国家和城市的礼仪文化,还有对奥林匹克精神的全新

---

① [德]哈贝马斯:《交往行动理论》(第2卷),洪佩郁、蔺青译,重庆出版社1994年版,第188页。

② [美]乔纳森·H.特纳、简·斯戴兹:《情感社会学》,孙俊才、文军译,上海人民出版社2007年版,第255页。

③ [美]乔纳森·H.特纳、简·斯戴兹:《情感社会学》,孙俊才、文军译,上海人民出版社2007年版,第239页。

理解。通过"微笑北京"理念的全面普及,可以加强人与人之间的交往及关怀,减少彼此间的疏远感,尤其是可以帮助弱势群体减轻接受服务时的自卑感和疏远感,促使其建立起社会自尊与自信。另外,可以激励越来越多的人参与到服务社会的行列中来,有效补充市场机制和政府机制的内在缺陷,在社会上形成互助与协作,增进人文关怀。① 因此,"微笑北京"的主题活动对促进社会和谐、推动社会进步具有立竿见影的效果。

总体上说,和谐社会文化具有激活人们相互间的积极的情感反应,形成人们对建设和谐社会文化结构的承诺。人民群众在参与"微笑北京"面对面的传播互动时,微笑幸福的情感被激活,并涌现出有节奏的同步化、对"微笑北京"所创造的和谐情境的共同定义以及集体性的欣悦。② "微笑北京"主题中所包含的各种文化符号表征的那种内在的幸福情感,赋予了"微笑北京"活动更多的意义,这些符号不仅在北京市乃至全国范围内的传播,还能够在个体独自内省时被激活,其唤醒的积极情感强化了和谐社会的群体文化,赋予了和谐社会形式上既看得见内心,又能够真切体验到的现实意义,赋予了和谐社会文化调节人民群众行为的力量。它引导北京乃至全国人民用自己的言行来改善城市软环境、提升北京以及全国城市的形象,人人当好东道主,把微笑献给奥运健儿,把美丽赠与世界,使北京以及全国城市成为充满人文气息的微笑城市,直接体现了"微笑北京"的人文精神与和谐社会理念的内在统一性。

---

① 参见周启迪:《奥运会志愿者服务行为和待遇分析》,《北京体育大学学报》2006 年第6 期。

② 参见黄克宇、赵涛:《奥运会志愿者与构建和谐社会》,《新视野》2006 年第 5 期。

第八章　服务型政府管理的华丽转身

党的十八大提出了"深化行政体制改革。深入推进政企分开、政资分开、政事分开、政社分开,建设职能科学、结构优化、廉洁高效、人民满意的服务型政府"①的目标,明确指出,要强化和发展政府的公共服务职能,通过各种方式增加人民群众的幸福感。由此,我国各级政府执政能力的创新与变革也就提上了议事日程。

影响政府执政创新能力的因素有很多,它涉及政府职能深度与宽度的调整、政府职能重心的转换、职能分解与整合机制的合理化、职能运作程序与运行手段的优化、职能水平与执政能力的提高等。行政文化创新是其中一个重要因素,它与社会经济、环境、人口等诸多因素一起,影响着我国政府执政创新能力的建设,决定着政府公共服务的方向、范围和方式。中华民族是个深受儒家文化影响的民族,在几千年的历史中形成了一些有形无形的规则或传统,其中影响最大的是官僚文化,成为中华民族根深蒂固的东西。当代人民政府如何超越传统行政文化的影响,弘扬公共服务的执政创新精神,树立"服务行政"的理念,真正把为人民创造幸福生活作为一种社会价值,建立一套国家日常管理的工具和一个社会的终极追求目标,形成阳光政府的执政思维来提高政府执政创新能力,改善公共服务质量,提高执政创新水平,是政府行政文化创新的当务之急。

---

① 胡锦涛:《在中国共产党第十八次代表大会上的报告》,《人民日报》2012 年 11 月 18 日。

一、服务型政府理念与行政文化建设

公共管理发展到今天,已经形成了包括公平高效、有限责任、廉洁服务等一系列基本理念。公共管理的这些理念,显然也是政府行政文化的基本理念,是指导政府行政文化创新的核心和灵魂。反过来说,行政文化创新理念的确立,也是判断政府行政文化成熟的标志。

1. 政府行政文化发展历程

政府行政文化的发展,经历了四个历史发展阶段。第一阶段:从 18 世纪开始到 19 世纪末,是行政文化的萌芽时期。正如张康之先生所说:"公共管理的起点是近代社会,公共管理形成和演进的过程,在近代社会的早期阶段主要存在于欧洲国家,而到了 19 世纪末,美国则成了代表公共管理发展典型形态的国家。在这一阶段,整个经济和社会在一个多世纪中都处于一种自由发展的状态,政府的作用是极其有限的。"[①]此时,政府的职能作用是在维护社会秩序、保卫国家的同时,消极地保护个人财产。因此,人们称这个阶段的政府为"守夜人政府"或"消极政府",政府与公民的关系主要在于税收征管,政府能够提供的公共服务却极少。但是,政府行政文化理念在这一阶段已经开始萌芽,政府有意识地通过官员的行动来树立形象,以此达到有效统治的直接目的。当然,这阶段的政府行政文化理念,仅仅还只是一种朴素的治国策略,作为一种行政文化理念的萌芽,主要表现在它体现了行政文化中的"有限政府"理念。这种有限政府,指的是"权力、职能、规模和行为都受到国家宪法和法律的明确限制,能够公开接受社会监督与制约的政府形态。'有限政府'也并非说政府的规模、职能和权力越小越好,更不是主张建构无能政府。恰恰相反,它指的是在有限规模前提下的有强大行政能力的政

---

① 张康之、李传军、张璋:《公共行政学》,经济科学出版社 2002 年版,第5—10页。

府和有效率的政府。"①有限政府的理念虽然限制了政府作用的充分发挥,但正是政府权力有限性理念的明确提出,为政府行政文化的后续发展与进步,奠定了坚实的现实基础。

第二阶段:20世纪初到20世纪30年代之间,是行政文化的形成阶段。19世纪末到20世纪初,西方资本主义国家先后进入寡头垄断时期。"这种经济垄断虽然产生于市场经济,但垄断却破坏了市场经济的公平竞争,进而成为钳制经济发展的阻碍力量。不仅如此,垄断本身带来了许多前所未有的社会矛盾,对市场经济的平稳发展,甚至对国家的正常秩序都带来了严重威胁。况且,所有因垄断所造成的社会问题,都无法在社会的自组织过程中得到解决,它必须借助于政府的强有力的干预行动"。② 在这种经济背景下,西方各国政府吸收了泰勒科学管理思想的精华,运用马克斯·韦伯(Max Weber)所提出的官僚理论,陆续开展了政府的效率革命,"行政管理就是要最大限度地追求效率"的高效政府行政文化理念由此而提出。

第三阶段:20世纪30年代末至20世纪70年代初,是行政文化的发展时期。1929—1933年,西方资本主义世界出现了历史上最为严重的经济危机,彻底动摇了资本主义自由市场经济的基础。市场失灵导致了资源普遍闲置、生产力下降及金融体系的崩溃。西方世界不得不"抛弃"市场,更多地求助于政府。因此,"政府也不再满足于消极行政,从此开始主动谋求对社会和经济生活进行干预"③。在这种大趋势之下,政府规模不断得以扩大,行政权力也日益膨胀,国家权力的结构模式,也开始由议会的争吵至上演变为政府主导,延续多年的有限政府的理念被颠覆,政府通过强化权力,对社会管理的各个方面实行无所不至的全面控制。然而,第三次全球科技革命的兴起,深刻改变了人们的生活方式和社会诉求,政府管理的事务日趋复杂,行政执行难度不断增大,社会背景的急骤变化为新的行政文化诞生创造了有利的舆论环境。因此,在这个新公共管理阶段,自然而然地出现了强调政府责任、提倡公平执政的行

---

① 张雅林:《推进行政改革建立有限政府》,《中国行政管理》1999年第4期。
② 丁煌:《西方行政学说史》,武汉大学出版社2002年版,第88页。
③ 李承、王运生:《当代公共行政的民主范式》,《政治学研究》2000年第4期。

政文化理念。

第四阶段:20 世纪 70 年代末和 80 年代初,西方国家兴起了一场公共行政的改革运动,并且迅速地在全球蔓延开来,直到今天,这场新公共管理的改革运动一直在进行中,它使政府的存在形式和政府与社会的关系发生了深刻的变革。① 这场所改革运动把公共管理看作为一种新型的社会治理模式,致力于打造一个建立在服务精神和服务原则基础上的服务型社会治理的行政文化。

新公共管理阶段的行政文化,首先强调责任政府的管理理念。以弗雷德里克森(H.George Frederickson)为代表的新公共管理学派认为:"行政管理人员不可能是价值中立的,应当促成他们担负起责任"。② 他们认为,只有一个负责任的政府,才会主动与公众沟通、为公众服务。其次坚持公平政府理念。20 世纪 60 年代,新公共管理学派的学者们针对传统政府管理热衷于追求所谓经济的、有效的管理目标所产生的一系列社会危机,提出了建立公平政府的理念,倡导"不仅应以经济的、有效的方式为社会提供高质量的服务,而且更强调把社会公平作为公共管理所追求的目标"③。主张政府管理应该通过了解和建立理想情境的沟通对话机制,促使政府管理与其服务对象之间诚挚地互动,进而实现政府管理的民主政治责任和义务。④ 通过宣扬这种新的政府行政文化,体现出政府管理的公正性与可靠性,以获取公民对政府行政管理活动的支持。责任政府与公平政府理念的提出,标志着西方国家政府的行政文化水平上了一个新的台阶。

由于西方国家的政府对社会政治、经济生活的过多干预,从 20 世纪 60 年代末开始,西方各主要市场经济国家相继爆发了经济危机,持续低迷的经济现状导致人民群众对政府无所不在的干预行为产生了质疑,声讨政府的呼声在西方世界弥漫开来并形成了浪潮,人们强烈要求限制甚至取消政府的干预。

---

① 张康之:《公共管理:社会治理中的一场革命(上)》,《北京行政学院学报》2004 年第 1 期。
② 彭和平、竹立家:《国外公共行政理论精选》,中共中央党校出版社 1997 年版,第 300 页。
③ 丁煌:《西方行政学说史》,武汉大学出版社 2002 年版,第 336—337 页。
④ 参见丁煌:《西方行政学说史》,武汉大学出版社 2002 年版,第 338 页。

因为政府无所不在的干预不仅是造成经济滞胀的主要因素,还同时导致了政府施政成本的增加和效率低下。① 在这种情况下,1979 年,英国首相玛格丽特·撒切尔(Margaret Hilda Thatcher)上台以后,大胆地寻求变革,通过政府的自身调整,试图取得政府与社会和公众之间的平衡,创建一个"平衡型"的政府。此后,新公共管理思潮得到了西方各国的普遍响应,促使行政文化发展进入了成熟时期。

作为新公共管理学派的重要代表人物奥斯本(David Osborne),他在《改革政府—企业家精神如何改革公营部门》一书中,针对西方政府普遍存在的共性问题,强调要用"企业家精神"来改造政府。他认为,政府管理的改革要强调授权而非事必躬亲,要具备"顾客意识",引入竞争机制,强调政府应该掌舵而不是划桨等思想。他认为,通过运用日益成熟的政府行政文化,重新建立政府合法性,寻求公众对政府的信任是其必然选择。在这个阶段,除了强调有限政府、廉洁政府、高效政府、责任政府和公平政府等理念外,还着重强调要建设透明政府、法治政府以及服务政府理念。正如以奥斯本为代表的新公共管理学派所提出的:"民主政府是为它们的公民服务而存在的。"②"伴随着政府垄断性服务被打破,政府就应该按照企业家理论来对自己进行塑造,这就是说,在某种意义上,政府与企业一样,是受顾客的要求所驱使的,其宗旨是满足顾客的需要,建立服务型政府。"③由此,"服务、合法、公平"等行政文化的新理念,在西方政府管理的改革中日益成熟,这使得政府与公民之间的关系逐步得到改善,政府的合法性得到公认。不断改良的政府形象营造了良好的施政环境,取得了公众的信任与合作,并趋向于共同治理的目标。④

2. 持续进行服务型政府建设

构建和谐的社会主义服务型政府,以全心全意为人民服务的精神重塑行

---

① 参见张康之、李传军、张璋:《公共行政学》,经济科学出版社 2002 年版,第 5—10 页。
② [美]戴维·奥斯本:《改革政府——企业家精神如何改革公营部门》,周敦仁译,上海译文出版社 1996 年版,第 149 页。
③ 丁煌:《西方行政学说史》,武汉大学出版社 2002 年版,第 421 页。
④ 参见谢昕、王小增:《基于公共行政理念的政府公共关系发展历程探析》,《湖北社会科学》2005 年第 9 期。

政文化,首先必须树立人民群众的根本利益至上的施政理念。建立和谐的社会主义服务行政文化,不仅是完善社会主义市场经济、实现行政体制改革的要求,更是政府代表最广大人民群众的利益,构建受人民群众欢迎、为人民满意的政府行政管理的要求。如果不将人民的利益即公共利益放在首位,服务型政府就仅仅只是一句时髦的口号。因此,"维护公共利益就成为行政管理最根本的伦理要求"①。政府行政管理人员要始终把广大人民群众的利益作为党和国家一切工作的出发点和落脚点,真正做到"情为民所系,权为民所用,利为民所谋"。而要做到这一点,政府工作人员就要本着公平、公开、公正、公心原则为民服务,完成政府角色的重新定位,明确政府工作人员的角色定位。

综观当前各级政府开展的以建设和谐社会为主题的服务型政府的管理实践,基本上包括以下内容:首先,行政管理中的政民和谐与互动,这是一个趋势,各级政府的行政管理改革创新都体现了这样的特征。这也是我国构建和谐社会、改善政府形象的内在要求。因为,坚持以民为本的服务型行政管理,就必须坚持行政民主观和科学发展观,积极采用高新技术,注重探索方法创新,从而体现行政文化创新的基本方向。其次,建设和谐社会的服务型行政管理的核心理念是以民为本,这种行政管理的落脚点在"人"之上,即落脚于普通的劳动人民。一切工作要从人民群众的根本利益出发,提倡在工作中将理解、宽容、尊重、关爱等人文关怀放在首位,尊重人民群众的价值和尊严,做到"一切从人民群众出发,以人民群众为中心,把人民群众作为观念、行为和制度的主体。要把重视人民群众的尊严、幸福和全面发展,作为社会和政府的终极关怀"②。最后,由于强制性的行政管理行为会造成政府部门与人民群众之间缺乏沟通,容易形成尖锐对立和普遍冲突,不利于和谐社会的建设。所以,注重政府行政谦抑,防止高高在上的强权行政、高权行政,在政府实施高效管理过程中,权力行使善于自我约束,注意采取人民群众乐于接受的方式方法。

服务型政府行政文化的目的在于沟通信息、协调关系、建树形象。如果在

---

① 张康之:《公共管理伦理学》,中国人民大学出版社 2003 年版,第 519 页。

② 张文显:《法哲学范畴研究》,中国政法大学出版社 2001 年版,第 389—390 页。

这三方面要取得良好效果的话,必须重视和加强政府行政行为主体的主动服务意识,这样才能取得预期的社会效应。加强公共信息服务,是提高服务型政府的主体服务意识的基本内容。政府应运用各种媒介手段,及时向人民群众通报政府工作,增强政府重大决策的透明度和公开性。当然,提高服务型政府的主体意识,需要通过政府行政程序的变革,对行政办公事项和程序进行必要的重组,简化人民群众办事流程。

政府与人民群众的信息沟通过程,是一个双向认同和互补的过程。政府在双向互动中始终处于支配力量的一方,是互动过程的发起者和实施者,自始至终起主导作用。因此,全方位地拓展民意沟通渠道,就需要政府主动引导社会舆论,及时了解公众的意见和呼声,有针对性地制定适当的政策和措施,通过主动了解社情民意,保证各种信息渠道的畅通。这些措施包括:(1)通过信访部门做好信息沟通工作。信访部门是公众直接与政府部门和领导沟通的桥梁,也是政府了解民意的重要渠道。信访工作除了办理群众来信来访之外,还可通过建立行政首长接待日等形成专访接待机制。(2)政府行政管理部门应经常深入基层、深入乡村和社区,考察民情民意,这样才会得到第一手的真实信息,掌握可靠的民情舆情。(3)建立民意测验收集机制。民意测验对准确掌握政府发展趋势大有益处。(4)积极开展征集公众建议活动。征集公众建议是政府部门按照明确的施政目标和意图,针对某些重大的等待行政管理决策的社会问题和法律法规,征集公众意见和建议。(5)建立与各种社会团体的沟通与协商机制。各种社会团体都各自联系着相当一部分人民群众,代表着这部分群体的切身愿望和利益。政府部门与他们建立定期协商和沟通的制度,可以充分调动和发挥各社会团体参政、议政和政策咨询的作用。况且,在政府管理部门主动向人民群众提供各种信息过程中,社会公众也不是简单的被动接受者,他们往往会积极响应和配合,在吸收政府所传递的公共信息的同时,焕发出参政议政的能动作用,会对政府行为产生积极的影响。① 总之,政府应多方面广泛收集和处理来自社会各界的意见和信息,为民办实事,办好事,才能获得公众的信任和爱戴。当今,政府行政文化建设日益成为服务型政

---

① 参见徐丽、朱丁航:《服务型政府公共关系探析》,《硅谷》2009 年第 8 期。

府不可或缺的管理功能和手段。社会的和谐,需要服务型政府率先垂范,服务型政府的善治和善政是和谐社会所必需的。

从理论上,我们可以把我国服务型政府的构建划分为三个层次:其一是技术操作层面上的,其中包括推行"电子政务"、实施"一站式服务"、对政府行政采取目标管理和全面质量管理方法等;其二是制度层面上的,包括健全法律法规、建立健全政府问责制、完善服务承诺制度和政务公开制度等;其三是观念和文化层面上的,包括培养和提高政府工作人员的服务理念,重塑行政服务取向和行政文化建设等。[①] 目前我国服务型政府的构建,大多还停留在技术和制度层面上,而且在行政管理实践中出现了不少奇怪的异化现象。由此可以看出,在服务型政府建构的过程中,技术的和制度的层面创新固然重要,但政府工作人员的服务价值和服务理念的培育与重塑更为重要。只有政府工作人员一切为了人民的服务观念的提升和服务意识的强化取得扎实的成效,技术的和制度的变革才不至于流于形式,服务型政府的建设才能够持续推进。遗憾的是,现实中培育政府工作人员服务价值和服务理念的有效措施乏善可陈,即便是目前各地普遍重视行政文化建设,也往往因过于追求形式上的"形而上"而缺乏实际的指导意义。

二、中国边检执法的微笑传播文化

中华人民共和国出入境边防检查机关(以下简称"中国边检")是国家在对外开放的机场、港口、车站和边境关口通道设立的边防检查站,依法对进出中国边境的旅客、行李、交通运输工具及其商品、货物实施检查与监护管理的行政执法活动,担负着维护国家主权、安全,维护社会秩序并为出入境旅客提供服务便利的职责。边检工作是国家行政管理的重要组成部分。

长期以来,受特定历史使命影响,中国边检工作一直遵循"严守国门,严

---

① 参见肖亚雷、付艳红:《论组织文化语境下我国服务型政府的构建》,《法制与社会》2008年第 5 期。

格管控"的指导方针,在管理理念上存在着重管理、轻服务的现象。工作人员在边检通关过程满足于符合规定动作,表情要求严肃,不会设身处地为出入境旅客着想,更谈不上细致入微地关爱过往旅客。

改革开放以来,我国与其他国家之间、内地与境外地区之间交往日趋频繁。1978 年至 2006 年之间,全国边检关口出入境旅客从 500 多万人次增长到近 4 亿人次,交通运输工具从 10 万次左右增长到近 3000 万次。旅客和交通运输工具出入境次数骤增给边检管理带来诸多挑战,尤其是通关速度问题,随着人们生活水准不断提高,过往旅客对出入境的需求已经从过去的只关注是否顺利出入境问题,转变为出入境时能否享受到舒适亲切的服务体验。因此,传统的"重管控、轻服务"的边检观念造成出入境旅客的意见越来越多,对边检人员工作态度的不满和投诉也越来越多。面对来自出入境旅客加快通关速度和改善服务态度的强烈诉求,2007 年,国家边检机关开始思考边检服务如何转型这一前所未有的新问题。

以新公共服务为主旨的行政文化建设理论,明确提出了政府的职能在于服务,其服务的对象是公民,政府对公民需求的重视必须胜过对社会生产率的重视。这些思想充分体现了"以民为本"的行政文化建设理念,即政府的首要任务是以服务为宗旨,帮助公民明确表达其诉求并确实保障其公共利益。它是一种以公民为服务对象,强调政府管理的多元主体和多元参与,尊重公民权利,实现公众利益,达到社会协调运作,提高人民群众幸福感的综合治理模式。因此,新公共服务理论造就的行政文化,是一种关注民主价值、公共利益和公民积极参与的文化理论。它的实质是要实行"以人民群众为导向"的政府管理,是以公民的不同偏好为基础、以满足公民对公共物品需求和公共服务的特定需求为目标、重视公共问题解决过程中公民参与的行政管理理论。这种新型行政管理理论所带来的行政文化理念,为中国边检在现阶段建立公共服务型管理提供了强有力的理论支持,为中国边检职能的转变明确了方向,也为中国边检的施政提供了新的文化视野。通过对行政管理职能的改革与重组,可以重塑中国边检与人民群众之间的良好认同与合作关系,从而为中国边检管理与人民群众之间的关系改善开辟了一条新的路径。

1. 微笑服务文化引领边检管理创新

2013 年春天,广西南宁的边检站发生过这样一件事情:一对从境外旅游归来的新婚夫妇因琐碎小事发生激烈争吵。进入南宁边检关口时,这对小夫妻还没有从硝烟弥漫的战斗状态中恢复过来,其丈夫更是满脸怒气,举止很粗鲁,经过边检时很不配合。面对这种情况,女检查员小陆始终面带微笑,热情地帮助这对小夫妻办完各种边检手续。没想到在离开检查台的那一刻,这个男人突然回头对小陆说了声"谢谢",并扭头微笑着对他身后的妻子说:"其实,我们应该向这位警官学习!"瞬间他妻子的脸一红,停顿片刻,嫣然一笑,挽着丈夫的手高高兴兴离开了验证大厅。① 这样的微笑服务,这样过关时带来的感动,在今天中国边检各检查站所已不是什么稀罕事情了,微笑的力量是如此的神奇。2007 年以来,中国边检机关着力打造边检微笑服务品牌,普及微笑服务文化,实现了从"管理型"向"服务型"的巨大转变,取得了令人瞩目的效果:深圳边检实现 25 分钟内通关,过往旅客满意率近 100%;青岛机场边检微笑通关服务满意率达 97%;云南瑞丽边检站旅客满意率达 99.9%;杭州边检满意率 99.4%;中山边检满意率达 99.93%……统计数据表明,随着全国边检微笑服务活动的展开,边检站所服务质量得到飞速提高,更多的微笑服务绽放在边检站所的服务岗位上。

2007 年年初,公安部隆重召开全国边防检查工作会议,宣布全国现役边防检查站开展提高边检服务水平"三步走"战略,全国边检系统微笑服务活动拉开帷幕。

由于缺乏提高服务水平的实际工作经验,边检机关组织专人前往在国际边检服务领域享有盛誉的香港入境事务处,调研考察香港出入境工作的管理经验。这次考察学习的经历,让中国边检管理者认识到:改善服务态度、加快通关速度并不是影响边检服务水平的主要因素。中国边检服务总体感觉不好、评价不高的根本原因,主要在于基本的职业精神、服务理念和专业素质方面存在问题。服务理念方面,香港入境处奉行"以尊重、体恤、关怀的态度提

---

① 参见石相国:《微笑的力量是无穷的》,《中国边防警察》2013 年第 6 期。

供优质服务"的宗旨,而我们内地边检除了对有身体障碍的困难旅客提供一些有限的人道主义服务以外,对大多数通关对象是以防范控制为主。专业素质方面,香港边检强调以法律为准绳,依法办理,一视同仁,绝对禁止将工作之外的不快带到岗位上来,也不会让警员把岗位上的事情带回家里去。相比之下,内地边检机关执勤工作中普遍随意化,对待旅客经常情绪化,缺乏主动服务的意识。职业精神方面,香港边检推崇对工作岗位的敬畏之心,极力培养工作人员热爱本职岗位的自豪感。内地边检虽然也推崇热爱本职岗位,但受市场经济中的负面因素影响,极少数工作人员中出现重金钱讲实惠、轻信仰缺乏精神追求的现象,敬业与无私奉献的精神不足。少数边检民警认为,边检职业就是在验证台上盖章敲印,单调乏味加枯燥,缺乏对职业的认同感和自豪感。

与此同时,边检机关还与国内专业的市场调研公司合作,进行了一次大范围的服务对象满意度调查活动。这次满意度调查发现,全国边检在服务态度、通关环境、通关速度、通关过程手续简便性等方面,与出入境旅客心理上可以接受的预期值相比,存在着许多差距。在通关速度方面,大部分出入境旅客认为候检及手续办理时间过长,尤其是通关过程中出现意外问题时,处置时间会很漫长,让出入境旅客感到特别无奈。服务态度方面,工作人员服务态度傲慢呆板,无法让人有温暖的感觉。对于候检的环境设施,被调查者普遍认为场地陈旧、狭窄,过关设备存在功能落后等问题,尤其是过关手续繁琐,检查手段不科学。在遇到不公待遇时无处投诉,即使当时有机会向站所领导反映,事后也不清楚这类投诉是否能得到及时合理的解决,等等。

通过对香港的考察以及专业调研所发现的国内边检工作中存在的各种问题,给国家边检管理机关带来很大震撼。中国边检痛下决心,走提升服务水平之路。重点措施是:深化服务理念,加强专业素质修养,培育边检职业精神,优化出入境环境,改善服务态度。所有这一切的工作目标,是在中国边检的执法领域打造出一支国内最优秀的行政执法队伍,使通关服务达到国内最优秀的行政执法水平,从而使中国边检站、所成为代表国家形象的文明窗口,边检工作人员成为中华民族的文明使者。最终目的统一落实在提高通关速度、提高出入境旅客的满意度方面。由此,中国边检迈出了社会管理创新的坚定步伐。

中国边检社会管理创新的前提首先是服务理念创新。他们在工作上确立了"以服务为中心,坚持顺畅通关,坚持严密管控"的指导方针。众所周知,任何社会管理创新,管理都只是手段,服务才是根本。随着商品社会、信息社会带来全球一体化进程的加剧,中国边检社会管理创新的最高境界就是为社会经济发展、为促进招商引资、为企业走出去提供政策支持,为广大出入境旅客顺畅通关提供最贴心的服务,而绝对不是严防死守,把通关口岸管死。这就要求边检机关最大限度调动人的积极性,切实提高边检服务效能,营造和谐有序的口岸通关环境。

从 2007 年开始,中国边检一方面紧紧围绕边检中心工作,突出对边检工作战略性、全局性、潜在性问题的应对,积极开创边检社会化管理工作的新局面;另一方面,努力把边检社会化管理创新工作融入为口岸人民群众服务的过程中去,在边检服务中实施社会化管理,在社会化管理中体现周到的服务,提高了边检社会化管理工作的实效性和针对性,每一件事情都认真办理,每一件事情都认真落实,每一件难办的事情都以积极态度去解决。

近年来,中国边检官兵用行动自觉践行以人民群众的需求为导向的服务理念,展示了亲切、效率、严格的服务态度,体现了更亲、更快、更严的工作追求,他们把微笑服务作为中国边检服务理念最直观的外在表现。全国边检官兵和谐于心,微笑于行,用发自内心的真诚服务拉近与出入境旅客心灵的距离,通过热情精细到位的服务,赢得了出入境旅客的满意评价。从此,边检站所不仅仅是简单的验章查验关口,而是具有改革开放风采的国门形象展示平台。福州机场边防检查站余燕榕用微笑服务诠释新时代国门女警的素质和风采,4 年之间查验旅客 5 万多人次,零差错、零投诉、零复议。东莞边检站刘洋把出入境旅客每一个回报的微笑和感谢的话,作为工作的原动力,以出入境旅客最喜欢的方式为他们服务;工作之余还主动到各个社区,走访了解出入境旅客和地方群众的意见建议,总结提炼出了边检服务"四心"台外服务法,即"专业热情真心服务、细致入微贴心服务、文明亲切耐心服务,深入旅客热心服务",受到出入境旅客的肯定并在全国边检系统推广。

以转变观念、微笑服务为基础,中国边检机关着力拓展服务范围,打造服务精品,全方位提升服务质量,尽可能满足出入境旅客群体利益的合理诉求,陆续推出"团队旅客快速验放"、"旅客 16 种需求服务指南"、"伤病旅客通关服务"、"宗教团体旅客服务指南"等独具中国边防服务特色的工作方法,各通关口岸还结合本单位实际,在边检执勤现场增设境外游客出入境资料打印自助、盲文引导等服务设施,扩大了出入境旅客的受益群体,出入境旅客满意度不断攀升。据浙江省统计局调查中心对杭州边防检查站所进行的群众服务满意度测评,结果表明:"经杭州入出境旅客总体满意率达到 99.4%,各涉外旅行社和航空公司对他们的服务满意度达 100%。"如此高的满意率虽然在意料之中,却让全站官兵陷入反思和追问:剩下的 0.6% 不满意度的问题在哪里?经过全站官兵冷静思考和热烈讨论,他们得出了精细化服务永无止境的结论,并由此激励边检站跳出边检服务小圈子,启动了一场边检服务的重大变革:比如,为提高韩国籍旅客的满意率,推出了"韩流潮"特色服务;针对中老年旅客的特殊需求,推出了综合型的"一站式"服务……如此等等,这一系列精细化、多样化、个性化的服务举措,促进杭州边检服务工作迈上了一个新台阶。①

2010 年年初,公安部出台《关于进一步提高边检服务水平的意见》,提出了"中国边检三大支柱建设"的具体部署。"三大支柱建设"的内容要求,边检人员要秉持人本、专业、安全的服务理念,尊重并体恤所有出入境人员,在确保通关安全有序的前提下,主动为每位出入境人员提供优质的服务,做到专业知识全面精通,专业技能熟练扎实,职业规范专业严谨,职业态度认真负责。树立"国门似铁,宾至如归"的职业理想,恪守"公平公正、尊重旅客"的职业操守,建设"亲和体恤,自信开放"的边检文化,追求"亲情不分国界,和谐沟通世界"的思想境界,在服务旅客中体现价值,在为国把关中锻造忠诚,在创新业绩中追求卓越,在平凡工作中体会快乐,把提高为出入境旅客服务水平作为实现边检自身价值的自觉追求。

2. 微笑服务打造国门名片

转变政府管理部门职能,打造服务型政府是新公共服务理论在我国的实践。政府管理系列中,不管是决策部门,还是执法部门,其服务对象永远是每一位公民。我们党是为人民服务的政党,我们的人民政府是服务于人民的政

---

① 参见程均:《中国边检誉满世界》,《中国边防警察》2010 年第 5 期。

府。随着全面深化改革的深入发展,政府相关的职能正在进行着有序变革。提高执法服务水平,则是中国边检系统在建设服务型政府过程中的一项任务,需要全体官兵牢固树立服务意识,时刻为出入境旅客着想,真正让出入境旅客满意。

微笑服务文化是中国边检执法服务过程中的必然选择。党和国家提出科学发展观、建设和谐社会以及"以人为本"的执政理念,其主旨在于,一切改革与发展,最终是为了全体公民能够受益。作为政府管理部门,我们制定的一切大政方针,都必须首先考虑人民的根本利益。即胡锦涛同志所说的,情为民所系,利为民所谋。中国边检系统微笑服务文化创建工作正是在这样的背景下开展的,一切为了出入境旅客,努力营造舒适和谐的通关环境,而微笑服务必然蕴涵其中。唯有真诚的微笑服务,方显中国边检的诚恳亲切;唯有微笑服务文化,才能创造中国边检和谐通关的良好氛围。

在中国边检服务型管理职能的建设中,微笑服务文化一旦形成,无论是对于规范边检机关的执法理念,还是对于中国边检工作人员个人的思想和行为,都具有强大的导向功能。当这种导向性的理念濡化于全体边检工作人员的内心以后,就能够将工作人员的个人发展目标与边检机关的执法目标有机结合起来,在边检执法管理过程中形成共同的行动准则和规范,为边检执法管理工作凝聚力量。边检微笑服务文化越强大,工作人员对边检执法的归属感便越强烈,在出入境旅客中的吸引力、凝聚力和影响力也就会越大。

目前我国的行政管理工作正处于转型发展的重要时期,政府管理在行政民主化、科学化、法治化的世界性潮流影响下,在建立和谐社会的价值目标引导下,正在走向以民为本的柔性管理和高效管理模式,这是一种成本低、效率高且成效稳健的一种选择。以民为本的柔性管理体现了行政文化的内在要求,以民为本的柔性管理措施的实施,是行政管理文化理念的进步,是时代的要求,同时也是有效行政管理的有力保障。所谓以民为本的柔性管理,就是指在行政管理中,管理者要坚持以民为本,树立服务意识,尊重和保障普通人民群众的基本人权,其核心就是要努力践行中国共产党全心全意为人民服务的宗旨。因此,中国边检在倡导微笑服务的基础上,最大限度地为出入境服务对象提供更加便捷、舒适、安全的通关服务。满洲里口岸是中俄贸易的重要陆运口岸。在口岸繁荣发展的背后，蕴涵着边检官兵一次次的沟通和斡旋。比如水果出口，最开始通关一部水果、蔬菜运输车辆需要办理 20 多项手续，从满洲里装车得经过四五天才可能进入俄罗斯市场。这些新鲜蔬菜、水果在边防站滞留四五天，经营公司可能会血本无归。了解到这样的情况以后，满洲里边检站主动与口岸的相关部门协调沟通，专门辟出新鲜水果、蔬菜出口监管通道，采取水果、蔬菜出口车辆检查前移的绿色通道举措，实现随到随检。从此，新鲜水果、蔬菜从满洲里口岸装车后只需 1 小时，就可以顺利经过"绿色通道"投放到俄罗斯市场。满洲里的方正贸易有限公司每年平均收入达到 50 万美元。对于中国边检的这些服务，方正贸易有限公司李胜军非常激动地说："市场繁荣离不开中国边检的悉心培育，企业的经济效益全靠边防官兵提供的热情服务。"①

为提高中国边检队伍专业素质，促进边检定式养成，根据公安部边防管理局统一部署，2010 年又出台了《公安边防部队边检服务定式》文件，统一下发了边检服务定式示范录像片，多次召开全国性会议推进交流。各边防总队、边检站也以流程图、分解表、树形图等形式建立了符合当地口岸文化特色的定式标准，进行了统一岗位练兵，做到所有岗位均有定式可循，全体官兵言行都有标准可依，以此达到全国边检工作人员"千人一面"的专业水准，从此，边检口岸以靓丽的风采展现在出入境旅客眼前，所有边检工作人员成为出入境旅客心中的国门名片。② 西藏拉萨边防检查站结合国外旅客经常发生高原反应、联系不到接待酒店等具体情况，精心制定了《外籍旅客进藏帮扶预案》和《特殊旅客帮扶预案》，边检窗口常年配备高原常见疾病药箱，在引导、咨询、查验等与服务保障相关的 9 个工作岗位，制定出 26 项服务流程，以此打造高原边检的"文明窗口"。一位来自瑞士的登山爱好者在出境时，激动地对边检执勤人员说："你们的微笑服务和专业素质，就是宣传西藏、宣传中国一张最好的名片！"联合国总部秘书处的工作人员曾专门致函中国边检，称赞北京边检工作人员"人人面带微笑，态度极其和蔼，让我一下子有了回到家的感觉"。北

---

① 李宗铭:《边检站就是我们的亲情驿站》,《中国边防警察》2011 年第 9 期。
② 参见程均:《中国边检誉满世界》,《中国边防警察》2010 年第 5 期。

京奥运会期间,国际足联名誉主席阿维兰热评价道:"中国边检警官的灿烂微笑,是我的奥运记忆中留下的最为深刻的印象。"巴西代表团则称赞中国边检执勤人员是"世界最好的警察"。2009 年 4 月 17 日的《环球日报》,转载了一篇题为《中韩出入境窗口服务差别大》的文章,对中韩两国边检服务进行了比较。结论认为,无论在微笑服务态度,还是在边检通关效率等方面,都凸显出中国边检机关更优质、更高效、更富有人情味。作者由衷地称赞中国边检的服务已经"让人感到中国具有了发达国家的风范"。

三、微笑传播促进政府管理的华丽转身

市场经济条件下建设和谐社会的政府管理的形式,与以往任何时候的政府管理模式都不同,它旨在构建一种服务型的行政管理模式。我国社会主义行政管理的性质,也从根本上决定了政府管理的行政文化应以"全心全意为人民服务"为根本标准,因为,"为人民服务是各级政府的神圣职责和全体公务员的基本准则"①。2006 年 10 月 11 日,中共第十六届中央委员会第六次全体会议通过的《中共中央关于构建社会主义和谐社会若干重大问题的决定》中也明确提出:"建设服务型政府,强化社会管理和公共服务职能","必须创新社会管理体制,整合社会管理资源,提高社会管理水平,健全党委领导、政府负责、社会协同、公众参与的社会管理格局,在服务中实施管理,在管理中体现服务。"②如何创建与和谐社会服务型政府相符合的行政文化,不仅是深化我国行政体制改革的价值目标,还是建设和谐社会的服务型政府的现实选择。

1. 履行责任中的微笑

长期以来,计划经济导致我国的行政管理强调的是政府无所不包的权威

---

① 《中共中央关于构建社会主义和谐社会若干重大问题的决定》,《人民日报》2006 年 10
月 19 日。

② 《中共中央关于构建社会主义和谐社会若干重大问题的决定》,《人民日报》2006 年 10
月 19 日。

性,政府角色定位也一直沿用无限管制式的行政模式,权威性政府的管理触角无处不在、无时不有。从国民经济领域到人民群众的个人生活,政府无所不包、无所不能。由之带来了政府管理的封闭性、群众民主参与渠道狭窄、政府工作人员以及人民群众的民主意识淡薄,从而无法形成对政府行政工作广泛而有效的监督。伴随体制性缺失而来的,是政府工作人员缺乏公共利益至上的意识,工作人员的行政作为无法得到有效监督,缺乏社会责任感,往往口头上说为人民服务,实际上并没有为人民服务的意识。

政府官员以及相关的工作人员,顾名思义,就是为人民群众服务的公仆。要把公共利益至上作为塑造政府行政文化的基本内涵,政府工作人员就必须确立无私奉献的价值目标,倡导公平的行政意识、公开的行政方法以及公正的行政作风,正确行使人民赋予的公共权利,这样,才能获得社会公众的认可,才不会使公务员行政人格发生重大偏差。因此,《中共中央关于构建社会主义和谐社会若干重大问题的决定》中指出:按照转变职能、权责一致、强化服务、改进管理、提高效能的要求,深化行政管理体系改革。这里提出的"权责一致",实际上对政府工作人员提出了责任要求。这种责任要求应该深深根植于政府工作人员的观念之中,通过行政文化内化为政府工作人员行政人格的一部分。

众所周知,服务型政府强调的就是"行政为民",即对人民群众负责。这是公共利益至上原则对工作人员的内在要求。按照库珀(Terry L.Cooper)的行政责任体系学说,行政责任既包括主观责任,也包含着客观责任。主观责任是指由于我们的内心情感、良心与良知的驱动所认为应该承担的责任。客观责任则包括对法律负责,对上级和下级的责任,还包括对公民的责任。[①] 显然,政府工作人员必须向授予他权力的主体—人民群众负责,这是政府行政责任体系的核心内容。然而,在实际的政府行政管理过程中,对人民群众负责、维护社会普遍关切的公共利益,远没有成为政府工作人员自觉遵循的行政人格。其根本原因在于,政府管理部门中的工作人员,其薪酬福利在形式上直接

---

① 参见[美]特里·L.库珀:《行政伦理学:实现行政责任的途径》,张秀琴译,中国人民大学出版社2001年版,第74页。

由政府决定和供给,而且政府行政体制设置的传统是下级无条件服从上级,地方必须服从中央。政府行政工作人员由此造成一种心理感知的错位,政府工作就是"为领导服务,为上级服务"。反之,人民群众的公共利益则是一个相对模糊的概念,不可能有上级领导意志所体现出的那种明确性与具体性。因此,在构建创新的行政文化过程中,必须引导政府工作人员遵循行政法规与行政伦理规范,形成人民群众利益至上的观念,确保工作人员的行政责任有具体的执行依据,行政人格依附有深刻的理论根源,造就真正能够全心全意为人民服务的崭新的行政文化意识。近年来,杭州市国土资源局土地交易中心的办事窗口以"群众利益无小事"为庄严承诺,以"一个微笑、二次站立、三声相待、四句请言"为服务标准,用微笑迎接每一位前来办事的人民群众,在传递微笑的过程中,认真履行岗位职责,让办事群众带着满意的笑容离开。

凡是曾经到过杭州市土地交易中心办事的群众,提起服务窗口工作人员宛如清风拂面的诚恳微笑,都会亲切地赞誉他们是"杭城最美丽的风景线"。群众的这种热情评价,源于中心工作人员强烈的责任心与热情细致的服务。比如,2003 年,中心推出了面向办事群众的免费复印服务,这么多年来累计复印超过 200 多万张。2004 年,中心开通了往返土资源局与房管局之间的免费直通车,每天风雨无阻接送办事群众,这项举措被市民投票选入了杭州市当年"破七难"的十大新闻。2005 年,中心实行了全年无休服务,不仅中午和普通节假日不休息,就连农历大年初一也正常上班。2008 年,又推出了现场办证服务,任何住宅小区只要办证数量超过 10 个,打个电话联系以后,中心就会在一周之内,专人专车到小区现场直接为用户办证。2010 年,中心开通"96345111"热线电话,24 小时提供办证业务咨询和办事进度的查询服务。责任重于泰山,优质服务永无止境,就连中心填单台上的一碟小糖果,工作人员也花了不少的心思,比如夏天放置清凉的薄荷糖、冬天放置暖胃的生姜糖、春秋两季放的则是温润的水果糖等。①

群众的笑容,源于中心工作人员富有责任心的贴心服务。他们为办证群众构建了完整的办证服务链,每辆直通车上有导乘员,中心办事大厅有引导

---

① 参见本刊记者:《细雨和风润万家微笑服务暖人间》,《浙江国土资源》2011 年第 9 期。

员,以往的被动式服务变成了迎接式的主动服务。即使办事的群众在他们下班以后才能赶到,只要打个电话把困难告诉窗口的工作人员,他们就会在岗位上等着迟到的人民群众。2011年7月8日下午5点,中心的工作人员接到了一个电话,对方十分焦急地说:"同志,我正在赶过来的路上,可下班高峰路太堵,你们能不能等等再下班。"中心的工作人员毫不迟疑地一口答应。一直守到6点半,电话预约的用户才赶到了窗口,工作人员为她顺利地办妥了土地证。①

人民群众的笑容,来自中心工作人员对服务效率的不懈追求。作为服务窗口,如果办事效率低,即使工作人员成天给人甜甜的微笑,老百姓仍然会有怨言。因此,让人民群众办土地证省钱、省时、省力、省心,成为鞭策中心工作人员克难攻坚、持续创新的动力。2005年,当全国城镇房屋土地证办理普遍需要15天时,他们已经把时间压缩到了8天,尽管如此,他们还是自加压力,启动了提速工程,经过一段时间的努力,他们正式对外承诺,市区单套房屋土地登记证办理时间压缩到了30分钟以内,立等可取;办证群众原来要跑2趟才能办好的事情,现在1次就可以现场办完。

强烈的责任感和高效贴心的服务,使中心赢得了群众普遍的赞誉,原本为收集批评意见而设的"意见箱"却变成了"表扬箱"。浙江省效能办督查组对窗口进行暗访后称"实在是挑不出毛病",而且认为,如果全省所有机关的办事窗口都能达到杭州市国土资源局办证大厅的服务水准,浙江省一定能在全国率先建成更加和谐的社会。这说明,在政府机关的服务窗口工作并不会做出什么轰轰烈烈的大事,但是选择了窗口工作,其实就是选择了平凡和琐碎。但是,窗户的每一件点滴小事,都牵系着社会影响,牵系着政府机关的形象。"窗口小天地,为民大舞台",杭州市国土资源局办证大厅的工作人员把窗口作为履行社会责任的一道风景,把微笑传递给每一位用户,让"小窗口"展现政府机关的全心全意为人民服务的大形象,搭起与办事群众沟通的连心桥。②

---

① 参见本刊记者:《细雨和风润万家微笑服务暖人间》,《浙江国土资源》2011年第9期。
② 参见本刊记者:《细雨和风润万家微笑服务暖人间》,《浙江国土资源》2011年第9期。

2. 平等交流中的微笑

平等开放的民主精神,是构建服务型行政文化的前提条件。《中共中央关于构建社会主义和谐社会若干重大问题的决定》中明确指出:"坚持科学执政、民主执政、依法执政,发挥领导核心作用,维护人民群众的主体地位。"《决定》之所以把"民主执政"和"人民群众的主体地位"联系在一起,这是因为,在我国社会主义制度下,人民群众是国家的主人,政府的一切权利源于人民群众,人民群众的意志是政府合法性的唯一来源。因此,用民主精神指导行政文化的创新有着极其重要的意义。

以民主的方式行使政府权力,是当今世界各国行政体制改革的共同主题。我国倡导和谐社会建设,推行服务型行政管理体制改革,正是为了使政府的行政管理朝着更加民主化的方向前进,从而保证人民依法管理国家事务、管理经济和文化事务以及管理社会事务。这就要求政府工作人员彻底改变过去那种高人一等的官僚主义心态,深入到人民群众中去,虚心听取人民群众意见,积极为人民群众办事,主动接受人民群众的批评和监督。因此,政府工作人员在行政文化建设中,要以民主的精神为指导,广泛征求人民群众意见,听取人民群众的心声,塑造符合人民群众愿望的行政文化。否则,离开了深厚群众基础的所谓行政文化,只会是镜中花、水中月,长此以往,只会遭到人民群众唾弃。

作为城市窗口服务单位,济南市国土资源局槐荫分局通过抓好微笑服务的四个结合,积极开展"微笑服务活动",通过"微笑服务"活动,进一步规范了分局的服务程序,深化政务公开,推进了管理科学化、民主化,充分保障公民的知情权、参与权、监督权,提升了服务质量,提高了服务本领,用真诚的热情、认真负责的态度、熟练的业务本领做好服务工作,促进了服务质量和服务水平的提高。他们的经验是:(1)将"微笑服务"活动与深化政务公开相结合。加强科学执政、民主执政、依法执政知识的学习,提升思想境界,牢记全心全意为人民服务的宗旨,爱岗敬业,扎实工作,文明礼貌,热情周到。(2)将"微笑服务"活动与人民群众的主体地位建设相结合。国土管理部门都拥有一定的权力,但是,他们清醒地认识到,权为民所赋,权力是用来为人民服务的,而不是用来牟取私利的。因此,在工作中他们坚决贯彻国土资源部"五条禁令",公开收费标准,设立举报电话,杜绝随意性的审批和"暗箱操作",随时接受社会监督。同时,教育全体工作人员,时刻不忘自己是人民公仆、是代表政府和人民群众行使土地管理责任的工作人员,始终保持高尚的道德情操和优良作风,绝不允许"吃、拿、卡、要"等不正当行为发生。(3)将"微笑服务"与"阳光国土"的品牌创建活动结合起来。该局创建"阳光国土"的品牌活动已有3年历史,并被当地政府授予精神文明建设知名品牌。该局持续推行"四个一"和"六公开"制度①,坚持实行办事"首问负责制"、"一次性告知制"和"限时办结制"。对前来办事的群众,杜绝"生、硬、冷"态度,做到耐心倾听、准确解答、热情服务、认真办理、礼貌迎送、尽快办结。(4)将"微笑服务"活动与优化工作环境结合起来,在认真落规范行政执法行为、完善行政执法程序、严格执法过错责任追究制的同时,积极采取各种便民、利民、为民措施,尽可能减少环节,简化手续,提高工作效率和服务质量。通过加大传播力度,将国土资源管理的法律法规通过网络、报刊、杂志、展板等各种信息传播载体,向人民群众作翔实的介绍和宣传,使广大群众更加熟悉和了解国土资源管理的工作性质和职责,引导广大群众参与国土资源管理事务,增进互信互动,最大限度地争取广大群众对国土资源管理工作的理解和支持。同时,他们还加强监督检查,开展"社会满意度调查"活动,向社会各界人士和人民群众发放调查表,征求意见,对"微笑服务"活动作出评价,确保"微笑服务"活动务扎实有效。②

3.诚信服务中的微笑

农民最痛苦、最不开心的是什么?买到假冒农资产品,耽误了一年收成,甚至还投诉无门、欲哭无泪!针对郊县农民长期以来的普遍反映,2007年起,南京市农林管理部门想农民之所想,急农民之所急,实施了"让农民满意,让农民微笑"的品牌建设工程。通过3年的努力,"让农民微笑工程"被打造成

---

① "四个一"指办事指南一张图、收费标准一张表、咨询答复一口清、窗口服务一条龙。"六公开"是公开办事内容、公开办事程序、公开办事依据、公开办结时限、公开收费标准、公开收费依据。
② 参见白云:《槐荫国土分局抓好"四个结合"积极开展"微笑服务"活动》,《山东国土资源》2010年第6期。

了涉农企业信用体系,其中涉农政策法规的公示率达100%,农民对"让农民微笑工程"的知晓率达90%以上,投诉举报案件的处理率和农民的满意率也都达了100%的标准,农民对农业执法服务的满意度达90%以上。

2007年,南京市在全省率先开通了"12316"农民服务热线,向农民免费发放农业执法礼包,每个礼包内装有"12316"打假服务卡、"购买农资提醒服务手册"、印有"12316"投诉举报电话号码的打火机和食品罩、放心农资挂图等有关资料。从2007年开始,在每年农忙季节组织执法组开展进乡村、进农户的"双走进行动"。目前,"12316"电话公告牌已经100%覆盖各乡镇集市、各行政村和农资经营点。2009年年初,南京市农林执法举报投诉中心接到六合区农民投诉,反映在小麦田里使用某品牌除草剂后出现死苗、僵苗现象,农民与农药经销商协商未果,随即拨打"12316"求助。接到投诉后,农林执法大队赶到现场走访了受损农户,并实地测量受损面积,收集质量事故的相关证据材料。在执法大队的监证下,农药经销商一次性补偿农民1万元,并免费向农民重新提供新的农田除草剂,农药质量事故最终得到圆满解决,投诉的农民露出了满意的笑容。

过去,南京市郊县大街小巷到处都有各种各样规模大小不等的农资商店,自从市里统一推进农资、农技双连锁服务项目以后,这些小店就慢慢地被自动淘汰了。目前,全市参加双连锁服务系列的农资店已经达到91.5%,其中种子连锁店达到100%,农药连锁店达到80%,肥料连锁店达到90%以上,农民对农资市场满意度也达到了90%以上。郊县农资投诉案件数量因此大幅下降。农民购买农资一般都会到连锁店,这里买的种子、农药质量有保障,让农民买得放心;并且农技站提供的病虫防治简报指导用药,让农民用得省心!现在,在南京郊县的每一家农技、农资双连锁店,都能看到"一台、一机、一栏"的标准配置,即农业技术咨询服务台,由专业人员免费提供技术咨询;随时播放新产品、新技术宣传片的电视机;还有发布相关农时、农事和农业技术信息的农技信息栏。所有的农技、农资双连锁店,都按照要求,各种种子一袋袋整齐地堆放在柜台后,一包包农药在柜台里贴着统一的标签,做到像城市里超市一样店面整洁、服务周到热情。南京市农林管理部门还主动前移农资监管关口,经常性地对全市范围的农资企业进行农资质量、吊牌标签标注的内容合法性抽查检验。通过各种有效的管理与检查措施,很好地净化了农资市场,保障了农民的合法权益,由此真正取得了让农民微笑的效果。①

南京市农林管理部门实施的"让农民满意,让农民微笑"品牌工程,体现的是政府行政管理重诺守信的诚信精神,这是服务型行政文化的基本准则。对于政府工作人员的诚信问题,《中共中央关于构建社会主义和谐社会若干重大问题的决定》中曾经明确提出,要"完善公共服务政策体系,提高公共服务质量,增强政府公信力"。政府行政管理的诚信是建构社会诚信的根本基础,政府行政管理的诚信程度,直接关系到整个社会的诚信程度,政府诚信的缺失,只会让人民群众对政府产生怨恨,从而导致整个社会的诚信缺失。因此,强调重诺守信,构建政府工作人员的行政管理文化,就是不要乱搞虚假的形象工程,不要在人民群众面前装模作样,不要在社会公众面前报喜不报忧,玩弄甚至欺骗人民群众。在这方面,南京市农林管理部门的工作人员自觉以重诺守信的言行,换来农民兄弟发自内心的微笑,为我们在构建行政文化过程中,坚持对人民群众说实话、讲实情、做实事,树立了一根真正的标杆。

4. 以民为本的微笑

服务型政府理念的核心内容在于主张政府行政管理的本质是服务,突出了"主权在民"的政府行政管理思想。其理论价值的基础在于,国家主权属于全体人民,而不是属于利益集团或党派群体。政府是人民的公仆,政府必须对人民群众负责,必须全心全意地为广大人民群众服务。因此,建立服务型政府,就必须牢固树立"公民权利本位,政府义务本位"的新型行政文化观念。也就是说,政府的一切行政管理工作,都必须完全从广大人民群众的需求出发,从维护人民群众的切身利益出发,真正做到"向人民群众学习,为人民群众服务,请人民群众评判,让人民群众满意",任何时候、任何情况下,政府的行政管理工作都要想人民群众之所想,急人民群众之所急,谋人民群众之所求,解人民群众之所忧,必须以人民群众高兴不高兴,人民群众拥护不拥护,人

---

① 参见刘文彬、王根山:《为了农民的微笑——南京创新农资监管机制》,《江苏农村经济》2009 年第 10 期。

民群众赞成不赞成,人民群众答应不答应作为实践"立党为公,执政为民"宗旨的最高准则,从而实现从过去的政府本位模式向社会本位模式的转变、从传统的官本位向现代的人民本位的政府行政管理模式转变。

江西省井冈山市高陇村是一个地处偏远山区的小山村,该村过去仅有一条通往3个组的弯曲狭窄的砂石路,还有上山田、白湾和布上3个组只有一条农家手推车走的路。这里不仅道路交通不便,农田水利与居民日常饮用水也很困难,农民每年依靠耕种山地的微薄收入艰难生活。2005年,井冈山市扶贫与移民办深入该村进行了实地考察,将深山里的高陇村确定为重点扶贫村,制定了对高陇村进行5年扶贫的资金预算和分类实施规划方案。

农村群众若想富,往往都得先修路,路通了,才可能有机会改变农民生产生活方式、实现劳动致富。因此,井冈山市扶贫与移民办首先就想到如何解决与当地人民群众生产生活息息相关的道路问题。经过多方筹措,2006年年底,协助该村新修筑了通向3个组的砂石公路,彻底解决了这3个偏僻村民组的交通问题;2008年,又帮助该村具备条件的5个组铺设了近5公里的水泥硬化路面,从此,高陇村各组之间天堑变坦途。为确保高陇村的农田灌溉,经市扶贫与移民办的积极协调,2006年至2008年两年时间内为高陇村修复1.4公里的灌溉水渠,修筑水利防灾护坡1200多平方米,新建桥梁5座。2009年,又利用井冈山市委组织部提供的农村村级组织活动场所建设配套资助经费,新建了高陇村村部办公室,改善了高陇村委会办公、开会无居所的落后面貌;并在5年扶贫的分类实施规划中安排资金,由村民投入劳动力,完成了村民饮水改造工程,使深山里的高陇村家家户户用上了自来水。农民们个个笑呵呵地说:"如今我们这儿有新农村的样儿了!"

授人以鱼不如授人以渔,农村扶贫最根本、最重要的是要给农民兄弟创造脱贫致富的门路。如何才能找到让农民脱贫致富的途径?井冈山市扶贫与移民办与高陇村的干部群众共同出主意,想办法。高陇村穷山恶水,大山绵延,他们就决定靠山吃山,在开发山地方面做文章。经过聘请农业技术专家充分论证之后,2008年起,由市扶贫与移民办垫资,为该村购买了5万余株油茶树苗,采取农户联营合作方式,垦荒种植了近500亩的油茶林,光这一个项目,预计可以让每个农户年收入增加2000多元;与此同时,扩大当地农民生猪养殖规模,帮助村里新建了4座养猪场,引进猪苗和养猪技术;还通过修建沼气池、开挖鱼塘等方式,建立了立体的农村养猪生态系统。目前,高陇村年出栏生猪已经超过1200头,猪粪养鱼近万尾以上。由此,高陇村无论是生态环境还是农民的生活水平,都得到了极大的改善,老百姓的口袋子鼓起来了,他们的脸上也挂满了幸福的微笑。①

井冈山市高陇村村民发出幸福微笑的案例告诉我们,构建新的行政文化,首先要确立以民为本的行政文化理念,一切从人民群众的利益出发,真正为人民群众谋福利。政务公开仅仅是保证了人民群众最基本的知情权,更重要的是政府在行政管理实践中,要切实解决关系到人民群众,尤其是基层人民群众的民生民计的大事情。只有心系广大人民群众,立足基层人民群众的需求,从政府所提供的公共产品的质量、政府行政管理的服务质量等各方面入手,为广大人民群众提供尽心尽力的服务,才是构建新的行政文化的核心问题之所在。

---

① 参见樊越、赵亚琴:《为了农民的微笑》,《老区建设》2010年第23期。

第九章　微笑传播及其文化创新的意义

微笑传播的文化创新过程是指企业或者政府管理部门的微笑服务,通过结构与关系的象征性互动,实现组织既定目标的总和;或者说,是企业或者政府管理部门的微笑服务,通过特定的结构及其组织结构化能力,在与组织雇员、外部价值链以及社会环境的象征性传播互动中,协调内外关系,营造组织氛围,凝聚组织力量,展示组织影响,实现组织有效发展的过程。① 纵观本书几个典型的微笑传播案例,无论是安徽高速、如家酒店,还是微笑北京,或者中国边检,他们的微笑服务不仅对社会个体以及群体的互动产生着影响,它蕴涵的文化的、道德的或政治的含义,也赋予了社会组织内部与外部之间积极的互动的意义。

一、微笑传播:高速公路企业的制度文化创新

制度与文化是不同的符号系统,在企业内部的统一程度上与促进行动的持续程度上存在不同。文化虽然也有企业规则的功能,但是文化主要还是精神层面的,其精神的意义及影响远比其规则的功能重要。文化精神是文化的本质要素,文化中的规则功能只是派生的、从属的、次级要素。制度中的秩序与规则则不同,它是制度的主要层面,是制度的本质要素。制度作为一种可见、可视、可操作、可遵循的系统,是一种企业硬件。之所以需要制度,或者说

---

① 参见胡河宁:《组织传播学》,北京大学出版社 2010 年版,第 16 页。

之所以需要制度创新,就是因为企业需要有一种比文化规则更为明确的企业秩序。① 从文化创新的角度说,一方面,文化是精神、价值观和知识的系统;另一方面,文化也是企业制度的体现。因此,文化创新是与制度创新相伴而行的,文化创新是与制度创新联系在一起的。对此,马林诺斯基的观点是最为明确的,他说:"所有文化进化或传播过程都首先以制度变迁的形式发生。"②在他看来,文化是由人类永久性群体的组织和制度构成的。因此,对于制度创新的分析就是对企业组织与文化变迁进行分析。

1. 文化与制度创新的关系

英国历史学家阿克顿曾经讲过这样一个故事,说的是有 7 个人每天分一桶粥,但每天都分不均,于是他们就开始想办法。起初,指定一个人负责分粥,却发现这个人为自己分的粥最多;再换一个人,还是如此。后来,他们每天轮流分粥,然而一周下来,只有自己分粥的那一天是饱的,其余 6 天都要挨饿。接下来,他们推选出一个信得过的人出来分粥,过不多久,在大家私下讨好、贿赂之下,他也不公平了。然后,他们成立了一个分粥委员会及监督委员会,用监督和制约来保证公平。但他们之间经常相互攻击,扯皮下来,粥早就凉了。最后,他们想出来一个方法:每个人轮流分粥,但分粥的那个人只能领取最后剩下的那碗粥。令人惊奇的是,从此以后,7 个碗里的粥每次都是一样多,为什么? 原因很简单,如果 7 个碗里的粥不相同,那么分粥人的碗里无疑将是最少的,为了不让自己吃得最少,所以每个人都尽量分得平均。③ "七人分粥"这个故事陈述了管理过程中职责、分工、素质、组织四种不同的方式:指定一个人负责分粥讲职责,每天轮流分粥讲分工,推选出一个信得过的人是讲素质,组成分粥委员会则是讲组织。当这些都不管用时,大家轮流分粥,分粥的人最后一个领粥,讲的是制度规则。分粥的博弈说明了企业管理中的职责、分工、素质、组织等,都只是一般性的管理,制度才是根本性的管理。一般管理只能扬

---

① 参见曾小华:《文化·制度与社会变迁》,中国经济出版社 2004 年版,第 168 页。
② [英]马林诺斯基:《科学的文化理论》,黄剑波等译,中央民族大学出版社 1999 年版,第 56 页。
③ 参见杨思卓:《制度为王》,机械工业出版社 2011 年版,第 2 页。

汤止沸,制度管理才能釜底抽薪。

关于制度,许多学科从不同的角度进行过解释。经济学家 A.爱伦·斯密德认为:"制度是人们有序关系的集合,它界定人们的权利、责任、特权以及所面对的其他人的权利。"或者说,"制度是有关个人行动控制、自有和扩展方面的集体行动。"①斯密德对于制度的定义特别强调的一点是:制度包括了权利和规则两个方面的内容。制度意味着特定权利的总和,它常常分成一些组合。一种企业制度是指某一特定种类的规则与权利的组合。

管理学家金伯利·埃尔斯巴赫(Kimberly D.Elsbach)认为,组织中的制度是"组织内的群体和组织间的群体所持有并视若当然的信念,并为这些群体的成员界定可接受的、规范性的行为的边界"②。他的这个定义涵盖了大量的研究,包括始于 20 世纪 30 年代的组织研究、工作群体行为和亚群体身份研究、人际关系研究、组织文化研究、组织身份和意义建构过程研究等,这些研究都持有这样的制度概念。较早期的研究往往强调规范性制度要素的建立,比如理查德·斯格特就认为:"制度包括为社会生活提供稳定性和意义的规制性、规范性和文化—认知性要素,以及相关的活动与资源。"③而后来的理论研究则更加关注共同认知图式和身份认同,即文化—认知性制度要素的建立。正如彼得斯(Peters)所指出的:"制度在很大程度上被界定为对个人的一套积极或消极激励,在这些模型中,个人功利最大化为个人提供了动力。"④

社会学家则认为,每个社会如要存在下去并向它的成员提供一种令人满意的生活,就必须满足某些基本的社会需要。文化知识欲想世世代代传下去,就必须有共同遵守并得到支持的重要的社会价值标准。长期以来,各社会成员创造了思想和行动的模式,为解决这些反复出现的问题提供了恰当的办法。

---

① [美]A.爱伦·斯密德:《财产、权力和公共选择——对法和经济学的进一步思考》,黄祖辉、蒋文华、郭红东等译,上海三联书店、上海人民出版社 1999 年版,第 7 页。

② [美]W.理查德·斯格特:《制度与组织》,姚伟、王黎芳译,中国人民大学出版社 2010 年版,第 126 页。

③ [美]W.理查德·斯格特:《制度与组织》,姚伟、王黎芳译,中国人民大学出版社 2010 年版,第 56 页。

④ [美]W.理查德·斯格特:《制度与组织》,姚伟、王黎芳译,中国人民大学出版社 2010 年版,第 40 页。

这些行为模式就是制度。社会学家在给制度下定义时指出:"制度是稳定地组合在一起的一套价值标准、规范、地位、角色和群体,它是围绕着一种基本的社会需要而形成的,它提供了一种固定的思想和行动范型,提出了解决反复出现的问题和满足社会生活需要的方法。"①安东尼·吉登斯说:"制度是社会生活中相对持久的特征。赋予时空中的(社会系统)'牢固性与稳定性'。"②制度之所以表现出这样的特征,是因为规制、规范和文化—认知要素促进了这些传播、维持与再生产的过程。这些要素是制度结构的重要材料,提供了具有弹性的框架来指引行为和有效地抵制变迁。因此,制度依靠各种承载、传递和实施工具来实施与传播,并因此在各种各样的媒介中具体化和表现出来。③

涂尔干强调,制度系统中的象征符号系统、信念系统以及"集体表象"体现了社会秩序的轴心,这种共同的认知框架以及图式,是具有典型的道德或精神特质的。④ 制度中的符号系统包含的不仅仅是物质和意旨,还包含情感。因此,制度符号系统引起的不仅仅是解释性或说明性的反应,还有情感性的反应。这就是说,一个稳定的规则系统,不管它是正式的还是非正式的,如果得到了监督和奖惩权力的支持,并且这种权力又伴随着畏惧、内疚感,或者清白无愧、高尚、廉正、坚定等情感,那么就是一种流行的、起支配作用的制度。当然,制度还存在说明性、评价性和义务性的维度,这就是规范性的规则。规范系统包括了价值观和规范。所谓价值观,是指行动者所偏好的观念或者所需要的、有价值的观念,以及用来比较和评价现存结构或行为的各种标准。规范则规定事情应该如何完成,并规定追求所要结果的合法方式或手段。

可以认为,制度的出现,只不过是将过去的、或者是现在的,个别的、或者是分散的各种文化因素予以规范化、规则化、秩序化和社会化,用于进一步满足社会变革的需要,满足人们的政治活动、经济活动、社会活动以及其他各种

---

① [美]伊恩·罗伯逊:《社会学》,黄育馥译,商务印书馆1994年版,第109页。

② [美]W.理查德·斯格特:《制度与组织》,姚伟、王黎芳译,中国人民大学出版社2010年版,第57页。

③ 参见[美]W.理查德·斯格特:《制度与组织》,姚伟、王黎芳译,中国人民大学出版社2010年版,第58页。

④ 参见[美]W.理查德·斯格特:《制度与组织》,姚伟、王黎芳译,中国人民大学出版社2010年版,第17页。

活动的目的。因此,制度中有文化。文化作为制度的一个方面、一个特征、一个要素,说明了制度的构成和结构。文化中也有制度。当人们关注制度的各种问题时,隐含着人们对于文化的关注。同理,当人们注意到文化的重要性时,其实也隐含着人们对于制度的重视。① 文化与制度的统一性和一致性证明,文化与制度是不可能绝对分离的。无论在人类历史上,还是在现实的社会变革中,当人们对某些文化问题进行讨论、争论,或拥护、或反对,或赞成、或批判,或否定、或肯定的时候,实际上都预设了一个与制度有关的问题。

制度作为一种人际交往的准则,源自人类各种历史的、社会的、经济的、政治的、文化的活动。制度是被人类活动创造的,而人类活动都要受到人们的价值观念、道德伦理、思想意识、风俗习惯的影响,没有文化的人类活动是不存在的,因而没有文化内涵的制度也是不可能有的。任何一种制度的产生和形成,无论是自生自发的,还是有意设计的,都可以被认为是反映了某些文化的轨迹或文化的需求。对此,英国学者伯纳德·鲍桑葵有过详细而精彩的论述。他明确指出,所谓制度就是观念,制度就是一种构成文化精神的要素。一句话,在鲍桑葵那里,制度就是文化。他认为,组成一个社会的原则既是观念也是事实,既是事实也是目的。② 这种三重特性统一存在于我们用"制度"这个一般术语所描述的事物之中。

文化与制度的统一性和一致性还反映在理论研究中的一个重要概念上,即制度文化。之所以有此理论概念,是因为文化与制度的统一性和一致性,可以让人感觉到实际存在着一个制度文化系统。制度文化研究主要反映在文化研究的领域。制度文化可以为文化研究、制度研究以及社会研究提供一个新的方法和思路。制度文化假定制度属于大文化系统的一个子系统,作为文化系统中的制度,不但其非正式制度、内在制度或文化进化的规则与文化有关,而且其正式制度、外在制度或设计的制度亦与文化有关。文化无所不在,无处不在,这种难以穷尽的文化特征,可以从制度的网络中去寻找。在历史的或者现实的世界里,不存在没有文化背景或文化内涵的制度。制度总是作为某种

---

① 参见曾小华:《文化·制度与社会变迁》,中国经济出版社 2004 年版,第 237 页。

② 转引自曾小华:《文化·制度与社会变迁》,中国经济出版社 2004 年版,第 236 页。

文化而存在的。制度不断反映着文化的演进,同时也不断建构着文化的发展。正是在这种意义上,制度文化把制度与文化看成是一个统一的和一致的整体。

制度文化偏重于强调制度的文化层面与规则层面的内在统一性和一致性,即强调制度的文化精神、价值观、思想意识与制度的习惯、规范、规则和秩序的内在统一性和一致性。也就是说,制度与文化虽然非常相似,但是制度文化作为文化的制度层面比制度带有更浓厚的文化色彩,与文化的联系也更紧密。从文化研究的角度讲,更加要求文化与制度的内在统一性和一致性。英国名的文化人类学家拉德克利夫·布朗在文化共时性的研究中,就把文化的统一体、社会结构、制度三者放在了一起。布朗认为,应该把文化看成一个整合系统,在这个整合系统中,文化的每一个因素扮演一个特定的角色。因此,研究文化就是研究文化的整体结构。只有明确社会结构,才能真正找到构成这一结构的各个部分及其功能。在这里,社会结构是指一个文化统一体中,人与人之间的关系。而人与人之间的关系是由制度支配的。人类社会结构的内容就是社会个体,其形式就是制度。① 这样,布朗通过社会结构的中介,把文化与制度内在地统一起来。制度文化作为文化整合系统中的子系统,体现了制度与文化的内在统一性和一致性。这种制度文化的内在统一性和一致性,反映出个人的活动或集体的活动必然存在或体现为一种秩序。无论是哪种自生自发的秩序,还是有意设计的秩序,都是一种文化与制度的统一。制度文化作为文化系统中的子系统,正是作为文化系统中由制度构成的秩序系统,将文化与制度自然地统一起来。如果把文化看成一个无形的网络,制度文化就是网络的连接系统,而制度就是连接系统的连接点。② 人类所有经济的、政治的、社会的、生活的、文化的活动,正是通过无数的制度,形成制度文化的秩序系统,并将文化与制度联系起来。无论是远古的图腾制度,还是现代的市场制度都是如此。人们重视文化的目的,都隐含着对文化中制度的重视。否则,文化就变得毫无意义。从这个意义上讲,文化与制度的统一性和一致性显得尤为重要。

---

① 转引自夏建中:《文化人类学的理论》,中国人民大学出版社 1997 年版,第 119 页。
② 参见曾小华:《文化·制度与社会变迁》,中国经济出版社 2004 年版,第 241 页。

　　制度创新原本是制度经济学中的一个概念。它指的是制度主体以新的观念为指导,通过制定新的行为规范,调整主体间的权利平等关系,为实现新的价值目标和理想目标而自主地进行的创造性活动。① 正如拉坦所指出的:"制度创新或制度发展一词被用于指(1)一种特定组织的行为变化;(2)这一组织与环境之间的相互关系的变化;(3)在一种组织的环境中支配行为与相互关系规则的变化。"②熊彼特在他的《经济发展理论》中把制度创新定义为用一种效益更高的制度来代替另一种制度的过程。美国制度经济学的开创者凡勃伦,特别关注制度创新问题。他认为,制度基本上是个社会惯例问题,社会惯例来自制度系统首次出现时经受实际生活方式"磨炼",或者约束性影响的人们最终所取得的一种意见一致。③ 包含在制度发展当中的过程,既是看不见的手势的,又是设计式的。④ 因此,制度系统同样随时间而改变,尤其当系统的物质基础发生变化的时候。⑤ 从企业制度系统角度来说,由于这种改变或创新一定是在特定的企业文化理念指导下进行的,所以,英国心理学家加勒思·摩根(Gareth Morgan)曾经说:"有效的组织变革暗含着组织文化的变化。"⑥事实上,有效的企业制度创新也暗含着特定的企业文化变革。

　　文化与制度创新具有高度的统一性和一致性。在文化分析中几乎不可能完全脱离制度创新问题。也就是说,制度创新是文化的一个重要方面。文化作为一个复杂的整体系统包括了制度,制度是文化有机整体或者是复杂整体的一个部分。从文化分析的角度讲,制度作为文化的一个部分,实际上与精神、价值观、思想等层面无法绝对分离。人类行为受精神、价值观和思想因素

① 参见辛鸣:《制度论——关于制度哲学的理论建构》,人民出版社 2005 年版,第 183 页。
② [美]V.W.拉坦:《诱致性制度变迁理论》,见科斯等:《财产权利与制度变迁——产权学派与新制度经济学派文集》,胡庄君译,上海三联书店 1994 年版,第 329 页。
③ 参见[英]马尔科姆·卢瑟福:《经济学中的制度》,陈建波、郁仲莉译,中国社会科学出版社 1999 年版,第 112 页。
④ 参见[英]马尔科姆·卢瑟福:《经济学中的制度》,陈建波、郁仲莉译,中国社会科学出版社 1999 年版,第 114 页。
⑤ 参见[英]马尔科姆·卢瑟福:《经济学中的制度》,陈建波、郁仲莉译,中国社会科学出版社 1999 年版,第 115 页。
⑥ [英]奈杰尔·金·尼尔·安德森:《组织创新与变革》,冒光灿等译,清华大学出版社 2002 年版,第 125 页。

的支配,然而人类行为实际又是一种群体的、社会的共同行为。所以,文化的精神因素必然会反映、萌生和形成习俗、规则、法律制度等制度因素。当制度诸因素产生和形成之后,就会使人的精神因素通过制度因素转化成为物质成果。由此可见,制度作为文化的一个组成部分,既是文化的产物,又是文化的工具。① 先进的企业文化精神只有通过先进的企业制度创新来落实。企业文化变革不可能凭空运作,其实施必然与企业制度、规章、指令的操作相关联。企业的文化变革与企业的制度创新是相辅相成的:企业制度创新本身就隐含着企业文化理念的创新,而企业文化理念的传播与落实,必然要求相应的制度与规则的创新。②

　　制度创新的根本在于,只有让企业文化转化成为为客户服务的具体行动,才可能真正强化以服务客户为导向的企业文化价值观,焕发起员工心中的"豪迈感",真正做到使客户满意,进而创造出力量巨大的企业文化资源。优秀的企业文化中某种核心价值观决定着企业员工对待客户的行为特征和应变行为。他们不仅把客户看作是必须善待的人,还把他们视为必须建立长期关系的战略伙伴。因此,他们都十分注重对企业员工的上岗培训工作。这种客户服务培训不是简单地进行"微笑训练",而是视其为传授企业文化和经营实践的重要环节。安徽高速通过颁布统一的内部行为规范来保证始终如一的服务,这种努力服务客户的企业文化精神使企业赢得领先于其他竞争对手的比较优势,从而取得更大的成功。一般而言,优质的客户服务往往是企业经营管理中深层次的企业文化价值观的产物,这种价值观指导着企业员工有计划地作出促进企业日常经营活动的各种决策,企业员工对客户的服务行为是对企业文化本质的最明显的反应。只有在各种可能的场合都始终如一地坚持其服务客户的价值理念,使优质服务的意义远远超出良好客户关系本身,这一价值理念才能真正成为企业的一种经营方式和生活习惯。

2.安徽高速微笑服务制度文化创新的境界

　　在一个国家,最根本的制度就是宪法,宪法是制定所有法律法规的依据和

① 参见曾小华:《文化·制度与社会变迁》,中国经济出版社 2004 年版,第 233 页。
② 参见李建军:《企业文化与制度创新》,清华大学出版社 2004 年版,第 155 页。

基础,没有宪法就很难制定其他法律法规。所以,一个成熟的企业,也必须要有这样一套基本制度,即反映我们的愿景是什么,发展方向是什么,宗旨是什么,使命是什么,每个企业都应围绕这个来制定它的制度。这套制度就是企业未来的发展方向,就是我们所说的企业宪章,或者叫作企业行动纲领。在"微笑高速"企业文化建设过程中,安徽高速本着"和为贵"的文化理念,倡导天人合一的理想境界,以客观规律为根本,寻求人与自然和谐统一的有机整体;追求仁者爱人的理想境界,寻求人与人之间和谐一致的社会关系,体现了安徽高速员工对人与人之间关怀、友爱、信任互助的和谐人际关系,以及一种普遍和谐的理想境界的追求。经过微笑传播文化的挖掘、提炼,形成了安徽高速隆重推出的《我们的行动纲领》。《我们的行动纲领》开宗明义地提出:"我们要大力践行'微笑服务,温馨交通'的服务理念,真诚关怀客户,真诚关爱社会,倡行微笑服务,提高服务品质,打造'微笑品牌',用我们的微笑照亮岗位,照亮人生,照亮你我,照亮社会,以此提升公众服务形象,展示安徽人文风采。"[1]安徽高速坚持把微笑传播文化这种无形的管理与有形的制度管理融为一体,用理念来指导微笑服务活动,通过微笑文化的建塑来改变员工的服务理念,通过制度管理和规范员工的服务行为。

天下之事,不难于立法,而难于法之必行。[2] 同样,企业之事,不难于立制,而难于制之必行。[3] 这种"行"就是人们常说的执行力,即按照制度要求、按质按量地完成工作任务的态度和能力。经济学研究表明,当人不遵守某一制度的预期效用超过将时间及另外的资源用于从事其他活动所带来的效用时,人们便会选择不遵守制度,这时的制度事实上就是失灵的。当然,造成制度失灵还有一个原因,就是制度的实施机制效用不高,不具有绝对的强制性,违反制度的成本比较低。强有力的实施机制将使违规成本极高,从而使任何违规行为都变得不划算,即违规成本大于违规收益。无论哪一种情形,人不遵守制度不在于他的基本动机与别人有什么不同,而在于他的利益同成本之间存在的差异。制度在抑制人的机会主义行为倾向方面并不总是有效的。新制

① 《我们的行动纲领》,安徽省高速公路控股集团总公司内部资料,2012年4月。
② 参见李君昆:《关于执行力的政治思考》,《党史博采(理论)》2012年第3期。
③ 参见牟英石、陈卓、赵萌等:《探寻制度的本质》,《中国石油企业》2012年第9期。

度经济学在对人们的行为进行研究时,曾经给出这样的假定:人具有随机应变、投机取巧、为自己谋取更大利益的行为倾向。由这个假定可以推论出一个结论:由于人在追求自身利益的过程中会采取非常隐蔽的手段,会耍弄狡黠的伎俩,从而导致结果具有很大的不可预见性。①

　　在微笑服务文化推广的起步阶段,安徽高速为防止制度失灵,保证微笑服务取得成效,首先用制度方式明确了微笑服务执行主管部门,确保微笑服务按哪几步做、每步如何做、每步由谁来做、每步做的标准、做不到怎么办、由谁来负责落实和监督各个环节都由哪一个具体部门负责,每一步骤都有检查,做到张弛有度,避免多头管理或相互推诿,有效地将制度执行落实到企业日常的生产和工作过程中(参见表9-1)。其次,用制度规范微笑服务标准,对微笑服务标准进行细化和量化。一方面要求全体收费人员认真对照《文明礼仪微笑服务手册》中的手势、微笑、文明用语等的使用标准进行反复学习和领悟,统一仪容仪表,规范服务流程,提炼出"两点头、两转体、并五指,露八牙"的微笑服务要领,坚持五个一样的工作要求,有车无车一个样,大车小车一个样,白天晚上一个样,领导在与不在一个样,检查与不检查一个样,并运用到工作实践当中去,避免了各收费窗口按各自的理解来做事,实现用制度调动企业员工积极性的目的。其三,用制度统一员工的学习培训。严格按照标准组织员工进行反复学习培训,熟能生巧,通过强化培训让每位员工熟练掌握微笑服务的规范要领,使之变成职业习惯。学习培训以求实效为目的,做到时间到位,每周一小训,每月一大训,保证培训的强度;内容到位,培训内容要涵盖微笑服务的方方面面,专题培训与系统培训相结合,保证培训的深度;方式到位,采用专家授课、观看电教片、现场模拟操作等灵活方式,保证培训的力度。四是用制度建立激励机制,包括:薪酬体系、考核机制、奖惩制度、压力制度等。通过制度建立和加强执行激励机制,有效地保障微笑服务效果。安徽高速以制发《文明礼仪微笑服务手册》为基准,经班、所、处三级评选,举办"微笑天使"竞赛活动,开展"星级收费员"和"微笑之星"评选活动,着力打造一批在公司知名、在全省著名、在全国驰名的"微笑服务"典型。先后推出"颜传丽"女子班、"陈

____

① 参见辛鸣:《制度论——关于制度哲学的理论建构》,人民出版社2005年版,第131页。

226

青"女子班等一批立得住、叫得响的先进典型示范班组,让"我微笑、我美丽、我快乐"的理念更加深入人心。安徽高速还积极寻求制度架构和文化支撑,保障"微笑服务"活动长期开展。通过开展企业文化深植工作,使"用心微笑,真诚服务"的服务理念、"微笑服务,促进社会和谐"的企业使命、"追求卓越服务"的企业愿景等企业文化内容,深入人心,植入经营,融入管理,进一步激发了员工微笑服务的内生动力,促进了创建活动持续开展。

表 9-1 安徽高速微笑服务管理体系

微笑服务管理体系	人力资源规划	人力资源规划相关理论基础
		人力资源规划内容
	人力资源招聘管理	工作分析
		制订招聘计划
		招聘活动的实施
	培训管理	培训方法
		培训的层次及周期
		培训开发的主要实施步骤
	绩效管理	考核目标的选择
		考核周期
		考核主体
	薪酬福利管理	薪酬管理的原则
		薪酬管理的形式
	劳动关系管理	劳动合同
		劳动安全与卫生保护
		劳动争议及处理

任何一种制度的产生和形成,无论是自然发生的,还是有意设计的,都是特定文化轨迹或文化需求的反映。[1] 微笑管理制度与微笑服务文化的最大区别在于,管理制度是为推行微笑服务文化制定的一系列程序化、标准化的行为模式和运行方式,是维护企业和员工共同利益的一种强制手段。而微笑服务文化要求的是微笑服务活动中建立的一种广大员工能够自我管理、自我约束

---

[1] 参见辛鸣:《制度论——关于制度哲学的理论建构》,人民出版社 2005 年版,第 265 页。

的机制,这种机制使广大员工的生产积极性和自觉能动性不断得以充分发挥。微笑服务的管理制度再周密也不可能事无巨细、无所不包,微笑服务文化却时时处处都能对员工行为起约束作用,而且还能进一步约束人们的心理。因此,微笑服务管理制度不可能完全替代微笑服务文化的作用,同样,微笑服务文化也不可以代替微笑管理制度。由于员工价值取向的差异性、对企业目标认同的差异性,要想使员工个体与群体之间达成完全的协调一致,光靠微笑服务文化是不现实的;没有微笑服务管理制度,即使员工的价值取向和对微笑服务的企业目标有高度的认同,同样难以实现完全协调一致的行动。微笑服务管理制度是微笑服务文化的基础和载体。微笑服务管理制度的建立,又影响着员工对新的价值观念的选择,进而成为新的微笑服务制度文化的基础。

当然,并非所有的微笑管理制度都能形成微笑服务文化,制度需要在执行过程中检验并及时调整完善。在安徽高速微笑服务常态化的制度建设贯彻落实阶段,其管理手段主要是"强烈的正激励和持续的思想引导"。当全公司上下憋着一股劲全力以赴抓微笑服务的时候,绩效考核就成为高压状态,尽管公司绩效仅占20%,但由于微笑服务的关注度高,经过管理处和收费所的层层加码,微笑服务的绩效就变成了70%。最后造成了员工24小时受控,心理压力加剧,微笑服务的标准动作变成了表演动作,反而引起司乘人员的不满和反感。针对这种情况,安徽高速的管理层没有简单地把责任推给基层,而是实事求是地进行了客观分析,认为这是由于微笑服务这种情绪劳动本身特点造成的问题。在收费窗口要求员工微笑服务,需要员工有比较多的情绪劳动。如果员工在工作环境中可以比较容易地采用"自动调节"或"深层调节",则可以较好地适应服务工作的需要,弥补和缓冲情绪劳动所引起的心理付出,较好地维持心理健康。课题组当时掌握的调研数据表明,收费人员在情绪劳动的中更倾向于采用深层表现和自然表现,并且深层表现和自然表现对成员绩效的贡献较低。公司层面上指引着员工依靠情绪劳动的表面表现来推动绩效。公司的要求指向与员工的内心想法是有差距的,在对员工绩效的考核中,重点偏向考察员工的表面行为,而对自然行为和深层行为的考核相对轻视,挫败了员工的深层表现和自然表现的积极性,违反了微笑服务的实质性要求。微笑服务不仅要在表面行为上保持"微笑",更要求收费人员从内心深处认可这种劳动,进而自然地流露自身的情感。深层表现是通过认知重建,改变个体的内心感受,并作出与内心感受一致且符合组织要求的情绪表达,它要求服务人员"从心底里高兴",这与微笑服务的实质性要求不谋而合。根据我们课题组的建议,安徽高速重视引导收费人员进行情绪劳动的深层表现。对此,安徽高速转变传统的管理观念,换位思考,首先从管理上找原因,一方面调整视频考核频率,设立与深层表现和自然表现相挂钩的薪酬制度,从深层表现和自然表现角度开展情绪劳动的心理培训及健康咨询指导。在日常培训中,加强对收费人员进行情绪劳动技巧的培养,鼓励深层表现和自然表现。同时,将社会评价纳入收费人员绩效考核体系中,建立了员工心理咨询室,改善现有的工作环境,创造舒适温馨的工作环境,努力将制度管理与人文管理有机结合起来,营造出良好的企业制度文化氛围,使制度文化形成一种习惯性意识,从而根植于每一位员工的头脑中,打造出一种独具特色的企业优势资源,最终转化为生产力。

从制度发挥其功能的角度讲,制度总是要维持一定的稳定性,也就是说,制度不能是多变的、易变的。但事实上制度又必须也确实是发展变化着的,不仅因为这是出于适应生产力发展变化而变化的客观必然事实,还是因为只有这样才能适应发展变化着的企业发展与员工成长的需要。制度创新是一个不断完善的过程,是一项长期的、艰苦的工作,难在起步,贵在坚持,在推行中会遇到不少困难,会凸显各种新问题、新矛盾。搞好制度建设,前提在认识,关键在领导,根本在机制,成败在落实。因此,安徽高速在制度创新过程中,首先注意形式上的循序渐进、以点带面,注重发挥试点单位的示范作用,总结新经验,推广新做法,在实践中改进,在改进中提升,不断总结完善整合了制度建设模式。在内容上,安徽高速通过企业文化管理—制度文化建设实施计划,形成了190万字的《集团公司质量管理》制度建设的总体系,拓展了制度建设的子系统,延伸了文化触角,使之渗透到企业的每个角落,很好地解决了横向到边、纵向到底的问题,努力把制度建设构建成既有公共层面又有专业个性的系统工程,充分显现了制度建设的张力。

安徽高速微笑服务常态化制度建设重点抓成果巩固,其管理手段主要是"必要的压力管理和有效的正负激励"。然而,正是这个"必要的压力管理"造成了各收费所管理的"强势跟进",服务标准"不断拔高",最后形成了收费窗口执行微笑服务"机械僵硬"的现象。2012 年年初，收费窗口发生了一件啼笑皆非的事件。当天一辆大货车经过窗口，收费员按照公司的微笑服务规范，一招一式地执行收费，急等着赶路的驾驶员非常不耐烦地催促办理速度快一点。收费员微笑地对驾驶员说："别急，对不起，我的程序还没有做完呢。"这一事件看似小事，却在公司里引起了震动，尤其是引发了对于微笑服务如何能够长效发展问题的思考。

公司认为，这一事件原因在管理，根子在领导。其一，是微笑服务考核制度本身的问题。对各管理处微笑服务考核执行标准是统一的，但欠缺各所收费道口、车流量、工作量、敏感性等情况对微笑服务工作影响的评估，看似相对客观的、一刀切式的考核存在诸多不客观的因素。微笑服务考核主要由视频督查和现场暗访两部分构成。视频督查频率高、周期短，每旬组织；暗访频率低、周期长，按季度组织。高频率的视频督查造成了服务被视频绑架，视频中服务情况与现场的服务效果不能够完全匹配；长周期的暗访则易造成以点盖面、以偏概全的晕轮效应。其二，是微笑服务考核队伍的专业性问题。一方面，视频督查员过少，极易造成无意识的片面性、首因效应、晕轮效应的产生；另一方面，微笑服务暗访组考核队伍专业性不够，参与服务暗访的经验较少，对考核重点及引导方向很难保证拿捏准确，导致考核结果的无效反馈。考核通报只有排名或成绩，没有通报各单位存在的问题及工作提升的建议，更没有跟踪整改的记录；对工作的促进和提升无价值，也没有做到闭环管理。其三，是基层管理队伍出现的管理问题。微笑服务考核是集团公司对各管理处进行业绩考核的一项重要指标，集团公司对微笑服务工作的检查频率在其他业绩考核指标项中位居最高、通报频率最多，这种高关注度引导各管理处将服务管理作为一项头等大事来抓。因此，基层格外重视考核排名，久而久之，如果不辅以管理能力的提升，就容易造成一种不良竞争、层层加码、管理走形，变成一种压力叠加的负激励。其四，是收费一线人员存在的自身问题。高频率的视频考核改变了收费人员的应对重点，"注重镜头、忽略现场"，造成服务行为的走形，增加工作负荷和工作压力，降低了服务效果。微笑服务工作对短板群体、高龄员工、孕妇等带来一定的工作挑战，这些群体性问题必将会对服务水平的整体提升和收费队伍稳定性产生一定的影响。

在充分调查研究的基础上,安徽高速及时修订微笑服务的制度安排,建立了目标明确、方便测量、便于实施、操作性强的微笑服务考核机制。(1)实施序列性对比,达标制考核。根据管理处实际,考核基数的分类设定主要以单车道流量进行划分,确定出 A、B、C 三类收费所,进行同序列评比。根据敏感性、出口重要性等因素,确定各收费所达标分数。(2)建立周期评价、系统分析机制。建立周期对比分析机制,重点对服务标准执行、问题类型分布、服务管理状态的对比分析。注重对同类别收费所的分析,建立个人微笑服务考核的成长记录,让同序列的所际之间相对比,让自己与自己比,引导企业和员工从"重排名"向"重成长"转变。对不达标单位实施跟踪考核,对特殊群体实施重点关注,对短板群体、高龄群体实施自我成长评价,对孕期女职工开展专项评价。(3)倾向服务对象感受,注重现场服务效果。加大现场督查的频率,拉长视频督查的周期,让微笑服务考核侧重于顾客的满意度与评价,让微笑服务的管理回归常态,突出现场的实效。(4)建立职业化考核员和专业化内训师队伍。从各单位选拔相对固定、专业人员,建立相对稳定的微笑服务考核组织机构,建立集团公司微笑服务专业化内训师和职业化考核员队伍。降低少数督查员无意识的晕轮效应和首因效应。(5)遵循科学合理的服务评价原则。注重司乘人员的服务感受,尽量减少一线员工的劳动强度。坚持"有车考核、无车不考核"的原则,收费人员在无车时可适当调整坐姿,缓解疲劳度,减少不必要的劳动付出,对有车时服务效果必将会产生较好的促进作用。(6)探索自主管理之路。尊重自主创新,坚持自主管理。建立集团公司"免检人员管理库",加强对微笑服务管理形式的优化,尝试对服务流程的改进,促进全面服务的升级。逐步建立微笑服务班组评价机制,设立微笑服务班组管理奖项,突出团队绩效,逐步重视和推进微笑服务的自主管理。通过上述创新的微笑服务考核制度,形成了标准相对统一、考核相对客观、监管相对全面的管理机制,持续加强微笑服务周期分析与评估工作,有效地解决了管理中的近期效应,避免了微笑服务工作的管理走形、行为变形和考核随机,建立实现集团公司对微笑服务的长效化、常态化管控。

安徽高速在微笑制度创新的同时,切实把握住了微笑服务文化的感性特征,在创建过程中,保持着企业文化战略的敏感度,通过完善的制度把握住微笑服务文化的核心问题,真正体现了哲学是道、文化是根、制度是保障的企业文化创建之路。因此,安徽高速的微笑服务文化为企业制度创新提供了哲学辩证和内在动力,企业制度创新以文化的基本假设以及愿景使命为强大拉力,以微笑服务的制度创新为导向,为企业经营管理的整体制度、机制和程序的系统性变革提供了强有力的实施保障。

曾经有研究企业文化的学者这样认为,研究和实践企业文化有三种境界:第一种境界是内外皆虚。这种企业文化是就文化论文化,形似神不似。这种文化的操作层面主要是曾经做过与文化事业相关的行业人,他们把大的文化理论的概念套到企业文化上来,虽然把文案工夫做到了家,但与企业经营管理的实际是脱节的,甚至可能连企业文化需求的边都没摸着,更不要说从企业发展战略的角度来理解文化,从企业价值理念的高度来指导制度创新了。所以,尽管他们当中许多人表面上已经将文化与管理联系在一起,但骨子里的那种虚幻的文化意识却非一朝一夕就能改变的。第二种境界是下实上虚或下虚上实。这一类企业文化的特征是仅仅把企业文化作为基础的管理职能来运作,操作层面上非常实在,甚至实在得不能再实在,但宏观指导精神却虚得不能再虚。这类人基本上是以前在企业负责过相关的企业文化建设工作,有过企业文化的实际管理经验,但却缺乏理论支撑的所谓实战派。他们对于基础的企业文化的实际操作流程和理论,有一定的认识和经验,但由于认知层面的基础差,缺乏企业价值观念层次的宏观指导,不能从企业文化的壳子里面跳出来,在更高层次上理解企业文化,只能就事论事。这些人负责企业文化的具体运作是胜任的,但要他们从企业战略角度来运作企业文化就勉为其难了。第三种企业文化是内外皆实、上下务实。这种企业文化应该是达到极高的境界,可以说基本上还很难有人达到这个境界。总体来说,企业文化的制度创新作为一个组织传播理论,问世的时间相比其他理论的时间要短,尽管世界上有许多成功实施企业文化制度创新的案例,但企业文化的个性化决定了对其复制是完全不可能的,唯一能做的就是在实践中探索,在探索中总结,在总结中提升。[①] 安徽高速在微笑传播的制度文化创新过程中,努力把虚的东西变实,将

---

① 参见叶生:《思维决定一切》,万卷出版公司 2004 年版,第 121—122 页。

感性的东西变理性,将抽象的东西变具体,让安徽高速的微笑服务文化通过制度创新,变得跟企业发展战略一样实实在在。

3. 制度创新中的企业领导力

安徽高速秉承中国文化传统,奉行"重道笃行,通达致远"的核心价值观,致力于企业制度创新,扎实开展"微笑服务、温馨交通"活动,通过"一笑、二礼、三心、四创"的方式,精心打造"微笑高速"情感文化品牌,焕发了员工队伍的精神风貌,营造了文明和谐的收费环境,增强了企业的凝聚力和向心力,促进了企业文化建设,展示安徽高速的良好窗口形象,为全省交通行业形象和安徽形象的提升作出了积极贡献。在塑造安徽高速企业文化的过程中,企业领导者需要扮演什么样的角色呢? 安徽高速董事长周仁强认为,世界上任何事情都没有极限:我们的想象能力是没有极限的,我们的变革能力没有极限,我们改进的能力没有极限,我们献身于服务的奉献精神也没有极限,我们获取成就的意愿没有极限,除非我们自己为它设定了框框或者边界。他认为,我们处于变革的时代,在这个时代中,仅仅依靠知识并不能创造财富,财富的创造必须依靠对企业的不间断变革过程中机会的深刻洞察能力。高速公路企业的管理要想追求高效,就必须依赖企业的每个组成部分都不设定框框和边界,要主动创造最佳的绩效,这就需要更多的集体智慧,尤其需要充分发挥一线员工的聪明与智慧。这些集体智慧必须从知识、能力和理解中培养出来,并且只有这种智慧才能为我们高速公路企业的发展提供真正的动力,才能适应变革的极速节奏,才能够持续创新变革。

在微笑高速企业文化的制度创新过程中,周仁强董事长的体会是:企业领导者必须思考了解本企业的现有文化,在此基础上,才能作出是否需要巩固原有的文化或重新塑造企业文化,以及如何通过制度创新保障新的企业文化顺利实施的判断,这个过程非常重要。正如俗语所说:酿酒师的鼻子是无以替代的。[①] 企业领导者对于文化建设与制度创新往往需要有这样一种特殊的嗅觉

---

① 参见[美]E.马克·汉森:《教育管理与组织行为》,冯大鸣译,上海教育出版社 2005 年版,第 220 页。

和敏感,也就是说,在复杂的环境里,企业领导首先需要一种线索意识,即善于接受和理解诸如各种难题之类的细微信号的能力来指导行动,需要具有暗示意识和协商意识。暗示意识是指选取和理解组织内外部重要个体和群体信号的能力;协商意识则是指任何一项深思熟虑的行动中,内聚式的理解、协调与合作是非常重要的,企业领导必须善于采取与上下左右开展协商、讨论和规划的行动。这是因为,制度创新可以保证企业的经营秩序和提高企业的经营效率。但严格执行的前提是取得企业员工对制度创新的认同。认同是制度创新的目标要求,也是衡量新制度创新之优劣的标准。如果一项制度创新不能得到员工的认同,则这一制度创新从本质上说就是一项无效制度。[①] 只有全体人员共同参与,才能通过制度创新缔造具有凝聚力的文化。

综观安徽高速"重道笃行,通达致远"微笑服务文化的创建与制度创新过程,集团公司领导者主要扮演了思想家、理想家和行动实践家等等角色。而安徽高速的微笑文化创建与制度创新,就是在周仁强董事长的全力支持下所发起并逐步产生巨大影响的。

首先是认识企业的历史和传统。分析并探究当前企业文化的规范、价值观和信念。作为安徽省大型国有企业安徽高速的领导,周仁强以集团公司党委书记的身份到任不久,他就尖锐地指出:"没有文化的企业,是一片漂浮的云朵。"在认真调研集团公司基本情况的同时,积极寻找能够体现企业价值观的迹象与线索,包括从各管理处和职能部门的汇报中,从有关收费所的实际工作中,从司乘人员的反映中,甚至是办公楼走廊以及职工食堂吃饭时的闲聊等日常活动中,寻找更深层次的文化意义。一切都不能停留在表面,因为在基层管理者与员工的日常工作之中,往往有可能蕴藏着非同寻常的意义。

2008 年 9 月,围绕着如何把合肥管理处"使用文明用语,展示微笑服务"的活动加以深化提升,并在全公司推广开展微笑服务活动,在当时总公司的领导层中思想认识并不完全一致。时任安徽高速的主要领导就认为,微笑服务太虚了,就好像当年推广济南交警的微笑服务一样,最后还是会不了了之。所以,一些人对在全公司开展微笑服务感觉不以为然。但有关考察情况汇报却

---

① 参见李建军:《企业文化与制度创新》,清华大学出版社 2004 年版,第 120 页。

引起了总公司党委书记周仁强的重视,他当时在汇报材料上这样批示:"微笑服务是企业精神风貌和整体形象的集中体现,是和谐企业建设的主要抓手和载体。望各单位高度重视,提高认识,精心组织,扎实推进,共同打造'微笑高速'的品牌形象。"周仁强认为,高速公路是面向社会的窗口行业,开展微笑服务是时代发展的需要,是行业竞争的需要,是公司自身不断进步的需要。在安徽省全路段推广微笑服务,是一件有益于人民群众、有益于企业文化建设的大好事,不仅要做,而且一定要做好。在当年的年终总结会议上,周仁强书记专门强调,各单位必须高度重视微笑高速的品牌建设,全力抓好微笑服务活动。由此,公司党委已经站在企业品牌建设的高度,发动整个集团公司倾力投入微笑服务企业文化的创建过程中去。这是一项既需要权威性,又需要艺术性的工作,同时也包含着众多的创新内容,即文化的创新、管理的创新与制度的创新,等等。

从传播学角度来考察,在微笑服务文化的制度创新的有效沟通机制中,最有力的机制之一是通过公司上下的各级管理者与全体员工所系统关注的特定事物来体现的。这就意味着这些可能是他们注意到的任何事物,也可能是他们对于那些他们所评估、控制、奖赏以及采取其他途径系统地进行应对的事情所发表的任何看法。即便是一些随意的谈论或是持续针对微笑传播某个领域的问题,也都可能像正式的控制机制和评估机制一样有力。如果领导者意识到了这个过程,并系统地对微笑传播制度创新表示关注,那么这将成为一种强有力的沟通信息方式,尤其是在所有领导者的行为都保持完全一致时。相反,如果领导者没有意识到这种过程的力量或者他们在所注意的事情上出现了不一致,那么,下属和同事们就需要花费很多的时间和精力来努力搞清楚领导者的行为真正反映的是什么,甚至会将不可能存在的动机投射到领导者身上。这种机制用沙因的一句话来描述,就是"你得到了你想要的"①。

解决微笑服务与安徽高速的主业关系问题,解决全集团公司对于微笑高速品牌文化的认识问题,实际上是解决微笑服务过程中人的观念问题,包括人

---

① [美]埃德加·沙因:《组织文化与领导力》,马红宇、王斌等译,中国人民大学出版社 2011 年版,第 182 页。

与人之间的关系问题。所有这些问题,比解决人与自然的关系问题要难得多。如果这些关系解决不好,不仅微笑高速的文化品牌难以创造,前期的所有试点工作所作的努力也将付之东流。因此,在 2011 年 8 月 20 日举行的公司党代会上,董事长兼党委书记周仁强提出,要把微笑服务理念融入为社会服务、为基层服务、为员工服务的各项工作中去,形成立体服务的工作格局,这要作为公司贯彻胡锦涛总书记强调的"以人为本、执政为民"执政理念在高速企业经营管理中的具体体现。其中,制度是一系列被制定出来的规则、程序和行为得当的规范,旨在约束企业员工追求利益或效用最大化的个人行为。制度创新是指制度的创立、变更以及随着时间变化而被替代的方式。"按照新制度经济学的观点,制度创新是人或组织所进行的用新制度替代旧制度的活动。之所以要进行制度创新,是因为现有的企业制度已经不能适应经营管理和战略变革的需要,不能充分调动企业员工的积极性,并在某种程度上已经妨碍了企业经营绩效的改善。"①企业制度创新的根本目标在于充分调动企业员工的生产经营的积极性,发挥企业人力资本的效用,实现企业经营利润的最大化和永续发展。因此,总公司要求,进一步提高服务基层的意识,想基层所想,解基层所难,微笑面对基层,热情服务基层。做到思想上尊重员工、感情上贴近员工、工作上为了员工,构建和谐劳动关系,形成干部员工上下齐心、共谋发展的良好氛围。在全员推行微笑服务的同时,安徽高速通过科学化、人文化的制度创新机制建设,努力关爱员工,营造温馨和谐的微笑环境,促进员工实现从"要我笑"到"我要笑"、从"脸上笑"到"心里笑"、从"自己笑"到"大家笑"的三个转变。集团公司为员工创造了良好的工作和生活环境,充分调动他们"微笑服务"的主动性与积极性。管理人员用微笑面对每一位员工,让微笑为员工增添信心和力量,使他们更有决心做好工作;用微笑塑造和谐融洽的氛围,让员工消除压抑和紧张,更快乐地工作;用微笑来不断传递对员工的尊重、信任和关怀,让员工在微笑中获得工作价值的认可,从而更积极做好工作。对于受到个别司乘人员的莫名辱骂,情绪易受影响的收费员,还专门开展心理暗示与调适方面的训练,使收费员学会转移和淡化烦恼与不快,时刻保持一颗平常

---

① 李建军:《企业文化与制度创新》,清华大学出版社 2004 年版,第 103 页。

心,保持一种轻松情绪,通过发自内心的真诚微笑,把快乐传递给每一名司乘人员。

人是文化的创造者,也是文化的产物。而文化既是产品也是过程。企业文化在员工共同体中的传播具有十分重要的作用和意义,它是促进企业群体和团队积极文化形成和发展的基础,也是企业诸多文化功能实现的基础。灿烂的微笑,完美地诠释了安徽高速的服务追求——服务人民,奉献社会,以人为本,营造和谐的文化价值理念。虽然一般的微笑人人都会,但高水准的行业文明服务所需要的微笑,却体现了企业礼仪教养、素质训练和知识修养的综合提升,凝结着安徽高速人的心血与汗水。在安徽高速收费窗口的员工中,为了达到笑露"八颗牙"的最佳效果,收费员口衔筷子长时间练习,有时练到口水直流、面部肌肉抽搐;训练标准站姿时,他们靠墙或两人背靠背夹着纸条进行训练,一站就是几个小时。虽然训练很辛苦,但没有一个人放弃。当班期间条件有限,他们就回宿舍、回家咬着筷子对着镜子练微笑,训练怎样的笑最能打动人,如何在短暂的时间内,妙用肢体语言向过往司乘人员展示最好、最美的形象。真可谓岗上一分钟,岗下十年功。内化于心终外化于形,安徽高速的微笑服务,呈现的并不是单一职业化的笑脸,而是一种积极的情感,是内在气质的外化,是高速员工积极人生态度的表现,是他们充盈的内心世界真实、自然地流露。而这种发自内心的微笑,源自员工们对工作发自内心的热爱。包河大道收费所收费员洪薛君在谈到微笑服务的时候骄傲地说:"我为身穿这身制服而感到美丽,就像天使一样,它抖擞精神而不张扬,充实内心而不烦琐,神圣骄傲而不媚俗。它带给我无尽的美丽和快乐,让我们发出真诚的微笑,妆点高速这蜿蜒长龙的美丽。"这话语极贴切地阐述了"我微笑,我快乐,我美丽"的工作态度,这也正是安徽高速广大员工共同的感受和信念。

制度创新的落实依靠各种承载、传递和实施工具来实施与传播,并因此在各种各样的媒介中具体起来和表现出来。这些制度传递者传递信息的过程往往不同,它会在企业的各种层次上运行。① 这一点对于任何企业都是非常重

---

① 参见[美]W.理查德·斯格特:《制度与组织》,姚伟、王黎芳译,中国人民大学出版社 2010 年版,第 58 页。

要的。为什么很多企业发展到一定的规模以后，就会遇上跨不过去的坎，其实就在于制度创新的张力不够，在统合人心上遇到了困难。企业家既要靠制度来规范员工行动，更要靠人格的力量来统合人心，人格的力量来自企业家的为人。企业家为人处世的原则和态度，往往就决定着一个企业最终能做到多大。① 因此，涉及企业发展的一切美好设想，都必须在企业的经营管理实践中才能贯彻落实。通过自己的言行举止，通过企业的仪式、传统、典礼和符号，通过对体现企业核心价值观的员工予以表彰，塑造企业的榜样，推行特定的价值观，并随着所有这一切改变自己。一般来说，企业里的每个员工的眼睛，都会盯在企业领导者身上。不管领导人做什么，都会受到公司上下的关注。而文化理念、工作作风、行为举止以及其他一些个人风格，都是员工密切关注的重点内容。领导者的行为时时刻刻都在向外界传达着意义、价值和重点。员工虽然无法用肉眼看到某个具体行动的意义，但是员工们能够用心感受到它的存在。企业里有很多日常工作，通常也都带有额外的意义。如果领导人在做这些工作的时候，表现出对核心价值和目标的关注，就能够赋予这些工作额外的意义。比如，到各高速管理处和服务区巡视以及开会，这些其实都是一些十分普通的活动，但是却可以成为领导者表现深层价值观的好机会。如果企业员工将企业领导者的日常活动同企业的价值观联系在一起，几乎所有的活动就都有了特定的意义。让员工知道领导人最重视的是什么。这些活动的具体表现方式很多，比如，各个高速收费窗口、服务区以及行政办公楼的布置方式，无不集中反映与体现企业的微笑文化核心价值观念。安徽高速所有的管理处和服务区、收费所，毫无例外地统一装饰了企业价值观方面的标牌内容，布置了微笑服务的具体要求以及微笑之星的大幅照片。这些装饰以及布置都能够反映出企业领导者所持的价值观，这些都是内在价值观的外在表现。安徽高速还通过定期与不定期的微笑检查、暗访，举办微笑演讲比赛，每周发布微笑工作简报等等方式，提倡高质量的服务行为以及倡导希望保持的文化传统，表达微笑服务的价值观。以上这些都体现了企业领导者经营管理活动中的象征性意义，在塑造企业的文化方面起着十分重要的作用。

---

① 参见郭梓林：《企业游戏》，三联书店 2000 年版，第 165 页。

通过制度创新来创建企业文化,领导者必须肩负起理想家的角色,要善于同其他领导人一起描绘企业的未来,用语言倡导价值观,不断为企业制定新的发展目标,创造企业的最佳形象。在周仁强的带领下,安徽高速在取得全面推广微笑服务经验的基础上,提出了微笑高速的价值观念,使微笑服务上升到公司理念的层次。他们认为:对于集团总公司,"微笑高速"是致力于创造一种让人一眼看出、一学即会、当下便知、可以进入人们情性与精神世界的优秀的企业文化。① 中国传统文化历来强调关注小的东西,认为人的心灵的伟大隐藏于细节当中:"可以托六尺之孤,可以寄百里之命,临大节而不夺也;君子人与? 君子人与?"②微笑高速作为一种具有凝聚力的举动,就是一种直指心灵深处的企业文化建设。曾有一位智者说,地球只有人的两张眼皮那么大,因为眼睛的开合象征着世界的开合。由此推演,我们也可以说:若问世界有多广阔,我们心胸多广阔世界就有多广阔;若问世界有多美好,世界就如我们心理所感觉到的那样美好。从这意义上说,如果我们不打开心胸,不扩展我们的心胸,不直指我们的心灵,那么我们的企业就会被这个现实世界束缚起来,空间会变成我们看到的这一点点,时间也会变成我们感觉到的这一点。如此,我们企业的心灵世界就被压缩了、封闭了、堵塞了,企业的发展就会缺乏生气。因此,作为现代企业文化,微笑高速所体现出的以情感为特色的文化建设,蕴涵着安徽高速的过去和现在,而且是积蓄了丰富的过去,丰满了伟大的现在,是一种可以让人直接地感觉,单纯地、直入地见出企业的观念、情性的精神面貌和工作作风,象征着安徽高速这一方天地气象,代表着企业员工对崇高理想管理境界的不懈追求。由于明确了安徽高速开展微笑服务的发展方向,从而为全体员工描绘了一幅充满理想主义色彩的图画,使全体员工方向明确,目标明朗。这充分说明,想要当一位成功的企业领导人,就必须不断地向周围的人表达自己的希望和梦想,让人们对企业的发展前景和基本任务,有一个既形象又准确的认识。所以这一切,都应该在认真倾听基层管理者和员工对未来发展的想法的基础上,通过观察和了解把握他们对未来普遍的期望和想法,然后交

---

① 参见曹世潮:《中国人性情中人的精神与气象》,上海文化出版社 2004 年版,第 103 页。
② 刘俊林、林松、禹克坤译注:《四书全译》,贵州人民出版社 2009 年版,第 137 页。

由基层员工讨论，逐步完善之后付诸实施的。通过这种程序制定的发展前景，能够对企业员工和整个社会起到十分积极的推动和激励作用。总之，这一切并不是为了某一届领导层本身，而是为了整个企业事业的长远利益。如果能够弄清楚全体基层管理者与员工心底的希望，企业领导就能够将独立的见解综合形成企业整体的观点，成为引领企业发展的价值观。

由微笑高速品牌文化的制度创新过程，我们可以看出：严格意义上，微笑高速创建活动在多个层面上必须是集团的行为，而这些集团行为均有赖于集团领导者的决心和信心。因为，传统的东西是由多数人共同维持的某些规范。任何企业要在充满着不确定因素的市场环境中，创建新的企业文化，既不能没有常规，更不能没有创新。没有常规，就没有企业文化知识的积淀，企业只能停留在周而复始的混乱状态；没有创新，就难以在新的竞争中脱颖而出，企业也就只能是做一天和尚撞一天钟，得过且过。广义上，人类生存和社会繁荣的发展历史，就是一个由少数人创新和多数人模仿成功者的过程。企业家在这一过程中的作用，就在于领导人们拓展已有的知识领域。企业家的这一作用还意味着：当大家都来模仿他们的成功时，成功者本人的文化品位、道德素养往往引起公众的关注，并由关注变为一种对成功者的社会良好形象的要求。①现今许多国有大型企业领导者在社会主流文化地位上的提升，与其在经济地位上的提升并没有完全同步，其原因恐怕就在于，一些领导者在企业文化品位和政治素养方面，并没有给社会进步创造出有意义有价值的东西。当然，我们并没有要求大型国有企业领导者都成为社会文化的扛旗人，但是，如果大型国有企业的领导者还想在政治上有所作为的话，企业文化的制度创新就不应该是对他们的过分要求。

二、微笑传播：服务型企业的结构文化创新

当今中国，任何一家企业的管理层都希望自己企业具有极大的灵活性，

---

① 郭梓林：《企业游戏》，三联书店 2000 年版，第 163 页。

能够对不断变化的市场环境作出即时的调整,从而使自己对消费者让利的潜力足以对付任何对手的价格竞争,自己的创新能力足以在新产品和服务技术上始终保持领先,更期望企业的奉献精神足以保证产品质量与服务能力的尽善尽美。然而,正如《企业再造》的作者迈克尔·哈默(Michael Hammer)所反问的:"既然管理层希望企业简单精干、信息敏捷、行动灵活、反应快速、竞争力强、富有创新、效率高、处处以客户为对象,为客户设想,并能赢利,那么,为什么许多企业会庞杂臃肿、感觉迟钝、行动僵化、反应缓慢、竞争力弱、因循守旧、效率低下、漠视客户需要并屡屡亏损呢?"①答案在于需要弄清楚这些企业是怎样运行的,如此运作的原因又是什么? 这就涉及企业的组织结构问题。

1.企业文化与企业组织结构

组织结构与组织本身一样历史悠久。史上有文字记载的第一次组织结构变革,是在基督教的《旧约全书》上。摩西(Moses)与数千犹太人追随者一起从埃及法老的金字塔中逃出来,数千追随者都有直接接近他的机会。对所有人来说,摩西既是领导者,又是法律顾问、法官以及大臣。因此,他必须解决数千追随者提出的种种问题,他的岳父杰思罗(Jethro)出于对他女婿精神健康的关心,提出了可以称为结构重组的建议。他建议摩西挑选一些出色的人作为千人左右人群的管理者,这些管理者有面见他汇报工作的机会,但只限于把他们不能解决的问题报告给他。同样,这些管理者每个人有一批副手,作为百人左右人群的管理者,并能直接面见千人管理者,只报告他们解决不了的问题,以此类推,一直到最底层,每十人有一个管理者。这就是最早的金字塔组织结构的诞生。②

以泰勒(Frederick Winslow Taylor)与法约尔(Henri Fayol)为代表的古典组织结构理论认为,最优化的组织结构,是一种科层级制的高度控制的安排体

---

① [美]迈克尔·哈默、詹姆斯·钱皮:《企业再造》,王珊珊译,上海译文出版社2007年版,第1页。
② 参见[美]W.沃纳·伯克:《组织变革》,燕清联合组织翻译,中国劳动社会保障出版社2005年版,第17页。

系。科层制是典型的建立在理性行为基础上的权力结构。理性权力在整个组织中的设计采用的是统一原则、统一分工和统一经济利益原则构造的专业化、标准化的职能管理机构,可以直接控制人员的活动,并使活动达到具有高度可预测性的程度,以发挥其最大的效率。正如韦伯所说:"科层管理基本的意思,就是实行基于知识的控制。"①科层化是效率最高的组织形态,知识赋予权力以理性,它可以运用于现代复杂的组织中。比如国际飞行员经常不认识副驾驶员和航空工程师,但由于他们都清楚自己的工作,明白谁是头,知道如何准确沟通。在某种意义上,飞行员已经变成各类飞机上可以互换的部件,因为他们都在结构系统之中训练有素。②

因此,在经典模式中,企业可以被看成是一个统一的、凝聚在一起的整体,由预先确立的、稳定的目标建构而成,企业为这一目标而奋斗。而且,就其与这一目标的关系而言,可以说,企业完全是可以透明的。企业是一架机器,所有的齿轮互相吻合、彼此匹配,完美地融为一体,与单一的理性相对应。从纯粹工具主义的观点来看,企业的整合由企业的目标来保证,企业的目标体现为合法性和理性,从而保证所有员工心甘情愿地服从。然而,企业结构作为一种集合体,在此集合体之中,大量类型各异的理性彼此发生碰撞,互相对峙。这些理性的聚集不是自发的,而是出自一种秩序建构的结果。那么,从这一观察视角上看,组织恰恰变成了一种竞技场抑或市场,在其间人们就各种经营、管理行为进行协商,就个体权力策略竞相追逐。在那里,秩序被从社会意义上建构起来,并因此不可逆转地与成员之间的社会互动及社会交换过程连接在一起。③ 正如英国学者琼·伍德沃德(Joan Woodward)在对组织的渊源、历史、规模、技术含量、定位的开创性研究之中所发现的,并没有任何一种组织结构本身是好的组织结构;准确地说,组织结构因出现的问题而改变,抑或因一种既定的技术所强加的限制而发

---

① [美]W.理查德·斯格特:《组织理论》,黄洋、李霞、申薇、席侃译,华夏出版社2002年版,第125页。

② 参见[美]E.马克·汉森:《教育管理与组织行为》,冯大鸣译,上海教育出版社2005年版,第22页。

③ 参见[法]埃哈尔·费埃德伯格:《权力与规则》,张月等译,上海人民出版社2005年版,第49页。

生变化。①

　　许多管理者都力求企业组织结构的简单高效,其中最著名的是美国西点军校简单高效的例子。这所著名的军校培养了许多杰出的军队指挥官,也培养了许多优秀的商业精英。它有一个关于提高组织效率的优秀传统:任何士兵在接受长官训话的时候,只能有4个答案选择:(1)报告长官,是! (2)报告长官,不是! (3)报告长官,不知道! (4)报告长官,没有任何借口! 除此以外,被问话者不能再进行任何多余的解释,长官也不希望听到任何借口或者繁杂的报告。② 当然,这种规矩只是西点军校经过实践经验,并且获得良好效果的一种方法,不一定适合所有的组织和系统。不过从组织结构发展的历史来说,军队是世界上最早出现的进行组织管理的实体,它比企业按组织来管理的实践要早得多。况且在如何实施组织变革,如何提高组织效率等问题方面,军队也一直是先驱的实践者。

　　管理理论家彼得·德鲁克在威尔逊的支持下,花费长时间研究通用汽车公司的组织和管理时,经常使用普鲁士军队的组织结构进行比较分析。军队组织结构的典型特点是非常庞杂,但是执行速度非常快,因为所有身在军队的人都更习惯于执行"上级下达的命令",军令如山倒! 特定的军队组织结构,通常能够准确表明每个职岗的任职者应该向谁汇报以及由谁指挥。每个岗位都向任职者提供了快速适应环境的参考。在一般的组织结构中,每个人的职位可以说就是一种社会约束,这种社会约束往往能够决定其行为,甚至会进一步迫使任职者控制他们的心情。③ 从这个意义上来说,组织结构对员工的控制水平加深了,员工私人的和内在的感受与体验也会受到组织结构的操纵。当工作不允许真诚地表达时,员工的情感对他们是没有意义的,这就可能会导致员工体验到一种虚假的自我意义。

---

① 参见[英]D.S.皮尤等:《组织管理学名家思想荟萃》,唐亮、沈明明、邝明生译,中国社会科学出版社1986年版,第41—44页。
② 参见范棣、曹建伟:《长大》,中信出版社2003年版,第72页。
③ 参见[美]多丽斯·A.格拉伯:《沟通的力量》,张熹珂译,复旦大学出版社2007年版,第88页。

2. 企业组织结构的再造

从 20 世纪 80 年代以来,企业与市场之间买卖双方关系中的支配力量发生了变化。卖方市场已经转化为买方市场。也就是说,想买什么,想在什么时候购买,对要购买的商品有怎样的想法,采用什么方式和哪种货币支付货款等等,均已经改变为由买方指定。① 表现在服务业方面,消费者由于知道自己的需求往往是可以得到满足的,因而所抱的期望就更大,提出的要求也就更高。当然,发展迅速而又容易被掌握使用的数据库技术,已经使各种服务的提供者不仅能够跟踪客户的基本信息,还能及时了解他们的爱好和需要,从而为这种新的竞争奠定基础。在许多大中型城市,假设顾客打电话给一个快餐店,订购一份跟上周买的相同的那种套餐,比如有霉干菜烧肉的中式套餐。那么,营业员就可能会向订购人推荐新推出的鱼饼快餐,问他是否乐意品尝。如果顾客说"行",营业员就会按照该顾客的具体要求,配制套餐并在送货上门的同时,附上购货优惠券。如果一名顾客拨打顺丰快递公司的下单服务电话专线,那么,电话就会自动接通到与该顾客上一次通话过的那名接线员,从而使该顾客感到在这家公司众多的工作人员中,有自己的私人关系,产生一种亲切感。凡是有能力收集到大量客户信息资料的淘宝店,也往往能提供更有针对性的、更高水平的服务。顾客一旦体会到这种高水平的服务,就不愿走回头路去接受差一点服务。因此,正如《企业再造》的作者迈克尔·哈默(Michael Hammer)和詹姆斯·钱皮(James A.Champy)所说的,现在,不但有更多的竞争,而且竞争有许多不同的种类。凡是能在市场上找到合适位置的竞争者,都会在某种意义上改变市场的面貌,而类似的商品在不同的市场上销售,就需要在完全不同的基础上进行竞争。② 比如淘宝店主,在电子批发市场上以价格取胜;在实体市场上以选择性大取胜;在 C 店市场上则要以质取胜;而在其他市场上则主要以售前、售时和售后服务取胜。随着众多企业在同一个市场上自由

---

① 参见[美]迈克尔·哈默、詹姆斯·钱皮:《企业再造》,王珊珊等译,上海译文出版社 2007 年版,第 11 页。

② 参见[美]迈克尔·哈默、詹姆斯·钱皮:《企业再造》,王珊珊等译,上海译文出版社 2007 年版,第 14 页。

竞争,只要出现一家竞争优胜者,就可能促使这一行业的所有公司提高竞争的起点。在竞争中,优胜劣汰,胜者或因价格最低廉,或因产品质量最优秀,或因服务最佳,但无论是其中哪一种情况,都会很快成为所有竞争者的准则。仅仅能满足市场需要并有所赢利,已不再是最好的标准。一家公司如果在竞争环境中不能同最佳的公司并驾齐驱,那它就很快会在市场上失去立足之地。

企业文化体现了企业家的创业意识、经营理念、管理风格,它依托于特定的组织结构,全方位地影响并塑造企业的经营环境。企业通过特定的价值观念,决定着自身的发展战略和经营模式,通过企业文化的导向、凝聚和激励作用,则能够把全体员工统一到企业的发展目标上来。因此,企业文化是组织结构稳定的保证。从这个意义上说,企业文化适应并服务于组织结构,优秀的企业文化往往有助于形成有效的企业结构,是实现企业组织结构创新的驱动力。组织结构则反映着企业价值观和文化追求,组织结构的创新再造,又会促进和影响企业文化的发展和创新,二者之间相互影响、相互促进。

一般来说,组织结构作为企业文化的传播载体,在发展初期会受到文化的先导性影响。[1] 企业文化在累积发展阶段,又会对企业组织的结构方式产生调适性影响。随着企业内部条件和外部环境的变化,企业创始人对企业管理和企业责任认知的不断提升,企业文化会随之发展和完善,进而影响企业结构的调整与更新。与此同时,企业的组织结构也在调整和适应的过程中不断完善其与企业文化相匹配的程度。

企业文化及其结构的创新与再造,均取决于企业成功地动员其成员积极参与的方式。也就是说,接受企业的目标,并为目标的实现作出贡献,抑或取决于它获得顺从并使之合法化的方式。这里说的"顺从",指的是企业员工对企业目标的遵从与皈依。从这一观察视角上看,很显然,"人的因素"即员工的情绪和感情的属性,成了其中的核心问题。

面对企业再造的大潮,众多企业组织正在摆脱它们旧有的形式和风格,并

---

[1]　参见夏绪梅:《论企业文化和战略与组织结构的辩证关系》,《商业时代》2004 年第27 期。

学习如何在一个顾客导向的社会中成功地应对挑战。名称和比喻的变化描述充分反映了崭新的组织形式。拉塞尔·M.林登（Russell M.Linden）总结出了目前比较流行的各种组织形式,诸如:三叶草组织、精益生产组织、小型爵士乐团组织、学习型组织、网络组织、全息摄影组织、篮球队组织、无缝隙组织等。[①]而人们可能不会想象到还有这样一种组织:这就是如家酒店创造的涟漪型组织。与传统的服务型企业相比,如家酒店所代表的经济型连锁酒店的组织模式层级更少,经营更加灵活,对员工更具有独特的吸引力。

3.如家酒店涟漪型组织结构创新

服务型企业的微笑传播文化发展需要有相应的组织结构来支撑。高效的组织结构,实质上是用最少的资源配置,透过适当的分权来达成公司总体的发展战略。与传统的酒店规模相比,如家酒店的每一个门店,从店长到最基层的员工只有三个级别:店长作为酒店的最高负责人,构成了酒店组织结构中的第一层级;值班经理、店长助理、客房主管,作为酒店的管理团队,构成了酒店的中层结构;基层员工则处于第三层级。如家酒店在管理上没有复杂的内部流程,要求所有问题都在这三个层级内解决。因此,如家每一名员工,上至店长,下至保安,都需要做到一专多能,每一名员工都不仅仅负责自己承担的那么一部分工作,还要承担更广范围内的职责。比如值班经理,除了前厅管理工作之外,还需要承担一部分销售工作,例如推销嘉宾卡、利用淡季时间拜访酒店周边社区的重要客户、与一些商务客户洽谈和签订合作协议、争取把常客变成会员等等。当然,公司也向相关的员工提供非常明确的操作方法和技能培训。这样一来,尽管如家酒店的人员编制很少,甚至见不到专职的销售人员,但其市场销售工作却丝毫不受影响,这种扁平化的组织结构是大多数经济型酒店的选择。在竞争日趋激烈的市场里,如家酒店之所以能够始终保持领先地位,则在于是它拥有其他经济型酒店不具备的结构形式:涟漪型组织。

如家酒店的涟漪型组织有点类似于费孝通先生提出的"差序格局"理论。

---

① 参见[美]拉塞尔·M.林登:《无缝隙政府》,汪大海译,中国人民大学出版社2002年版,第15页。

一粒石子投入平静的水面,波纹荡漾开来,产生无限扩展的涟漪波纹。如果不投入石子,水面不会有任何变化。就像涟漪的形成依靠投入水中的石子一样,涟漪组织中起关键作用的是人,而不单纯是企业的规章制度。如果"微笑"只是写在手册上、贴在墙上、出现在公司管理者的话语中,那么它将只是作为一个词汇出现在上述地方,或者仅仅停留在表层的口号中,而不会激发员工内心的热忱。只有投入石子,涟漪才会出现。让每一位员工保持对客人微笑问候的秘诀,在于酒店的管理者是否将微笑的体验,也就是一颗激发平静水面涟漪波纹的石子,及时地传递给门店的所有员工。因此,如家酒店的每一个门店管理者,都必须以"体验"作为"石子",创造出涟漪不断扩展延伸的快乐企业的形态,向员工们提供快乐体验来传达企业的经营理念,员工再把自己内心的快乐体验传递给顾客,给顾客带来愉悦的享受。这些微笑的快乐体验一圈圈传递出去,就在人群中、在社会里产生了快乐的涟漪。

如家酒店创造的涟漪型组织充满了艺术性的想象力,它立足于如家酒店微笑服务文化的核心内涵,即以微笑服务文化为中心,像石子投入水中一般,企业的各项经营管理活动也像水的波纹一样,一圈圈推出去,愈推愈大,愈推愈远。

水具有一种生命力,是能量的源泉和载体。以水中产生的涟漪,来隐喻改变以后的企业结构的基本形式,确实是一种创新。在传统的服务型企业里面,管理人员与普通员工之间的鸿沟泾渭分明:一旦成为一名管理人员,就可以脱离具体工作,从此不必再去打扫房间,或者在前台为客人办理入住离店手续。这样的分工无疑传递了这样的信息:那些繁重琐碎的工作是低级的,而管理人员则是不需要从事低级工作的高阶层人员。但是,如家酒店的管理者与传统酒店的迥然不同,他们并不脱离具体工作,相反,他们必须比普通员工掌握更全面的技能:他们是具备多种职能的员工,随时可以补充到任何一个需要的岗位上,甚至包括店长,也是要为客人服务,为员工服务的,他还必须了解普通员工是如何工作的。因此,在某种意义上,店长比员工更辛苦。如家酒店要求每个店长都要身兼多职,而且还要做得比一般员工出色。一位精通所有工作的店长能够随时给予员工支援;亲自体验员工的辛劳,能让他更容易理解员工的心情;他并不离开具体的服务工作,员工也就不会产生管理者高高在上,自己卑微弱小的感觉。因为,"我首先是一个好员工"①。这个称谓并不是随随便便就能得到的。

英国尼桑汽车制造商的总经理阿安·盖伯逊(Ian Gibson)曾告诉伦敦商学院的毕业生:"我总是按一个科学家的想法去思考东西,比如我们想象水晶和不规则结构之间的差别。最容易识别的水晶结构是钻石,而最普通、最不起眼、毫无规则可言的物体恐怕是泥土,典型的西方组织是水晶结构:有着清楚的定义,每一面都有它们自己的形状,相互之间有着明显的结合点。因此,我们组织的特征是可比的,包含着清晰的角色和责任的定义,在组织的不同部分都有界定很好的边界,组织的每部分和其他部分的关系都是清楚的和固定的。"②他认为,相比西方的组织结构,东方国家的组织更像泥土,它们非常的模糊,责任和职能之间的区别定义不清并处于混乱状态。比较来看,钻石是清楚的、坚硬的并确切的;泥土是模糊的,形状和形式都是变化的。然而,泥土有一个好处,就是它更容易被塑造、被改变,对外部力量和环境是灵活的和敏感的。从这个意义出发,如家酒店的涟漪型组织则比"泥土型组织"的隐喻更胜一筹,它像水一样地柔软,是柔性管理的一种体现。一方面,它通过分权和授权显著地提高了企业微笑服务的运行效率;另一方面,这种组织结构形式又可以使相对独立的企业各系统要素之间,以柔性的方式有机地结合起来,使新的组织系统具有企业文化的内聚力。如家酒店的涟漪组织的关键是在于引入授权和柔性管理机制,使企业的一线服务人员具有相对的自主权,从而降低了信息和知识传递的成本,使其在为顾客服务的时候发挥出最大的效用。涟漪组织的结构形式,从实质上打破了原有企业管理范式中严格的等级制度,使企业结构模式转向以人为本的柔性化网络结构,其核心目标是面向顾客,提供一流服务。

涟漪型组织强化了微笑服务文化精神内聚力,赋予企业微笑服务价值观念的创新载体。所谓企业协同内聚力的形成,就是如何使自由度较大的企业一线服务人员,为实现企业微笑服务价值观念协同作业。如家酒店的涟漪型

---

① 汪若涵、朱瑛石:《微笑力》,中信出版社 2010 年版,第 27 页。

② [英]查尔斯·汉迪:《空雨衣——变革时代的商务哲学》,江慧琴、赵晓译,华夏出版社 2000 年版,第 186 页。

组织通过企业结构再造,在组织内部实现了平等交流,使一线服务人员得到与其微笑服务相当的物质利益和精神鼓励,形成企业新的人力资源的内聚力。

摩根说过:"文化模式可能具有人深层本性中的各种潜意识意义。"①服务人员是体验工作者,服务企业通过向它的员工提供体验来传达企业的理念,服务人员则通过向顾客提供体验来创造价值。如果"微笑"只是写在服务手册上、贴在墙上、出现在公司管理者的宣示演讲之中,那么它将永远只能作为一个词汇出现在上述地方,而不会触发任何一位员工,让他发自内心地牵动嘴角的微笑肌肉。就像水不会自动形成涟漪一样,不管你在于一汪清水的旁边贴多少标语、宣讲多少遍涟漪泛起的美丽,平静的水面都不会有任何变化。只有投入石子,涟漪才会出现。因此,让每一位员工对客人保持微笑问候的秘诀,不在于酒店的组织结构是金字塔形、扁平形、圆形或者其他什么稀奇古怪的形状,而在于酒店的管理者是否将微笑的体验以及微笑的知识传递给他的员工。真正的文化是一个组织中全部成员行为的总和,它推动企业朝着某一个方向前进。因而,它与那些张贴画式的"文化"截然不同,是企业的重要驱动力,我们可以称为"文化力"。一个涟漪型的组织依靠文化力来驱动,而一个完善的涟漪型组织反过来又强化了组织的文化力,由此形成一个良性的循环。涟漪型组织强调把管理者作为"体验"的"石子",通过不断传递体验,使得整个组织中的成员最终会具有相似的思维逻辑和行为模式。通过在企业中树立创新、共享和协同发展的理念,形成企业经营的内聚力。如果说企业结构内聚力是一种他组织力,企业文化所造就的精神内聚力则是一种自组织力,两者有机结合将使微笑型组织具有恒久的创造力和生命力。

涟漪型组织为如家酒店创造了一种企业与社会环境互塑共生的良性循环关系。如家酒店作为一个服务型企业,其微笑服务的文化理念强调企业是一种人为环境,是为广大顾客服务的企业。其广义的企业目标,包括完成企业的特殊使命、使服务工作富有活力并使员工有成就感、妥善处理企业对社会的影响并承担企业对社会的责任等三个方面。当一家企业的最高管理者能够以高超的技巧,将服务理念以体验的方式传递给他的下属,他的下属又以同样的方

---

① [加拿大]加雷斯·摩根:《组织》,金马译,清华大学出版社2005年版,第206页。

式传递给普通员工的时候,员工们就会真正成为服务理念的化身,将理念从一个个干瘪的概念变成鲜活的体验,奉献给他面前的顾客。这样的组织,就是一个涟漪组织,也是一家真正的服务型企业。如家酒店在自己的微笑卡片上写明了它的服务理念:"把我们快乐的微笑、亲切的问候、热情的服务、真心的关爱,奉献给每一位宾客和同事。"①而要把这样的服务理念在一个涟漪型组织中从概念变为现实,就必须不断地从社会环境中汲取信息与支持,才能实现它的可持续发展。为了寻求企业长远生存和可持续发展,如家酒店通过涟漪型组织的方式,把追求企业利润和承担社会责任结合起来。即将微笑型组织拓展为由员工、管理人员、投资者、顾客、相关组织和公众等相关利益群体构成的社会经济有机体。从服务型企业广义目标的角度来看,通过对这种整体性目标的追求,微笑型企业不仅能获得物质内聚力,还能得到社会的广泛认同与支持。

如家酒店的涟漪型组织在企业内部也创造了新型的员工面貌。在微观水平上,微笑服务文化是推动人们积极互动的力量之一,人与人之间互动是微观领域的功能单元。这种互动镶嵌于中观的社会结构之中,由此进一步融入到宏观结构之中。特纳认为,正是人类的普遍需要推动了人际关系中的所有互动。② 如家酒店的涟漪组织通过人与制度的完美结合,不仅以激发员工内心中与企业理念相吻合的部分为目标,更强调通过涟漪组织中的特殊体验方式,即并不仅仅是按照层级高低单向线性传递,而是通过无数身处不同层级的员工创造的体验交汇而成。企业中每一个员工的价值观和个人选择,都会与企业产生交互作用。一个处于理想状态的涟漪型组织,通过企业文化理念的不断传递,员工最终会与企业文化融为一体,形成某些独有的特质。因此,无论来自哪个地区,担任什么职位,如家酒店的管理者与员工都具有某些显著的共同点:他们通常对工作倾注巨大热情;有良好的职业素养;对自己的未来有很多设想;愿意在力所能及的范围内帮助客人,哪怕是占用自己的私人时间也毫无怨言。对于如家酒店这样的连锁服务型企业来说,它最宝贵的财富就是这

---

① 汪若涵、朱瑛石:《微笑力》,中信出版社 2010 年版,第 73 页。
② 参见[美]乔纳森·H.特纳、简·斯戴兹:《情感社会学》,孙俊才、文军译,上海人民出版社 2007 年版,第 135 页。

些既具有鲜明个性又拥有相似特质的员工。因为如家酒店欲想为顾客持久提供高品质服务,就必须同时做到两件事情:一是鼓励员工将自己的热情和才能投入到工作之中,根据顾客的需求提供适当的服务;另一件是保证每位顾客在所有酒店都能获得大体一致的服务体验。前者需要个性化,后者需要标准化。这两点是同等重要的,但有时难免相互矛盾。这时,需要员工依靠内心的指引作出抉择,创造性地在个性化与标准化之间寻找平衡两者的方法,既满足顾客的特定需求,又不会过分偏离标准,避免顾客对连锁企业的各家酒店服务存在明显差异的联想。

如家酒店在组织结构变革与微笑服务文化创新的过程中,特别强调顾客界面,也就是重视为顾客提供服务的方式以及与顾客交流、合作的方式。如家酒店从总裁孙坚到一线的员工,都坚持持续地、身体力行地把顾客放在第一位。因而,如家酒店的员工在面对顾客的时候,总能给顾客一个很好的印象。顾客作为服务的受众,他们的体验是积极的、温馨的、完美的。同时,如家酒店的涟漪型组织结构的核心,是建立一个非常完善的服务传递系统。从建店选址、装修到接待顾客、打扫房间,就连最基本的做床都有很完善的规定。如家酒店一共拥有 16 本酒店服务手册,每本都以厚度和详细著称,这就使得无论顾客到如家酒店的任一分店,都能够体验到同质的服务;而服务流程的标准化也保证了顾客体验水准的一致,形成企业的一种核心竞争力,这也是服务型企业基业常青、永续经营的必要条件之一。①

如家酒店的经验告诉我们,服务型企业必须通过微笑文化的创新来寻求新的成长机会,而这种创新变革往往是以组织结构或者文化理念的转型为代表的。企业的组织结构变革是显性的,企业文化的变革虽然是隐性的、渐进的,但它也必然会通过组织结构的变革体现出来。拥有开放文化以及柔性管理模式的企业,可以使组织结构的变革顺应员工乃至顾客要求。通过企业微笑文化的创新,可以把组织结构的意图转化为全体员工的认知,并通过适当的制度文化来保证其顺利进行。这就是说,我们可以通过结构再造触发企业微笑文化的创新,再通过微笑文化变革来深化组织结构的再造,最终通过组织结

---

① 参见汪若涵、朱瑛石:《微笑力》,中信出版社 2010 年版,第 VIII 页。

构与文化的相互融合来固化变革,从而实现企业发展的螺旋式上升,完成企业脱胎换骨的变革创新过程。

三、微笑传播:"微笑北京"启动社会文化创新

社会管理的发展是一个持续积累、不断创新的过程。社会管理的创新是以知识更新和价值开拓为主要目标的精神文化创新活动,是推动全社会进步与实现人类普世价值的重要实践方式。[①] 随着世界经济一体化趋势的日益增强,世界各国之间不同文化的交流与融合日渐增强,与此同时,不同的文化思想之间的相互激荡和竞争也日趋剧烈。只有不断地进行社会文化创新,才能够在世界文化之林立于不败之地。总之,社会文化创新在综合国力中的地位和作用日渐凸显,社会文化的软实力业已成为衡量综合国力的重要标志。正如党的十七大报告中所强调的,文化已经成为民族凝聚力和创造力的重要源泉。要在国际竞争中获得一席之地,综合实力特别是文化实力的提升尤为关键。

1. 坚持创新精神

在涉及社会文化的行为、制度与精神的三大层次中,文化精神处于核心的地位。社会文化本质上体现了人类对世界的把握方式,文化精神则决定了人类把握世界的价值取向。把社会作为"人的世界"来把握,便发展出社会管理的人文精神;把世界作为"物的世界"来研究,便发展出了社会管理的科学精神。[②]"人文精神"主张在社会管理中要以人为本,把一切管理问题加以"人化",重视满足人民群众的情感需求,突出管理对象的情感逻辑。"科学精神"则主张以物为本,强调管理过程中的科学化、逻辑化、数量化,即把一切管理问题看成是严格的、无生命的物化的东西,强调的是理性特征,奉行效率优先的

[①] 参见张筱强、马奔腾:《文化创新:理论与实践》,《中共中央党校学报》2002 年第 4 期。
[②] 参见黎红雷:《"文化人"假设及其管理理念——知识社会的管理哲学》,《中山大学学报》(社会科学版)1999 年第 6 期。

原则。如何实现"人文管理"和"科学管理"之间的融合与互补,在社会管理中既重视人的感性和情感逻辑,又考虑到管理中的理性和效率,把两者融洽地结合起来,社会管理才能得到全面健康的发展。

社会文化是一种特定范围内群体成员所共享的、能将一个群体成员与其他群体成员区分开来的一整套价值观、信念和社会行为准则,并通过社会组织的外在行为制度表现出来。① 社会文化存在于社会群体的各个层次之中,包括组织层次和社会层次。它是一个国家或者民族的群体成员由于共同的语言、历史和信仰以及制度系统而形成的共享的对世界的经验看法,其对群体内人们的心智模式和行为方式的影响最为深刻和持久。②

社会文化的创新,指的是以新的文化代替已有的旧文化。现代管理中的创新理念,来自于熊彼特(Joseph Alois Schumpeter)的经济发展理论,包括产品、技术、市场等方面的创新,以及企业组织结构的创新等。随着对于组织创新、制度创新和管理创新的深入研究,创新理念已经深入到社会生活的方方面面。在当代社会,知识经济与信息社会的形成,对于社会管理的创新意识、创新活动、创新组织提出了更迫切的要求。从社会管理的角度看,社会文化创新过程实质上也是社会管理过程,社会管理过程同时也需要不断的社会文化的创新,其中包括社会文化形式的创新、社会管理组织的创新,以及社会管理方法、管理模式、管理制度的创新等。

社会文化建设中,微笑文化传播的意义是非常深刻的。虽然,日常生活中的微笑仍然毋庸置疑地植根于象征的世界之中,它是人类存在的基本特征,是维护人类价值的必需之物,是希望的最后武器,"在笑和希望消失的地方,就是人类丧失其人之为人的存在的地方"③。微笑北京的主题活动,赋予了微笑更深刻的内涵,中国人民改革开放以来蓬勃向上的情感生活,在"微笑北京"中得到了强烈的呈现,赋予微笑以社会文化创新的深度。微笑北京主题活动

---

① 参见水常青、许庆瑞:《企业创新文化理论研究述评》,《科学学与科学技术管理》2005 年第 3 期。

② 参见高展军、李垣、雷宏振:《不同社会文化对企业技术创新方式选择的影响》,《科学学与科学技术管理》2005 年第 11 期。

③ [挪威]英格维尔特·萨利特·吉尔胡斯:《宗教史中的笑》,陈文庆译,上海人民出版社2005 年版,第 139 页。

中的微笑,不仅仅是简单地植根于情感生活的特征,而被重新确定为一种新的社会文化现象。通过这种洋溢着幸福与欢乐的微笑,中国人民把它作为传达友谊、传达幸福的社会文化媒介。这种转变已经使"微笑北京"成为一种民族精神和文化价值理念现象,呈现在世人面前。

"微笑北京"的社会文化实践创新,关键在于建立了一种新的社会文化价值体系,从而为创新的社会文化奠定思想价值基础。从"微笑北京"主题活动的内涵而言,它并不是一项纯粹的群众性文化活动,它站在"人"的思维、意识和精神等主观因素的层面来把握志愿者、广大市民的"微笑",其内在远景目标是推动公民社会的建设,其本质上是要通过对于客观环境的积极影响,在广大人民群众的主观世界上,建构一种全新的精神体系和价值评判标准。①

价值体系是社会文化创新的灵魂和基本的社会基础。有先进价值观指导的社会文化才能受到广大人民群众的认同,只有建立在共同的社会文化价值观念体系之上的社会文化,才有可能使广大人民群众自觉体悟并得到践行。因此,如何借鉴"微笑北京"的文化创新经验,在客观分析我国现有文化价值观念体系的基础上,建立一种既符合我国社会文化传统,又能顺应时代发展且具有当代意义的价值观念体系,通过这样创新的社会文化,才能得到广大人民群众的认同,才能形成新的社会风气。因此,需要结合建设和谐社会的总体目标,赋予社会文化价值体系以全新内涵,形成被人民群众认同的价值理念、思维方式和心理结构。在社会文化创新的过程中,特别需要通过创新的文化价值观念体系,强化广大人民群众的责任感、使命感和凝聚力;通过创新的社会文化价值体系,教育和引导广大人民群众自觉遵守社会规则、遵守道德规范,提高自身道德素养。

由于历史和文化传统的影响,中国社会文化体系中滋生着一些阻碍社会文化创新的因素,这些因素,既包括人们思想观念方面的,也包括社会管理体制方面的。比如,普遍安于现状,不思进取,小富则安,回避风险,求稳怕输;又比如,缺乏积极开拓和创新意识,目光短浅、急功近利,过多地计较眼前利益而

---

① 参见北京奥运会志愿者工作协调办公室等编著:《微笑北京》,人民出版社 2008 年版,第 95 页。

忽视社会总体发展的长远利益,注重小团体、小社会圈子的局部利益而忽视社会的整体利益。表现在日常社会生活中,往往就是抓小放大,事不关己、高高挂起,等等。所有这些,都与市场经济环境所带来的商业文化侵蚀有关。商业精神一旦成为整个社会的主导价值观的时候,在商业文化的辐射之下,日常社会交往以及社会风气都必然会沾染上深刻的商业气息,打上深深的商业经济烙印。从这个意义上说,坚持创新的文化理念就显得格外重要。

根据引起社会结构和过程变化的程度,可以将文化创新区分为突变创新与渐进创新。文化的突变创新往往是一种摧枯拉朽的革命性变化,会导致社会文化习俗根本性的变化,是一种对于现有社会文化制度较大程度的改造,甚至是对现存的社会权力结构造成颠覆性的挑战,这种变革一般较少发生。文化的渐进创新是对现有社会文化习惯较小程度的偏离和社会习俗风气的优化提高,这种创新可以发生在社会各个系统以及各个层次之中。渐进性创新主要是以社会现有文化习俗为基础,适当地调整和改进文化自身的内涵,是对现有社会文化的优化和提高。虽然文化的渐进创新不会造成强烈的社会异动与反响,但渐进创新所带来的文化潜移默化的改变,对促进社会进步具有重要的积极意义。

社会文化的创新理念主要表现为以下两个方面:首先,是文化认识观念的创新,也就是对传统社会文化观念的创新;其次,是对新型社会文化意识的认同、提炼和实践。社会文化创新理念需要我们从各种狭隘陈旧的观念中解放出来,注入新鲜的时代内涵,通过不断地更新观念,积极引导人民群众弘扬先进的社会文化。因此,社会文化理念的创新,需要一种超越历史、超越传统的价值观念,立足中国,放眼世界,站在社会文化和普世伦理发展的前沿,站在时代道德的前列。从这个意义上说,社会文化理念创新本身,也包括了对中国传统文化观念的反省与扬弃,根据人民群众的发展愿望,因应社会文化的进步,探索适应社会历史发展规律的新道德、新观念和新规范,使我国的社会文化有强大的感召力、吸引力和生命力。

加强公民素质教育,打造微笑传播的社会风气,人民群众是最基本的因素,是决定微笑文化传播走向的主体力量。社会整体的文化水准,是由社会全体公民的个体意识、文明程度、道德水平所决定的。没有全体公民个体修养和素质的提升,没有全体公民的积极参与,便不会有公民意识的觉醒,微笑的社会文化传播就不可能形成。① 公民意识的觉醒是决定公民社会能否真正形成的思想前提。没有公民自觉体现的现代意识,所谓的公民社会便无从谈起。同时,如果没有公民社会,公民意识的培育和巩固也就是水中月、镜中花,是不可能实现的。只有大力推动公民社会建设,积极培育公民意识,并将创新的微笑社会文化意识融入公民的人格之中,积淀于中华民族之传统精神之中,才有能真正塑造出与现代化国家形象相适应的微笑文化传播意识。也只有公民意识不断得到增强,广大人民群众才会以主人翁的精神和姿态,积极参与微笑的社会文化建设活动中去。显然,加强公民意识,提高每个公民的基本素质,才能有效推动微笑社会文化创新活动的开展。

社会文化的创新理念,立足于全社会的力量,但是离不开政府行政管理部门在文化创新中的主导性作用。"微笑北京"主题活动的组织是一项非常庞大的系统工程,活动的对象既包括奥运志愿者,更包括普通市民;活动的内容涉及交通、旅游、购物、接待、环保、语言等方面的志愿服务,也涉及社会公众的文明礼仪教育,具有长期性和艰巨性。之所以"微笑北京"主题活动能够取得非常好的社会影响,得到人民群众的积极响应,就在于活动的组织者重视激发活力,鼓励创新,激励人民群众的创造性,充分发挥了各类志愿组织和志愿者的主体作用,尊重志愿者的劳动,调动志愿者的积极性、主动性,维护志愿者的合法权益,从而鼓励志愿组织和志愿者结合不同的工作要求和工作特点,通过形式多样、有创造力和吸引力的"微笑"活动,影响广大人民群众的参与热情,在为奥林匹克运动奉献青春、才华和力量的同时,达到了用微笑和实际行动打造北京最好的城市名片的目标。在所有这一切活动过程中,无不凝聚着政府相关部门在"微笑北京"社会文化创新中的领导和组织作用。正是通过统筹和协调社会文化创新过程中的各种关系,切实解决了影响微笑社会文化传播过程中的各种突出问题,才实现了微笑社会文化创新活动持续健康发展的崇高目标。

---

① 参见陶国富、郝云:《上海构建以创新为核心价值的社会文化研究》,《社会科学》2004年第5期。

2.改变管理方式

社会管理的任务是解决人民群众的社会生活问题。任何社会问题,实质上是文化问题。费孝通先生曾经认为,社会问题大多起源于文化失调。① 所谓文化失调,就是说任何文化都有它特殊的结构模式:新的文化特质引入之后,不能配合原有的模式,于是发生失调的现象。在西方社会的发展过程中,由市场经济与工具理性作为主要基础的科层制管理系统,已经越来越影响并制约人类自由发展的空间,导致人民群众的情感疏离与意义失落。虽然我国的社会体制结构同西方资本主义社会迥然不同,社会性的困境也远远不像西方社会那样突出和尖锐,但在许多方面也表现出与西方国家的相似之处,有的只是程度与表现形式的不同。尤其需要注意的是,现今社会中功利性取向的人生态度与生活方式正在迅速侵入社会生活的方方面面,并逐渐控制着我们的生活并导致社会文化的失调,表现为社会中每个人的生活方式都发生了变化,以原有文化为基础的社会秩序出现了异动,反映在社会个体心理上的表现就是浮躁忧郁、焦虑不安等等。这种个体主观上的社会问题,往往是由于历史遗留下来的问题没处理好,长期得不到妥善解决,从而在社会个体心理中慢慢形成积淀、久而久之出现的,而且,在某一客观社会问题发生时,就有可能引爆这种主观情绪。最近几年发生的一些突发事件,普遍呈现出燃点低、易引爆的特点。也就是说,很小的一件事情处置不当,就可能引发蔓延成非常大的社会事件,这与社会众多个体乃至群体的主观社会问题密切相关。这种社会文化失调如果长期得不到解决,必将迫使个体不断寻求解脱办法。通常情况下,一旦社会管理部门或者相关的社会组织提出了相应的解决方案,且为部分或者大部分社会成员所接受,就有可能促进一定程度或者一定范围内的社会改革。理想的结果是,通过相关社会成员的共同努力,按照适当的方案解决了问题,使社会个体从郁闷、烦恼和焦虑中解脱,涉及的社会问题得以圆满解决,社会文化也得到了重新调适,创造了新的社会生活环境,建立了新的社会秩序。从这个意义上说,社会管理需要社会文化价值的引导,社会个体生存也需要健康

---

① 参见丁元竹:《实现社会管理与文化发展的有机统一》,《群言》2011 年第 12 期。

向上的社会文化滋润。① 没有健康向上的社会文化价值,正常的社会秩序就无从谈起,社会个体也就失去了赖以生存的社会环境。因此,改变社会管理方式就是改造社会文化环境,社会文化的创新就是某种意义上的社会管理变迁,它们是一个问题的两个方面。所以,坚持以人为本的精神,改进社会的管理模式,是构建社会主义和谐社会的内在要求。由此而构建的社会文化,也必然包含着"以人为本"的深刻内涵。党和政府提出的创建和谐社会,其核心就是要关注人的价值,社会管理的各项工作都必须以人为主体,以促进人的全面发展为根本目标。具体地说,就是要积极促进人的主体性力量的自由张扬,激发人的能动性和首创精神的积极展现,使广大人民群众的创造潜能得到越来越大的释放。

"和谐",指事物协调生存与发展的积极状态。和谐首先指向社会活动主体之"人"自身的和谐,即"身心和谐",人与人之间关系的和谐以及人与社会的和谐,当然也包括人与自然的和谐在内。② 无论古今中外,和谐社会的理念一直是人类的永恒追求,更是当代社会人们孜孜不倦追求着的理想。从宏观的角度看,"和谐社会"理念可以运用于各种社会组织的管理形态,并可运用于处理人类不同文明的关系,以及人与自然的关系,从而真正形成和谐的社会管理。从微观角度看,"和谐社会"理念主要用于处理某个组织中的管理者与被管理群体之间的关系,形成"管理的和谐"。在知识与信息社会中,"创新"是社会管理的动力,"和谐"是社会管理的终极目标。人类作为社会管理的主体,面对瞬息万变的社会,通过创新的努力,不断改变社会管理方式,达到追求和谐的社会效果,就能够不断地推进人类社会管理的进步,促进人类文明与社会文化的持续发展。③ 因此,和谐的社会文化是旨在促进社会与人和谐发展的一种先进文化,其先进性最具有现实意义的体现,就在于不仅注重创建和谐社会本身的意义,更在于强调实现和谐社会的途径本身就是以人为本的。这就是说,我们不仅要注重最终的和谐社会的建立,更要重视社会管理方式的和

---

① 参见徐莎:《和谐文化视野中的社会管理和谐》,《前沿》2007年第10期。
② 参见黎红雷:《"文化人"假设及其管理理念——知识社会的管理哲学》,《中山大学学报》(社会科学版)1999年第6期。
③ 参见徐莎:《和谐文化视野中的社会管理和谐》,《前沿》2007年第10期。

谐。因此,社会文化的创新,首先必须改变社会管理本身,要以和谐社会文化为指导,改进传统落后的社会管理方式,真正做到在创新中实施管理,在管理中体现创新。

建立在正常物质生活基础之上的社会生活,是全人类共同的本质特征。它以人与人之间的社会交往为核心,以精神交往与满足为目的。我们强调社会管理与文化发展的有机结合,就是要贴近广大人民群众的日常生活,关注个人与家庭、群体与社会的交往以及各种公共事业活动。甚至可以说,我们的经济建设侧重点在于改善人们的物质生活,而社会管理的改进重点是满足人们的社会生活,社会文化建设则在于满足人们对高尚精神生活的追求。因此,改进社会管理秩序与社会文化建设的创新是统一整体的不同组成部分。

一个和谐的社会,必定是高度信任的社会,构建社会主义和谐社会需要集聚社会资本,培养以责任、信任和诚实为核心的价值体系。因此,"微笑北京"主题活动,一改过去那种纯粹行政命令式的公民道德教育方法,致力于营造新型的社会人际关系,通过促进公民之间的互相信任与关爱,体现对价值合理性意义的彰显,表现了公民对社会价值的回归。这种回归,又能够强化社会公民之间的信任与互助,反过来促进公民与社会的发展。真诚的微笑会拉近人与人之间的距离,会使人解除心灵上的戒备,这种沟通本质上反映了相互信任、友爱互助的人际关系,是利他和利己的有机契合。因此,"微笑北京"最直接的作用是增进公民之间的相互信任,通过引导市民养成微笑的习惯,以自己的微笑来表达真心关怀、传递人间真情,携手同行、共同努力营造信任友善、互帮互助的良好风气,形成友爱温馨、亲切和睦的人际关系。①

近年来,我国社会管理改革一直从两个基本方向探索:一是考虑社会管理的科学化、制度化与发展性;二是考虑社会管理的文化性与合理性。前者需要借助于科学管理手段和现代管理技术;后者则侧重于人类文明的基本模式和社会文化观念的变革。现在,已经有越来越多的学者认为,社会文化的创新要比"机构"与管理技术创新更为重要,这种观点来自以人为本的社会管理新

① 参见北京奥运会志愿者工作协调办公室等编著:《微笑北京》,人民出版社2008年版,第87页。

观念。

改变社会管理工作,还意味着需要寻求一种更适应社会管理的社会关系体系的途径和方法,用于改善管理者与人民群众的关系。这就意味着,各项社会管理工作要着眼于社会文化的内在历史、传统、价值观等因素。换言之,社会文化的创新需要所有的社会成员,包括具有不同经历、需要、价值观和理想的人,通过共同创造与践行加以实现。社会中的每一个参与者,也都会通过自己的感受、理解来决定是否认同社会文化价值系统。因此说,社会文化现象的构成,其实是包括了社会文化符号体系、理解者的诠释并赋予的价值判断,还包括被理解者的主观感受。无论从哪一方面来说,都是与社会文化创新的成功与否息息相关的。而人民群众的主观感受,只能通过个人身处的社会关系网络、通过日常生活中的口耳相传才会获得,由此才能获取对社会文化意义的深层次理解。因此,社会管理者就必须像"微笑北京"主题活动组织者一样,探索一种受人民群众喜闻乐见,且符合人类生存与发展意义的社会文化符号和结构。只有这样,才可以使我们的社会文化创新获得人民群众的支持。

要正确把握社会管理和社会文化建设的内在关系,必须贯彻落实党中央建设和谐社会的战略部署,创新和改进社会管理,促进社会文化的大繁荣大发展,要求我们做到:一是在理论上,积极探索社会管理秩序建设和社会文化体系发展的内在逻辑;二是在政策方面,把社会文化的大发展大繁荣,与创新和改进社会管理机制有机结合起来,从而在日常社会生活中,把人民群众的社会活动与社会文化价值统一起来,把个体的精神生活、社会行为规范与社会主义的核心价值融为一体,使社会生活中的个体乃至群体更有教养、更有品位,人与人之间的关系更加和谐密切,社会生活充满秩序与活力。

因此,社会行政管理部门如何承担社会责任,对影响广大人民群众生活的各个方面发挥积极的引导作用,已经提到重要的议事议程。而欲想有效解决社会文化发展的困境,首先需要变革社会行政管理的价值观念,改变老一套的社会管理方式。重视社会管理的文化功能,意味着今后在社会管理方面需要寻求社会发展的和谐与平衡,特别需要重视过去被忽视的弱势群体或普通百姓的真正需求;需要特别关注和重视民族文化性格的正常发展,尤其是促进民族文化与民族的思维方式和行为方式的发展;要立足于国民的思想与信念,满足人民群众的需求;要积极组织并动员人民群众主动参与到社会管理活动之中。

3. 优化传播渠道

"微笑北京"主题活动是以北京奥运志愿服务为主题,围绕着北京奥运会主体内容开展的不同类别、目标和范围的志愿服务活动的总称,涵盖了人内传播、人际传播、群体传播、组织传播和大众传播在内的各种结构复杂的传播活动,而尤以组织传播最显特色。"微笑北京"是奥运精神与和谐社会理念的统一,是社会文化创新精神和传播行动的一次具有巨大社会影响的传播实践。它充分说明,完善导入并充分发挥社会文化创新形式,需要依靠行之有效的组织传播系统的力量。

"微笑北京"的传播,是所有参与者们互相发布并分享微笑信息以促进相互理解的过程,它是一个特殊类型的组织传播形式。其传播的信息是倡导社会文化中的微笑文化新观念,而其涵盖的新意则赋予组织传播一种新的特质。我们知道,微笑传播其实是含有某种程度上的不确定因素的,它包括,对于"微笑北京"的理念,人民群众能不能接受,它在北京奥运过程中究竟能够发挥多大的功能等之类的问题。这种不确定性表达决定了"微笑北京"文化传播及其结果的多选择可能性,不确定性因素太多则意味着缺乏可预测性的结构和信息。信息的减少或者增加,是排除不确定性的一个手段。在多重选择并存又需要作出决断时,"微笑北京"的信息传播方式和手段在影响微笑传播效果中显示了其特殊的意义。①

按照罗杰斯(Carl Ransom Rogers)的观点,创新的社会文化扩散传播是一种社会变化,可以被定义为社会系统的结构和功能发生变化的过程。② 社会文化传播中的扩散,是文化创新活动通过一段时间,经由特定的渠道,在某一

---

① 参见[美]埃弗雷特·M.罗杰斯:《创新的扩散》,辛欣等译,中央编译出版社 2002 年版,第 5 页。
② 参见[美]埃弗雷特·M.罗杰斯:《创新的扩散》,辛欣等译,中央编译出版社 2002 年版,第 22 页。

社会团体的成员中传播的过程。它是特殊类型的传播,所含信息与新观念有关,在两个或多个个体之间交换信息,以使彼此对特定事件的理解更接近。这一定义意味着传播具有产生趋同或扩大分歧的功能。例如,当一个创新代理人努力说服一名客户接受一项创新,当我们观察这一事件前前后后发生的事情时,我们发现,这个事件仅仅是两个个体相互交换信息过程中的一个环节。当新的社会文化被传播,被接受或被拒绝,都会导致一定的结果发生。在上述过程中,社会文化可能会逐步发生变化。这种现象,既包括了自发的传播,也包括了自觉的传播。① "微笑北京"主题活动的成功传播,证明我们对于先进社会文化的传播,首先需要建立先进的传播体系,导入有效的传播机制,形成创新社会文化的传播网络和系统体系。有效的传播机制可以保证先进社会文化传播渠道的畅通;完善的传播体系可以保证创新社会文化价值及时高效的传播。通过各方面的有效互动,从而达到快速、及时地传播创新的社会文化价值观念的目的,为实现和谐社会的愿望、满足广大人民群众社会文化生活的需求,营造良好的社会文化氛围。

社会系统是一组相互关联的复杂系统,社会系统的成员既包括官方组织及其分系统,也包括民间团体和人民群众。他们有着共同目标,也面临着各种各样的共同问题。在这样的社会系统中,每一个单位区别于其他单位,所有系统成员都精诚合作,才能解决共同问题并实现共同愿景。共同的愿景把整个系统凝聚起来。当微笑文化传播发生在一个社会系统的时候,系统的社会结构会以各种方式影响微笑文化的传播。社会系统也必定会以它的力量及其思维惯性,影响甚至干扰微笑文化的社会组织传播范围。因此,为了使"微笑北京"能够成为一项全民广泛参与的组织传播运动,北京奥组委建立了一套积极可行的长效化机制。所谓机制,就是使制度能够正常运行并发挥预期功能和因果效应的配套制度。在构建"微笑北京"长效机制这一问题上,北京奥组委注重科学发展的思路,全面实施目标管理。即在整体目标的框架下,合理地设定"微笑北京"文化传播的规划目标体系,并将这些目标指标化,使各个阶

① 参见[美]埃弗雷特·M.罗杰斯:《创新的扩散》,辛欣等译,中央编译出版社2002年版,第6页。

段的目标达到可定量、可测定和可比较的要求,以便在"微笑北京"目标实施过程中能够及时监测、中期评估和事后评价。由于"微笑北京"主题活动目标责任制的落实,需要明确由志愿者、公民社会和共青团三方面力量组成的"微笑北京"活动的责任主体,并且明确各活动主体的目标责任。志愿者管理机构的主要责任在于向各志愿者组织分配工作任务,协调各种工作关系;志愿者组织本身的主要责任是对所属志愿者进行日常的管理和维护,保持一支士气高、能力强的志愿者队伍;志愿者个体的主要责任在于完善自身素质和能力,努力成为一名优秀的微笑传播志愿者。公民个人的主要责任在于自觉提高个人素质,主动配合主题活动开展,积极宣传奥运精神和"微笑北京"主题活动的理念;媒体的主要责任在于利用自身掌握的宣传媒介优势,为主题活动的开展营造良好的社会舆论氛围;参与型组织的主要责任在于有效利用自身的人员和组织力量,积极配合和参加主题活动,主动为活动进行宣传。共青团北京市委作为"微笑北京"主题活动的组织者和管理者,主要责任在于完善主题活动的核心理念,制订主题活动的开展计划,整合主题活动的资源,创新主题活动的形式,组织和协调主题活动的开展,进行主题活动的宣传推广。各级团组织的责任在于配合团市委的工作安排,主动创新活动形式,开展各类活动,将活动开展落到实处。在此基础上,通过积极拓展活动资源,构建长效资源机制。因此,"微笑北京"不仅仅是一个以微笑为主题的系列活动,而是一项以人文奥运为契机有序开展的具有现实性、可操作性和长远意义的全民运动,是提高我国全民素质和建设和谐社会的催化剂和润滑剂。随着"微笑北京"长久有效的实施,它将成为我们奥运遗产中最为宝贵的一份精神遗产,也必将成为东西方文化交流的桥梁和纽带。[①]

从本质上说,"微笑北京"是以志愿者为主体的广大人民群众对北京举办奥运会的无私奉献,也是志愿者积极参与奥运各项公益服务事业的主观能动性的外在表现,充分体现了"奉献、友爱、互助、进步"的志愿者精神。"志"者,心之所向;"愿"者,心之向往。也就是说,只要有"心",就能"志愿"。做一名

---

① 参见北京奥运会志愿者工作协调办公室等编著:《微笑北京》,人民出版社2008年版,第295页。

合格的志愿者是需要多方面的能力的。正如志愿者自述时所说："志愿者是复合材料做成的。"①志愿者的工作是高强度的，要成为一个真正的微笑使者，首先经受的考验是身体劳累，还要学会忍受他人的不理解和误解，并且要始终面带微笑。"微笑北京"的志愿服务是一项伟大的事业，它体现在每一个细节当中。在某种意义上，志愿者通过更多地接触社会各界，眼界更为开阔；作为一个有影响的庞大群体，具有比较大的社会影响力；以年轻大学生为主要骨干的志愿者更显示出时代的创新精神。因此，作为观念引领者，或者说是社会文化创新过程中的舆论领袖，志愿者在"微笑北京"的社会文化传播过程中具有独特影响力。他们处于人际关系传播网络和组织传播网络各节点位置，通过微笑这种特定的沟通模式所传达的信息，将社会各群体与个体有效地连接在一起。

"微笑北京"作为全国人民表达迎奥运喜悦心情的主题活动，不仅体现在志愿者群体通过满腔热情的具体行动传播微笑文化，更重要的是体现在公民群体发自内心的传播行为上。社会文化传播的重要含义是指人们的相互交流。"社会是人际交往的生活。"②因此，"微笑北京"的社会传播，就具体表现为在人际交流过程中对微笑情感作用的赞许和肯定。有学者曾经说过："未经过交流和想象升华为感情的感觉，并不比动物的感觉有更多的自我意义。"③人的社会生命起源于与他人的交流，微笑的情感也产生于人际的交流。"微笑北京"的组织者以社团为依托，调动和整合社会资源，将志愿者与市民的交流热情与社团组织的专业优势有机结合起来，引导广大市民将真诚、灿烂的微笑建立在工作责任感和专业素养这一坚实基础上，彰显了"微笑北京"文化传播的特殊意义。

情感世界是与人的形象密切交织在一起的，若没有引起某种情感的人的形象出现，那么也就不会出现这种情感。从这个意义上说，人的情感表露并非

---

① 梁苏会：《苏会的选择——一位奥运志愿者的成长故事》，中国传媒大学出版社2009年版，第67页。

② ［美］查尔斯·霍顿·库利：《人类本性和社会秩序》，包凡一等译，华夏出版社1999年版，第23页。

③ ［美］查尔斯·霍顿·库利：《人类本性和社会秩序》，包凡一等译，华夏出版社1999年版，第96页。

个人内心自生,而完全是由处在一定互动关系中的对象价值所决定,是在人际交往中被交流对象所左右、所控制的产物。因此,"一切情感都产生于我们的联系。"①一切社会性的情感,都是在涉及他人的意义上产生的,或者可以说都是"利他主义"的。也就是说,存在于主体身上的情感意义都是通过人际间的互动才被发现的。所以,"每一张慈善的面孔都唤起友好的情感,每一个遭受灾难的孩子都引起同情,每一个勇敢的人都引起尊敬"②。当然,情感若没有物体外部特征的帮助,也是不可能被体会到的,语言、脸部表情、声调等构成了情感表达的迹象,这些象征性的符号对理解人的内心情感,"起着打开门的把手作用"③。所有的感情都有人的特征或者相互交流的载体,比如"微笑北京"的情感,就联系着许多可感事物的特征,包括微笑环、《北京欢迎您》歌曲,以及微笑文化的观念和行动等方面。通过有效的组织传播方式,把广大人民群众的积极热情调动起来。在组织传播的互动过程中,微笑的情感成了社会对象,广大志愿者以微笑的情感作为传播行动的依据,赋予它丰富的社会文化意义。在传播过程中,微笑情感唤起了广大人民群众的内在情感感受,激励广大人民群众也投入到这些情感行动中去,由此产生社会大爱,人民群众的"自我感觉就会变得更加强烈,形成目的并开始行动"④。因此,组织传播在"微笑北京"主题活动中,所释放的巨大的人际情感,正是促使广大人民群众之间微笑文化互动交流并形成社会风气的根本原因。

四、微笑传播:人民幸福亟须行政文化创新

虽然对于幸福的研究最近几年刚刚起步,但在经济社会发展的规划中,不

---

① [美]查尔斯·霍顿·库利:《人类本性和社会秩序》,包凡一等译,华夏出版社1999年版,第6页。
② [美]查尔斯·霍顿·库利:《人类本性和社会秩序》,包凡一等译,华夏出版社1999年版,第90页。
③ [美]查尔斯·霍顿·库利:《人类本性和社会秩序》,包凡一等译,华夏出版社1999年版,第83页。
④ [美]查尔斯·霍顿·库利:《人类本性和社会秩序》,包凡一等译,华夏出版社1999年版,第116页。

少地方,比如杭州、武汉等城市,已把幸福指数作为重要的衡量指标。在中国和谐社会的建设中研究幸福感,不仅是理论发展的必然趋势,还符合社会实践的要求,特别是在市场经济改革中,对了解人们的情绪和心态,有着更加重要的意义。具体来说,其一,幸福感是一个社会人心向背的晴雨表。"人心向背"是任何社会制度、任何政权都不能不考虑的重要问题。一种社会制度、一个政权以及它所执行的政策,是否能够得到广大人民群众的支持和拥护,是关系到这种制度和政权生死存亡的大问题。如果能够让广大人民群众满意,那这种制度、这个政权就能够长治久安;反之,社会就可能会出现动荡,政权有可能丧失。因此,对于人民群众在社会生活中所表现出来的情绪和情感,不能熟视无睹,更不能漠然视之或者低估其能量。其二,幸福感是社会历史进程的催化剂。人民群众的幸福感及其追求幸福的意愿,是对一定社会历史时期、一定社会历史人物的一种情绪的表露,而且,这种社会情感不会仅仅停留在意愿的层面上,它是需要转化为具体的社会行动,转化为推动或阻碍历史前进的力量的。其三,幸福感是精神文明建设的指示器。幸福感集中体现了一定时期、一定历史发展阶段、一定社会的精神面貌和社会风尚。正如邓小平所指出:"风气如果坏下去,经济搞成功又有什么意义? 会在另一方面变质,反过来影响整个经济变质,发展下去会形成贪污、盗窃、贿赂横行的世界。"[①]其四,幸福感是人民群众对政府工作满意与否的监督器。在社会主义现代化建设过程中,人民群众比以往任何时候都更强烈地意识到官僚主义和腐败的危害,这种意识也在幸福感调查中得到反映。因此,在当前社会主义和谐社会建设中,幸福感的研究具有加深刻的现实意义。

1. 微笑与人民幸福

追求幸福,是古往今来任何民族、任何国家的人民孜孜以求的价值观念,是人类文明发展过程中矢志不渝追求的美好愿望。在西方伦理学史上第一部系统的伦理学著作《尼各马可伦理学》中,亚里士多德承袭了古希腊人文理性主义传统,把美德与知识等量齐观,他花了大量的笔墨描述各种伦理德性以及

---

① 《邓小平文选》第三卷,人民出版社 1995 年版,第 154 页。

幸福的问题。他认为,"幸福是灵魂的一种合于完满德性的实现活动"①,只有依据知识的行动才有可能创造幸福,才会成就美德的修养。换言之,只有美德才使人幸福。他将幸福定义为人生的终极目的,几乎所有的目的都为追求幸福这个特殊的目的而存在。每一种学科、技术或者每一个思考的行为均以"善"为目的。因此,善,与幸福是同样性质的目的,而至善就等于幸福。它存在于人合乎德性的现实活动中。中国的墨子则把"兴天下之利,除天下之害"作为追求幸福的最高目标,主张通过兼爱、非攻等途径来实现这一目标。庄子在他的《外篇·天道》说:"夫明白于天地之德者,此之谓大本大宗,与天和者也……与天和者,谓之天乐。"②意即真正的幸福不在财富、地位、知识,甚至不在世俗所尊崇的德行,而在合于道或自然,顺从人和物的天性,与天"和",就能拥有"天乐",只有"天乐"才是真正的幸福。马克思认为:"人把只有为同时代人的完美、为他们的幸福而工作,自己才能达到完美。"他还认为:"历史把那些为共同目标劳动因而自己变得高尚的人称为最伟大的人物;经验赞美那些为大多数人带来幸福的人是最幸福的人……"③由此可见,"幸福"作为一个含义非常宽泛的词汇,它涵盖了人们在感觉与情感等方面的许多细微差异,至今没有任何一个界定可以囊括它所意指的全部含义。因此,有人说,要难倒一个哲学家,最简单有效的办法就是问他:"哲学是什么?"而要难到一个伦理学家,最简单、最有效的方法就是问他:"幸福是什么?"④幸福的定义如此扑朔迷离,这也说明,幸福在诸多价值领域之中,是融汇多种价值元素的综合体,是人类普遍追求的理想价值。甚至可以说,一切价值均为它的存在而服务。⑤

后世有学者将幸福概括为信心、信念、道德、激情、感官性五种基本模

---

① [古希腊]亚里士多德:《尼各马可伦理学》,廖申白译注,商务印书馆 2009 年版,第 32 页。
② 刘文典撰,赵锋、诸伟奇点校:《庄子补正》,安徽大学出版社、云南大学出版社 1999 年版,第 371 页。
③ 《马克思恩格斯全集》第一卷,人民出版社 1995 年版,第 459 页。
④ 冯俊科:《西方幸福论》,吉林人民出版社 1992 年版,第 1 页。
⑤ 参见李蕾:《幸福法哲学研究》,华中科技大学出版社 2010 年版,第 8 页。

态。① 美国伊利诺伊大学教授、幸福研究资深学者埃德·迪纳(Ed Diener)经过潜心思考,对幸福进行了较为全面的界定,在他看来,"当一个人说自己非常快乐或幸福时,他对生活有一种满足感并常感到愉悦,很少遭受不愉快的心情(比如悲伤和生气)。相反,当一个人说自己不快乐或不幸福时,他会对生活表示不满,很少享受愉悦和爱情,总是处于一种不愉快之中(比如生气或抑郁)。"②

行为经济学家丹尼尔·卡尼曼(Danie J.Kahneman)在其论文《体验效用与客观幸福》中讨论了幸福的有关类型。他将幸福分为客观幸福与主观幸福两种。客观幸福是一种生理性的获得途径,它可以借助脑电波的检测结果来进行衡量,这种方法与"快乐仪"有着密切的联系。快乐仪是类似于测心电图的仪器,通过测量脑前额活动的脑电电位等以记录有关的"基数效用"。虽然它不能准确地知道被测试者心中所想,却能相对准确地测量出被测试者的情绪状况,至少能测量出身体的舒适感觉。人的痛苦与快乐的感觉一般是通过神经系统传输至躯体的各种器官,尤其是人脑。虽然客观幸福衡量方法与具体的个人是联系在一起的,但它们也是表示幸福程度的技术性程式。西方的研究人员认为,人的快乐与某些特定问题高度相关,它涉及微笑的频率、亲友的亲疏度、生活态度的消极与否、心跳的频率、血压的高低等。所以客观幸福问题的研究是一个复杂的过程。

主观幸福则可以通过一种心理学方法研究获得,它是一种对生活满意感等方面所作的概括性评定,或者是对生活某一方面的特定评定,它既涉及人的主观幸福感及主观不适感,又包含从极度绝望等消极状态到幸福完美等积极状态。这种评定主要通过调查问卷或量表等手段收集数据获得。从国内外目前发展的状况来看,幸福感的测量手段日趋多样化,其中包括认知、情感等成分。即便对主观幸福感测量的科学化与精密化程度日渐提高,但是也无法避免影响主观幸福的因素导致其数据的偏颇,例如生活环境、文化教育、人际关

---

① 参见[英]弗格森:《幸福的终结》,徐志跃译,中国人民大学出版社 2003 年版,第 9 页。
② [美]埃德·迪纳、罗伯特·迪纳:《改变人生的快乐实验》,江舒译,中国人民大学出版社 2010 年版,第 17 页。

系、社会支持、生活事件、应付方式、宗教信仰、价值观念等方面,尤其是受地理环境的影响,各地区的发展不平衡,贫富两极分化严重。

表 9-2　主观幸福感的结构与内容①

情感方面		认知方面	
积极情感	消极情感	整体生活满意	具体领域满意
欢喜 振奋 满意 骄傲 爱 幸福 极乐	羞愧 悲伤 焦虑、担忧 气愤 压力、紧张 忧郁 妒忌	想要改变生活 对目前生活满意 对过去生活满意 对未来生活满意 别人对被试的生活的满意 满意度的观点	工作 家庭 健康状况 经济状况 自我 所属群体

在中国,中西部地区较东部沿海地区落后,医疗、教育资源分配不平均,这些都将导致主观幸福的极大差异,生活在贫困地区的人们也许根本无法体会幸福的真相。在衡量一个地区或国家的幸福水平时,痛苦与幸福都是紧随人类文明、经济发展水平、价值观而不断变化的,我们不能奢求那些长期生活在偏远山区的农民兄弟能惬意舒适地生活在高度文明与制度健全的现代城市文明的所谓幸福社会当中,也不能指望一个受过高等教育的知识分子,能快乐地享受曾被古人喻为世外桃源的深山老林的原始生活之中。② 因此,仅仅依据主观幸福进行衡量可能会过于片面且有很大局限,因为往往可能无法得到准确且满意的答案。

丰富的精神财富是对美好生活的体验,我们完全可以让自己感受到正在以一种有益、充实且愉悦的方式生活,它包括感受到生活本身的意义,投入到自己感兴趣的活动中,对重要目标的追求,积极的情感体验,以及让人们与重大事物相联系的崇高感觉等基础性的精神体验。在当代中国,所有这些都必须建立在社会主义和谐社会的基础之上。社会主义和谐社会是真正由人民当

---

① 参见李蕾:《幸福法哲学研究》,华中科技大学出版社 2010 年版,第 6 页。
② 参见李蕾:《幸福法哲学研究》,华中科技大学出版社 2010 年版,第 8 页。

家做主的社会,人民真正享有充分的民主权利。政府面临的首要责任,就是建立以公民为中心的服务型政府,充分尊重公民权利,使政府权力服从于全社会公民的共同意志,唯有如此,才能激发出公民的积极性与创造力,为幸福与和谐社会的建设提供动力资源。

长期以来,政府扮演的是消极的"守夜人"角色,其主要职责停留在维持社会秩序、处理国防及外交等事务方面。而服务型政府则需要重新界定政府的责任范围,其中非常重要的任务就是为全社会公众提供优质服务和有效的公共物品。"政府必须从事那些对于促进个人在体能、智能和精神方面的福利,以及国家的物质繁荣所必需的事物。"①

所谓服务型政府,需要把握住的是这样两点:其一,政府存在的目的是为了公民幸福感的实现,也就是说政府要将公民幸福利益的实现作为一切工作的最终归宿;其二,在政府向公民提供服务的过程中,公民的利益需求是居于决定性地位的,公民创造幸福生活需要什么,政府就应该提供什么,而不是根据政府自己的片面判断行事。正如有学者指出的:"由广大人民来决定要不要政府服务? 要政府服务多少? 人民需要什么,政府就应该提供什么,而不是政府可以提供什么,人民就得接受什么。政府提供的服务必须是以人民的自愿为基础和前提,不能带有强制性"。② 这种意义上的政府行政方式才是真正的为人民创造幸福生活的服务型政府。

最近几年,许多地方政府在探索建设服务型政府的实践中,陆续出现了一些类似综合服务大厅之类的便民行政方式,在为民服务的过程中也有了微笑、与公民交往过程中服务态度跟以往相比有了明显改善。比如本书案例中的杭州市土地交易中心、济南市国土资源局槐荫分局等单位,他们那种宛如清风拂面的微笑和诚恳贴心的服务,让人民群众脸上呈现出笑容,让人民群众有了一种幸福感。尤其是中国边检,他们积极推动边检公共治理结构的主体,由单一的边检机关变为边检、海关、海事、检验检疫、涉外企业、社会组织、出入境旅客等各方有序参与的合作集体;治理规范由单纯的国家出入境边防检查法规变

---

① [法]莱昂·狄骥:《公法的变迁》,郑戈、冷静译,春风文艺出版社1999年版,第38页。
② 周庆行、杨兴坤:《建设服务型政府的困扰》,《党政论坛》2004年第5期。

为政策法律、伦理道德与社会公民的自主契约相互协调合作并存;治理程序从效率的考量转变为民主、公平效率等并重;治理的手段由单纯强调法治变为法治、德治和社会公民自觉自愿的合作相互补充;治理方向由过去单一的自上而下的行政管理变为微笑服务、优质服务,重塑政府形象的创新要求,充分体现了中国政府行政管理文化的发展趋势。但是,这种微笑服务、优质服务在政府管理部门还仅仅是少数存在着。更多的政府管理部门并没有在工作理念方面、没有从政府与公民的关系的根本改变方面下功夫,在提供服务的过程中依然强调政府的主观意志决定论,尤其是还缺乏公民对政府服务的监督与制约,最终仍然是政府说了算,这样的改变还仅仅只能是服务型政府建设中的一个方面,即政府执政行为方式的某种改变,这种改变只能作为建设服务型政府的一个局部的具体步骤,或者说是向真正意义上的服务型政府转变的量的积累。因为它们并没有真正领会服务型政府的本质在于政府与公民关系的根本性改变。回顾历史,古今中外,任何类型的政权组织,只要基于对"水能载舟,水亦能覆舟"道理的正确认知,一般都会采取亲民的政策,为公众提供减免赋税、兴修水利甚至扶危济贫等类型的服务。然而,我们不可能因为这种政权为公众提供了一些这样那样的服务,就可以界定他们是服务型政府了。因为,政府与公民之间的关系如果不发生根本性的变化,还是由政府官员的意志支配着服务的提供,则不可能是一个真正的服务型政府。

向往幸福生活、创造和谐社会一直是古今中外思想家的理想追求,更是普通百姓憧憬的美好未来。我们建设社会主义和谐社会的要义,就是要通过行政机构改革与行政文化的创新,建设一个"民主法治、公平正义、诚信友爱、充满活力、安定有序、人与自然和谐相处的社会"①。其中,诚信友爱,就是全社会互帮互助、诚实守信,全体人民平等友爱、融洽相处;安定有序,就是社会组织机制健全,社会管理完善,社会秩序良好,人民群众安居乐业,社会保持安定团结;人与自然和谐相处,就是生产发展、生活富裕、生态良好。可见,构建社会主义和谐社会,不但要关注经济硬指标,更要关注人民大众的切身

---

① 胡锦涛:《深刻认识构建社会主义和谐社会的重大意义 扎扎实实做好工作大力促进社会和谐团结》,《人民日报》2005 年 2 月 20 日。

感受，关注一种将人民群众联系在一起的隐形的东西，这种隐形的东西就是政府与人民群众之间的关系，虽然看不见，但确实存在。和谐社会首先就来源于这种关系。但是这种关系常常被忽略，然而它对于人民群众是否能够获得幸福至关重要。因此，各级政府在促进社会经济发展的同时，力求在行政管理过程中，密切政府与人民群众的关系，以此提高人民的幸福感，是构建具有中国特色的和谐社会过程中亟须高度重视的问题。① 只有构建公平、合理、有序的，以人为本，全面、协调与可持续发展的社会，才有可能让全国人民具有生活满意度与幸福感，并体验到生命中的信仰与意义；才有可能让老百姓具备积极态度与积极情感，自觉地创立融洽和谐的社会关系，积极参与社会活动和工作。

2. 微笑与和谐社会

2006 年，胡锦涛同志访美期间，在美国耶鲁大学演讲中讲道："我们坚持以民为本，就是坚持发展为了人民、发展依靠人民、发展成果由人民共享，关注人的价值、权益和自由，关注人的生活质量、发展潜能和幸福指数，最终是为了实现人的全面发展……实现公平和正义，使 13 亿中国人民过上幸福生活。"② 从某种意义上讲，建设和谐社会是人类社会文明发展的重要动力。发展经济是建设和谐社会的重要手段，而让人民幸福生活才是建设和谐社会的真正目的。这也符合目前国际上普遍把"幸福指数"作为反映人民群众主观生活质量的观测点的研究潮流。

"幸福指数"的概念起源于 30 多年前，最早是由不丹国王提出并付诸实践的。20 多年来，在人均 GDP 仅为 700 多美元的南亚小国不丹，国民生活总体安详幸福。"不丹模式"引起了世界的关注。③ 幸福在某种意义上是人们对生活满意程度的一种主观感受，虽然它是一个抽象概念，但人民群众是否幸福的本身却是客观存在的。同时，幸福又是客观现实在人们心理体验上的一种

---

① 参见孙凤：《和谐社会与主观幸福感》，科学出版社 2008 年版，第 14 页。
② 胡锦涛：《在美国耶鲁大学发表重要演讲》，《每日商报》2006 年 4 月 23 日。
③ 参见李卫平、王智慧：《2008 年奥运会的举办对北京市民幸福指数影响的研究》，北京体育大学出版社 2010 年版，"前言"。

折射。由于这两个"客观"存在,幸福就可以有相对的客观标准和尺度,理论上讲可以构建幸福度的测评模型,计算出"幸福指数"。

不丹在推行幸福指数建设的过程中,强调通过一种隐形的东西将社会的成员们联系在一起,让人民获得幸福与和谐。这种隐形的东西就是社会民众中你—我—他之间的关系,这种关系虽然看不见、摸不着,但确实存在。所谓和谐,并不是由你或我独占的,而是来源于这种关系。这种关系常常被忽略,但对我们获得和谐社会至关重要。在不丹,有一种广为流传的祥瑞图,能够非常好地代表人们对于幸福生活的理解,其中一幅最常见的《和睦四瑞图》诠释"如何让人民获得幸福"的基本原理,展示了幸福来源于某种隐形的东西。在这幅《和睦四瑞图》中,描绘了不丹的四种常见动物:贡布鸟、兔子、猴子和大象。这四种动物之间建立了跨越种群的和睦共处的关系:贡布鸟衔来一粒种子,抛在清清的泉水边。种子发芽了,兔子便过来照料这株幼曲;幼苗逐渐长成小树,猴子接过了照顾它的任务;小树越长越高,又有一头大象前来接替猴子,继续照料这株树。四种动物齐心协力,将一粒种子培育成硕果累累的参天人树。由于树太高,谁也够不着果实,四种动物于是再次合作。大象让猴子爬到自己的背上,猴子让兔子站到自己肩上,兔子又托起了贡布鸟,贡布鸟终于可以摘到果实了。贡布鸟把果实一颗一颗地往下传,让同伴们分享。正是因为大家亲密无间的协同合作,所以成就了共同幸福美满的生活。如果这四种动物之间不合作的话,它们就很难享受到这种生活。[①]《和睦四瑞图》反映了人们在潜意识里面的一种基本认识:人与人之间、人与周围环境之间关系的好与坏、深与浅,决定了生活于其中的人们幸福的质量。良好的、深厚的关系能给人们带来最大的幸福。如果我们拥有这种关系,我们也就拥有了更具活力、更具创造力以及更加幸福的未来。这一点本是毋须赘言的,但却常常被人们所忽略。

不丹的《和睦四瑞图》提示我们,和谐是社会系统各组成要素之间的一种协调有序的秩序,和谐是各种社会关系之间的秩序谐调,是社会各组成要

---

① 参见[不丹]卡玛·尤拉主编:《国民幸福》,沈颢译,北京大学出版社2011年版,第29页。

素之间的一种共存状态,是组成要素之间相互影响、相互作用的方式。和谐是一种有序状态,是组成要素各就其位、各守本分、各司其职的秩序,而非错位、越位、混乱的状态;和谐是一种协调和均衡,是社会各组成要素之间和平共处、配合默契、相得益彰的状态。① 和谐具有共存性、差异性、关联性、构建性特征。共存性体现在和谐由多个构成要素共存在同一系统中,即和谐社会的构成要素是多元的,只有这样才有可能存在于彼此之间的秩序当中,也才谈得上和谐还是不和谐的问题。差异性则说明和谐是基于构成要素的多样性,并尊重个性所构建的秩序,而和谐的对立面是无序和整齐划一。关联性是指社会各组成要素之间相互作用、相互影响,和谐不是个体之间孤立、相互隔离,而是不同要素之间不断融通和协调的过程,以及彼此之间所形成的动态相关性、交互性、渗透性。构建性是指和谐不但有自然的和谐,还存在构建的和谐,而且作为社会意义的和谐更多的是指构建的和谐,没有人的构建,就不会有家庭和谐、社会和谐、国家和谐和世界和谐。和谐不仅在于维持和保护,更在于构建和开创。社会和谐是人们获得幸福的环境和条件,幸福状况在很大程度上取决于社会的和谐状况。一个社会的和谐状况从根本上决定着该社会的成员能否获得幸福以及幸福的程度。和谐的社会不仅能保证其成员获得幸福,还有助于普遍增进社会成员的幸福,而不和谐的社会则是大多数成员不幸和痛苦的渊源。因此,社会和谐是个人获得幸福的关键条件。

人与人之间的关系是社会精神财富很重要的一部分,没有良好的人与人之间的关系,我们就不可能真正富有。简单地说,我们的生活因他人的存在而更充实。实际上,对人与人之间关系与快乐相关性的研究结果也很明确地证明了这一点。相比生活满意度较低的人群,快乐的人往往拥有良好的人与人之间的关系、朋友关系及其他社会支持。实际上,许多心理学家认为,人类生来就是需要其他人的。人类有一个很长的从婴儿期到青春期的成长时期,在这段时期内,我们非常依赖他人。而即使在我们成人后,能力提高很多,但我们还是需要社交网络所提供的合作、支持和乐趣。很多研究的发现验证了快

---

① 参见[不丹]卡玛·尤拉主编:《国民幸福》,沈颢译,北京大学出版社 2011 年版,第 30 页。

乐与社会关系之间的相关性。一方面,快乐让我们的社会关系更和谐;①另一方面,良好的社会关系也能增进人的快乐感。例如,当人们与心爱的配偶结婚成家的时候,沉浸在幸福浪漫中的人对其生活满意度会快速升高;而当其配偶去世时,人们的生活质量往往会直线下降,而且这种打击通常需要许多年才能慢慢平复。尤其是当我们想一想当前手机的广泛使用,我们就可以知道人们对彼此的依赖。现在,我们很少看到有人独自去看电影、购物,或是去公园。即使没有明确的目的,人们也喜欢通过打电话、发短信、微信、QQ 聊天、网络电话、Skype 及一些类似同城交友、Facebook 之类的社交网站来与对方聊天。如果我们听到别人在手机上的谈话,就会意识到这些人通常并没有实实在在需要讨论的内容。人们听到最多的内容可能就是"你在干什么"、"你在哪里",以及"我们在哪里碰面"等。从本质上来讲,他们只是在"建立联系"。这说明,我们不仅需要一般的社会关系,我们更需要那些经常联系的亲密关系。什么是"亲密关系"呢? 带来最大快乐感的关系就是亲密关系。其特点是相互理解、关心,以及彼此共同认可的价值观念。处在这种社会关系中,人们就会有一种安全感,且往往能够彼此相互分享私密信息。在日常的社会生活中,尽管一般熟人与泛泛之交也能给你带来快乐,但最终只有能给予你支持的亲密关系,才是带来真正快乐的重要因素。有研究表明,社交会对快乐及健康产生影响。通常,人们在有人陪伴时会比独自一人时更快乐。

良好的人与人之间关系不仅对于我们是否快乐很重要,还是建设和谐社会的关键内容。他人的存在让我们能够爱人与被人所爱。他们让我们感受到安全感与关怀;他们会尊重我们,而且会在我们需要帮助时挺身而出。同时,我们对他人的爱也给了我们成长与自我充实的机会。此外,当我们以他人的成就为骄傲的时候,他人也会以我们的成就为其骄傲,这样一来,人与人之间就建立了深层联系。与我们关系亲密的人会从多个方面给予我们直接帮助。在父母、老师、教练,以及其他对我们有影响的人的鼓励、支持与引导之下,我们从儿童成长为成人;我们能够度过艰难时期,很大程度上依赖于我们的至爱

---

① 参见[美]埃德·迪纳、罗伯特·迪纳:《改变人生的快乐实验》,江舒译,中国人民大学出版社 2010 年版,第 44 页。

所给予的支持;我们能够一次又一次地更换住所,是因为有朋友愿意帮助我们搬着家当到处跑。而街道、公安、交警、消防员这类人让我们的生活更舒适一些,因为他们帮我们解决众多生活中的问题,从而让我们有更多精力关注别的事情。政府的相关管理部门通过统筹宏观公共政策,解决国计民生的重大问题,为我们创造平等、安全与祥和的生活环境,让我们的生活更轻松。比如南京市农林管理部门想农民之所想,急农民之所急,实施的"让农民满意,让农民微笑"的品牌建设工程。通过各种有效的管理与检查措施,净化了农资市场,保障了农民的合法权益,由此真正取得了让农民微笑的效果。社会上还有各种各样的非政府组织的存在,也为我们的专业化分工与就业提供了各种便利条件。正是因为大家共同生活在一个政府的统一领导之下,才会使一部分人成为高级技工,一部分人成为知识分子,另一部分人成为企业家、医生、农业技术专家等。在政府的有效管理之下,只有当社会组成一个有机的动态整体时,社会成员才能从各种各样的技能、知识与创造中受益。我们所加入的各种群体则有助于我们进行自我的界定,让我们在群体活动或者工作中感到自身独特性的价值存在。群体中的其他人能帮助我们实现自我的意义,并帮助我们界定自己在社会工作中的身份。正因为这些存在于我们的国家、党派团体及其他组织中的人,我们自身的价值与意义才得到最好的体现。①

快乐的人是富有创造力的,尽管某些创造性的成果来源于那些经历不少挫折和失败的痛苦过程。但从整体上看,精神态度方面积极自信的人不仅在发明创新方面硕果累累,在处理社会关系上也会如鱼得水、得心应手。他们会以创造性的沟通、协商办法来解决各种各样的棘手问题。况且,人与人之间的关系也是一种生产力,打造丰厚的社会资本是创造力中非常重要的一部分,让积极友好的关系传播开来更需要大量的创造力。在某种意义上,党和政府提出的构建和谐社会的目标,就是为人民群众创造一个幸福的社会,就是让人民群众每个人都能成为快乐的个体。一方面,快乐的人,其社会关系更和谐;另一方面,良好的社会关系会让人们更快乐。快乐的人会被他人吸引,也会吸引

---

① 参见[美]埃德·迪纳、罗伯特·迪纳:《改变人生的快乐实验》,江舒译,中国人民大学出版社2010年版,第54页。

他人。正如我们的生存离不开食物和空气一样,我们的成长也离不开社会关系。在我们快快乐乐健康成长的时候,我们往往会建立更为牢固、紧密的社会联系。因此,对于我们的精神财富而言,党和政府倡导的建设和谐社会的目标是我们追求并实现幸福生活不可或缺的重要内容。

3.微笑与执政能力

幸福是一个永恒的话题。就个体而言,这是人生的意义所在;就群体而言,这是整个社会乃至国家的目标追求。第二次世界大战以后,欧美国家借助战后重建的契机不断完善自身的福利制度,这些福利国家政府逐步改变了过去放任自由主义历史背景之下对社会"统而不管"的角色,转而在众多国计民生问题上承担起了主要的责任,其根本的要义就是开始把公民的利益置于中心位置。也就是说,政府是民众的政府,因而政府在为国家这条船掌舵的时候,必须听从人民的意见。在这种施政纲领指导下的政府公务员,其首要任务不是试图去驾驭或控制社会,而是帮助公民明确阐述并实现他们的公共利益。① 随着政府职能的普遍转型,学者们探讨幸福的着眼点也发生了根本性的转变,从过去关注"个体如何使自己幸福",转而开始关心"政府如何使人民群众幸福"的问题。也就是说,更加关注并探讨政府管理部门如何在政治、经济、文化、生态等方面为人民群众创造良好的生活环境,让人民群众对生活的满意度进一步提高。因此,政府管理部门需要认真履行自身的公共服务职能,通过政府工作的方方面面,积极帮助社会上不幸的人摆脱灾难,让生活富足的人更加幸福,让广大人民群众真正感到快乐与幸福。

美国学者德雷克·博克(Derk Bok)认为:"幸福研究的一个非常有趣发现就是,政府履行公共行政职责的情况与公众对政府的信任有着很大关系,而这种信任的高低会进一步促进人民群众幸福感的提升与否。考虑到这一点,积极改善政府形象以获取公众的支持就显得非常重要。特别是在当下,受各种各样的主观与客观因素的影响,人民群众对政府的信心徘徊在一个较低的

① 参见[美]罗伯特·B.丹哈特、珍妮特·V.丹哈特:《新公共服务:服务而非掌舵》,《中国行政管理》2002年第10期。

水平,要想持续有效地实施公共政策,提升人民群众的信心仍然存在诸多困难。不过,政府管理者可以采取可行性的策略来保证行政程序的公正可信。例如,加强抑制滥用职权、贪污腐败、不法行为、特殊拨款等。"①就我们国家而言,经历了30多年的改革开放之后,国家经济建设获得了突飞猛进的发展。经济建设是最终能否提高人民群众幸福感的重中之重,因为经济的发展会促进其他生活方面的进步,所有其他公共政策也都必须服从于此。但是,在促进经济建设大发展的同时,政府管理部门积极展示自身的新气象是同样非常重要的。

中国边检的案例说明,政府的执政水平与人民群众的幸福感有很大关系,生活在民主集中制度下享受自由的权利尤为重要。虽然它所发挥的积极效用并非立竿见影。但是,只要政治体制是理性进步的,民主集中制的优越性便会逐渐体现出来,人民的满意度也会最终提升。值得关注的是,二次大战结束以来,几乎所有把人民群众福利放在至高无上地位的国家,都是比较成功的民主国家。也就是说,政府管理的诸多方面都会影响人民群众的幸福。在欠发达国家,经济自由对人民群众幸福水平的提高有着重要意义;而在西方的发达国家,个人自由则发挥着重要作用。其他显著影响幸福的因素还包括法治监督、高效的政府管理、较少的犯罪和腐败现象、对公务人员的高度信任感以及市民与公共部门、与政府官员的有效沟通。②

然而说到底,政府是社会权力的象征,政府权力的表达过程可以有各种不同的方式。一些人自恃大权在握,趾高气扬,对人民群众颐指气使;但是也有许多政府工作人员态度诚恳,兢兢业业地履行着为人民服务的宗旨。有时候,政府权力是通过比别人说得多的方式加以行使的;而更多的时候,沉默的人能够最有效地表达自己为人民服务的意愿。尽管我们很难总结出政府权力过程的一般性规则,但是,在建设和谐社会的过程中,政府管理部门实现既定目标的方式,既受政府工作人员所拥有的资源影响,更受决定着政府工作人员行为

---

① [美]德雷克·博克:《幸福的政策——写给政府官员的幸福课》,许志强译,万卷出版公司2011年版,第233页。
② 参见[美]德雷克·博克:《幸福的政策——写给政府官员的幸福课》,许志强译,万卷出版公司2011年版,第16页。

举止的文化规范的影响。按照组织传播学理论,政府工作人员表达权力具有三种可能的方法:言语、非言语性行为及权力的一般风格。其中语言的使用可能是最微妙和最普遍的权力过程。我们怎样对他人说话可能受到彼此之间权力平衡的强烈影响。因为社会学家观察到,语言交流模式能够保持和促进管理者的权力地位。比如,有一项研究,它把管理者与下属在公众场合的谈话录制下来,并在谈话结束后,对录音进行分析。在这些分析中,对管理者和下属的语言模式进行了比较。结果发现,对管理者同僚而言,谈话基本结构是相同的。但下属则表现出明显的基于权力属性的模式。一方面,管理者打断下属的次数,多于下属打断管理者的次数,打断别人谈话通常与拥有更大的社会权力有关;另一方面,下属比管理者更沉默。这些打断和沉默可能很明显也可能比较隐蔽。在非言语性行为方面,尽管对权力和语言的研究结论是比较一致的,但权力和非言语行为之间的关系却没有那么明确。毫无疑问,人们常常通过非言语的形式向别人表达自己的主导地位或权力,如面部表情、姿势、触摸、与别人的目光接触。比如,与人说话的时候直视对方的眼睛,而倾听的时候眼睛看向别处就是一种"视觉主导"的交流方式。但是与权力的其他方面一样,有效的权力交流也取决于交流双方的性别属性。事实上,对非言语性行为的大多数研究,都考虑到了其与陌生人或熟人的交往中与权力的关系。非言语性行为是否会影响权力尚不清楚。但是毫无疑问,要正确理解非言语性行为的含义和结果,首先需要理解它发生的背景,尤其是否存在权力影响的问题。[①]

在本书提供的案例中,我们也发现,现实生活的政府工作人员中,不乏有许多热情洋溢,精力充沛,值得信赖,对自己本职工作满腔热情,工作表现突出,和同事相处融洽,在人民群众需要时给予积极热心地帮助,致力于改善政府部门的工作环境和服务的人。福州机场边防检查站副科长余燕榕没有将出入境的国门当作简单验讫盖章和查验身份的关口,而是将其作为国家形象的展示平台。她用微笑诠释新时代国门女警的素质和风采,4 年查验旅客近 5

[①] 参见[美]莎伦·布雷姆:《亲密关系》,郭辉、肖斌译,人民邮电出版社 2005 年版,第 260—261 页。

万人次,实现了零差错、零投诉、零复议。她的微笑服务赢得了出入境旅客的信任和满意。① 井冈山市扶贫与移民办主动帮助高陇村村民脱贫致富的案例也告诉我们,只有满腔热情地深入农村,深入人民群众,都能了解群众疾苦,帮助他们解决真正的困难。构建新的行政文化,首先要确立以民为本的行政文化理念,一切从人民群众的利益出发,真正为人民群众谋福利。其实,从中央到地方,各级政府中都有这样的人,我们身边也都有这样的人。大家可能很好奇,是什么使得这些工作人员如此热衷于自己的工作,而也有许多工作人员却对自己的工作不满意,并且把这种不满意发泄到普通人民群众身上去呢?耶鲁大学的研究人员埃米·瑞斯奈斯基(Amy wrzesniewski)认为,政府公务人员的工作满意度取决于其对工作的看法,并形成三种不同的工作态度。第一种是"就业定位"取向的人,他们会更看重工作为自己带来的实实在在的利益。也就是说,他们每天打卡上班,是为了获得薪水。这一类人对每天的工作内容并不期待,也未必会在自己的朋友面前夸耀自己的工作,而且每天上班时就盼着下班。他们认为工作不过是赚钱的一种方式而已。第二种是"职业定位"取向的人。这一类人将工作视为赢得尊重、地位、金钱等更好的生活条件的方式。他们喜欢自己工作的某些方面,但不是所有;他们可能会在朋友面前夸耀自己部门的权力和地位。举例来说,如果一个工作人员获得了晋升,上级部门会给他一个更好的办公室,同时还让他获得了更大的权力。对于一个职业定位的人而言,赢得晋升、更好的工作条件以及更大的权力是他工作的主要目的,而工作中能作出多大贡献可能被置于次要地位。第三种则是"使命定位"取向的人,他们觉得自己的工作很重要,并乐于为社会作出自己积极的贡献。通常情况下,这类人热爱自己的工作,工作会给他们带来喜悦和挑战,而且我们可能会听到他说出这样的话:"就算没有领导的器重,没有同事的理解,我也愿意做这个工作"。使命定位的人工作时充满激情,相信自己所做的事情是有价值的。他们会享受自己的假期,但他们再次回到工作岗位时也很开心。人们都喜欢这类"使命定位"的人。瑞斯奈斯基总结了这三类人的特点(见表9-3)。

---

① 参见程均:《中国边检誉满世界》,《中国边防警察》2010 年第 5 期。

表 9-3　三种工作定位①

就业定位	职业定位	使命定位
1. 休闲娱乐更重要	1. 可能会喜欢工作	1. 真心实意地喜欢工作
2. 受金钱激励	2. 受晋升激励	2. 受使命感激励
3. 可能不会夸耀自己的工作	3. 可能会夸耀自己的工作	3. 夸耀自己的工作
4. 每天盼着下班	4. 经常想着放假	4. 甚至在下班后还会想工作的事情
5. 按领导的吩咐做	5. 主动给领导留下好印象	5. 因为喜欢工作,所以会把工作做好
6. 在金钱激励下会努力工作	6. 努力工作以获得晋升	6. 因为觉得自己的工作很有意义而努力工作

　　具有使命感的人和其他两类人在工作时会有所不同。在这个过程中,他们会变成自己工作的设计者,会主动承担那些他认为有意义的额外工作,主动寻求更高效完成工作的方法。以杭州市土地交易中心为例,他们在完成最基本工作的同时,主动把与群众的交流视为工作的一个重要内容。使命定位的人会主动在自己的工作环境内作出小的调整,会尽量将工作与一些有意义的事情联系起来。有些公务员会认为自己的工作让人民群众办事更顺心、更愉快;一些警察会在街边驻足,和市民友好交谈,等等。政府工作人员的一个小的举动,其实不仅能让自己的工作更有意义,也能让自己更愉快地工作。在建设和谐社会的过程中,政府的所有工作人员都应该具备强烈的使命感,每个人都能有使命定位。使命并不是领导者所专有的,任何人都可以找到自己的职业使命。瑞斯奈斯基指出,任何职业中都有近 1/3 的人是具有使命感的。因此,无论你是一个基层政府的工作人员,还是高层的政府官员,都能以充沛的精力积极投入自己的工作。②

　　促进社会和谐与繁荣,提高人民群众的幸福感,为人民群众创造真正美好

① 参见[美]埃德·迪纳、罗伯特·迪纳:《改变人生的快乐实验》,江舒译,中国人民大学出版社 2010 年版,第 62 页。
② 参见[美]埃德·迪纳、罗伯特·迪纳:《改变人生的快乐实验》,江舒译,中国人民大学出版社 2010 年版,第 64 页。

幸福的生活,既是社会主义制度自身发展的内在要求,更是各级人民政府所承担的价值取向和行政管理文化创新发展的终极目标。它作为一个逐步发展的过程,往往是一个从不和谐到和谐、从局部和谐到整体和谐、从现有和谐水平上升到新的和谐与幸福水平的动态过程。我们提倡微笑传播的行政文化创新,推进以民为本的柔性管理,就是为最终实现全面和谐、繁荣、幸福的社会而努力。人民群众的力量是无穷的,充分调动人民群众的积极性,发挥他们的主观能动性,是构建和谐与幸福社会的力量源泉。在当前。通过良好而有效的政府微笑传播,以关爱与尊重的态度倾听人民群众的心声,与人民群众保持顺畅的沟通交流,准确了解和及时回应人民群众所关切的利益,可以让人民群众真正体会到政府管理的温馨与柔情,增强人民群众对政府决策的理解和信任,提高人民群众与政府进行交流的积极性,形成人民群众与政府部门之间的良性互动,真正实现社会主义和谐社会,走向共同繁荣幸福的未来。

主要参考文献

1.［英］A.N.怀特海:《宗教的形成》,周邦宪译,贵州人民出版社 2007 年版。

2.［奥］阿尔弗雷德·许茨:《社会实在问题》,浙江大学出版社 2011 年版。

3.［美］埃德·迪纳、罗伯特·迪纳:《改变人生的快乐实验》,江舒译,中国人民大学出版社 2010 年版。

4.［美］埃德加·H.沙因:《企业文化生存指南》,郝继涛译,机械工业出版社 2004 年版。

5.［美］埃德加·沙因:《沙因组织心理学》,马红宇、王斌译,中国人民大学出版社 2009 年版。

6.［美］埃德加·沙因:《组织文化与领导力》,马宏宇等译,中国人民大学出版社 2011 年版。

7.［美］埃德加·沙因:《组织文化与领导力》,马宏宇等译,中国人民大学出版社 2011 年版。

8.［美］埃弗雷特·M.罗杰斯:《创新的扩散》,辛欣译,中央编译出版社 2002 年版。

9.［美］安格斯·特鲁贝尔:《笑的历史》,孙维峰译,中央编译出版社 2006 年版。

10.［美］安格斯·特鲁贝尔:《笑的历史》,孙维峰译,中央编译出版社 2006 年版。

11.［美］B.盖伊·彼得斯:《政府未来的治理模式》,中国人民大学出版社 2001 年版。

12.［苏］巴赫金:《拉伯雷研究》,李兆林、夏忠宪译,河北教育出版社 1998 年版。

13.［法］柏格森:《时间与自由意志》,吴士栋译,商务印书馆 1958 年版。

14.［古希腊］柏拉图:《柏拉图全集》第 1 卷,王晓朝译,人民出版社 2002 年版。

15.［古希腊］柏拉图:《柏拉图全集》第 3 卷,王晓朝译,人民出版社 2003 年版。

16.［古希腊］柏拉图:《柏拉图全集》第 3 卷,王晓朝译,人民出版社 2003 年版。

17.［美］保罗·艾克曼:《情绪的解析》,杨旭译,南海出版公司 2008 年版。

18.［法］保罗·里克尔:《恶的象征》,上海人民出版社 2005 年版。

19.［美］C.I.巴纳德:《经理人员的职能》,孙耀君等译,中国社会科学出版社 1997 年版。

20.［美］查尔斯·E.贝克:《管理沟通》,康青等译,中国人民大学出版社 2003 年版。

21. [英]查尔斯·达尔文:《人与动物的情感》,余人等译,四川人民出版社 1999 年版。

22. [英]查尔斯·达尔文:《人与动物的情感》,余人等译,四川人民出版社 1999 年版。

23. [英]查尔斯·汉迪:《空雨衣——变革时代的商务哲学》,江慧琴、赵晓译,华夏出版社 2000 年版。

24. [美]查尔斯·霍顿·库利:《人类本性与社会秩序》,包凡一、王源译,华夏出版社 1999 年版。

25. [美]查尔斯·霍顿·库利:《社会过程》,洪小良译,华夏出版社 2000 年版。

26. [加]大卫·切尔:《家庭生活的社会学》,彭钢旎译,中华书局 2005 年版。

27. [美]戴维·奥斯本:《改革政府——企业精神如何改革着公营部门》,周敦仁译,上海译文出版社 1996 年版。

28. [美]丹尼尔·吉尔伯特:《撞上快乐》,张岩、时宏译,中信出版社 2007 年版。

29. [美]德雷克·博克:《幸福的政策——写给政府官员的幸福课》,许志强译,万卷出版公司 2011 年版。

30. [美]多丽斯·A.格拉伯:《沟通的力量》,张喜珂译,复旦大学出版社 2007 年版。

31. [美]E.马克·汉森:《教育管理与组织行为》,冯大鸣译,上海教育出版社 2005 年版。

32. [美]E.马克·汉森:《教育管理与组织行为》,冯大鸣译,上海教育出版社 2005 年版。

33. [德]恩斯特·卡西尔:《人论》,上海译文出版社 1986 年版。

34. [美]菲利普·津巴多、迈克尔·利佩:《态度改变与社会影响》,邓羽等译,人民邮电出版社 2007 年版。

35. [美]费思·拉尔斯顿:《情感:潜在的动力》,曹珍芬唐译,上海人民出版社 1999 年版。

36. [英]弗格森:《幸福的终结》,徐志跃译,中国人民大学出版社 2003 年版。

37. [法]福柯:《规训与惩罚》,刘北成、杨远婴译,三联书店 1999 年版。

38. [德]哈贝马斯:《交往行动理论》(第二卷),洪佩郁、蔺青译,重庆出版社 1994 年版。

39. [德]海涅:《论浪漫派》,张玉书译,人民出版社 1979 年版。

40. [美]赫伯特·西蒙:《管理行为》,杨砾、韩春立、徐立译,北京经济学院出版社 1989 年版。

41. [美]赫舍尔:《人是谁》,隗仁莲译,贵州人民出版社 1994 年版。

42. [法]亨利·柏格森:《笑——论滑稽的意义》,徐继曾译,中国戏剧出版社 1980 年版。

43. [英]怀特海:《教育的目的》,徐汝舟译,三联书店 2002 年版。

44. [英]霍布斯:《利维坦》,黎思复、黎廷弼译,商务印书馆 1985 年版。

45. [加]加雷斯·摩根:《组织》,金马译,清华大学出版社 2005 年版。

46. ［美］杰奎琳·穆尔、史蒂文·桑西诺:《无障碍领导》,张来贵、卢玲冬译,经济出版社2005年版。

47. ［美］杰里夫·普费弗:《求势于人——释放员工能量实现竞争优势》,胡汉辉、李娅莉译,中国人民大学出版社2000年版。

48. ［美］卡莱特等:《情绪》,周仁来等译,中国轻工业出版社2009年版。

49. ［美］卡罗尔·佩特曼:《参与与民主理论》,上海世纪出版社2006年版。

50. ［不丹］卡玛·尤拉主编:《国民幸福》,沈颢译,北京大学出版社2011年版。

51. ［德］康德:《判断力批判》,邓晓芒译,人民出版社2002年版。

52. ［美］克利福德·吉尔兹:《深描说:迈向解释的文化理论》,《文化:中国与世界》,三联书店1987年版。

53. ［新西兰］拉尔夫·皮丁:《笑的心理学》,潘智彪译,中山大学出版社1988年版。

54. ［法］勒内·达维:《英国法与法国法》,舒扬等译,西南政法学院出版社1984年版。

55. ［美］理查德·N.哈斯:《政智学——从政技能的巧用与说明》,杜晋丰、李伟、王洪沙、汪海燕译,九州图书出版社2000年版。

56. ［美］理查德·伯亚斯、安妮·麦基:《和谐领导》,商务印书馆2008年版。

57. ［美］理查德·刘易斯:《文化驱动世界》,李家真译,外语教学与研究出版社2007年版。

58. ［美］理查德·韦斯特、林恩·H.特纳:《传播学理论导引》,刘海龙译,中国人民大学出版社2007年版。

59. ［美］罗纳德·W.瑞博:《学校管理者的人际关系》,中国轻工业出版社2006年版。

60. ［美］罗纳德·W.瑞博:《学校管理者的人际关系》,中国轻工业出版社2006年版。

61. ［美］马库斯·白金汉、柯特·科夫曼:《首先打破一切常规》,鲍世修等译,中国青年出版社2002年版。

62. ［美］迈克尔·哈默、詹姆斯·钱皮:《企业再造》,王珊珊译,上海译文出版社2007年版。

63. ［美］迈克尔·塔什曼、查尔斯·瑞利三世:《创新制胜》,孙连勇、李东贤、夏建甑译,清华大学出版社、哈佛商学院出版社1998年版。

64. ［法］米歇尔·克罗齐耶:《企业在倾听》,格致出版社、上海人民出版社2009年版。

65. ［法］莫里斯·梅洛-庞蒂:《世界的散文》,杨大春译,商务印书馆2005年版。

66. ［德］N.卢曼:《社会的经济》,余瑞先、郑伊倩译,人民出版社2008年版。

67. ［美］诺曼·N.霍兰德:《笑——幽默心理学》,潘国庆译,上海文艺出版社1991年版。

68. ［苏］普罗普:《滑稽与笑的问题》,杜书瀛等译,辽宁教育出版社1998年版。

69. ［美］乔纳森·H.特纳、简·斯戴兹:《情感社会学》,孙俊才、文军译,上海人民出版社2007年版。

70. ［美］乔纳森·H.特纳:《社会宏观动力学》,林聚任、葛忠明译,北京大学出版社

后　记

　　微笑传播是指运用非言语符号进行的个人和组织中的人际交流与社会关系互动的一种传播行为。对于会使用象征符号的人类而言，无论微笑作为组织中集体性的，包括职业微笑等企业文化创新的传播活动，还是作为组织中个体交流者之间的文化素养的表现，微笑传播都与处在社会变革与转型期的中国文化创新建设发生着密切关联。以微笑为动力的文化创新反映了人类文化使用传播的有效方式，代表着人类文化健康发展的大趋势。

　　本书把微笑视为一种积极的正能量传播，将传播作为激发文化创新，特别是在组织传播层面发生文化创新的触发条件，考察了微笑的文化含义，微笑传播对于文化创新的意义，微笑为文化创新建构的传播语境等问题。作者试图通过发现有更大传播感染力，更广泛的传播能力，更贴身的传播行为，更古老的人际互动方式，虽然已被遗忘的，然而却能让社会上人人方便使用，使社会更具有凝聚力与幸福感，让人心更觉温暖的微笑传播，来创造与揭示一种新的组织文化面貌。

　　本书得到了国家社科基金项目的支持。感谢项目组朱巧燕、朱雪波、陈开亮、张晓隆、胡昭阳、刘桂林、杨华、方刚等同志的精诚合作。浙江省社科规划办、温州医科大学各位领导和同仁，中国社会科学院新闻与传播研究所王怡红、姜飞、杨瑞明、张丹，安徽省高速公路控股集团总公司周仁强先生，以及许振、朱吉尧、廖强、张琼玲、斯俊华等许多同志对项目研究与本书写作给予了很多支持。在此一并致谢。

人民出版社方国根先生非常认真地审读和审校了全书，特别感谢他极为严谨的治学态度和极富效率的工作精神。

作 者

2015 年 3 月

责任编辑:方国根　段海宝

图书在版编目(CIP)数据

微笑传播与文化创新/胡河宁 著. -北京:人民出版社,2015.11
ISBN 978 - 7 - 01 - 014899 - 1

Ⅰ.①微… Ⅱ.①胡… Ⅲ.①传播学 Ⅳ.①G206

中国版本图书馆 CIP 数据核字(2015)第 113923 号

微笑传播与文化创新
WEIXIAO CHUANBO YU WENHUA CHUANGXIN

胡河宁　著

人民出版社 出版发行
(100706　北京市东城区隆福寺街 99 号)

北京龙之冉印务有限公司印刷　新华书店经销

2015 年 11 月第 1 版　2015 年 11 月北京第 1 次印刷
开本:710 毫米×1000 毫米 1/16　印张:19
字数:290 千字　印数:0,001-2,000 册

ISBN 978 - 7 - 01 - 014899 - 1　定价:46.00 元

邮购地址 100706　北京市东城区隆福寺街 99 号
人民东方图书销售中心　电话 (010)65250042　65289539